Lauter tolle Sachen, die Kinder gerne machen

Ursula Barff

Lauter tolle Sachen, die Kinder gerne machen

Basteln, Spielen, Singen, Vorlesen, Kochen rund ums Jahr

INHALT

Januar

Sylvia Horak

Februar

Sylvia Horak

März

Brigitte Nelich
Doris Velte

April

Iris Prey

Mai

Iris Prey

Juni

Iris Prey

Juli

Ursula Barff

August

Ursula Barff

September

Brigitte Nelich
Doris Velte

Oktober

Brigitte Nelich
Doris Velte

November

Brigitte Höfler
Petra Kleinheinz

Dezember

Brigitte Höfler
Petra Kleinheinz

Vorwort

Beschäftigung für Kinder? Ach, sie haben ja so viele Spielsachen, Plüschtiere, Puppen, Kassetten, Videospiele und das Fernsehen. Stimmt! – Aber das ist nur eine Seite, ein Teil ihrer Welt, und in manchen Fällen eine Scheinwelt. Wobei Kinder jedoch zwischen Schein und Sein kaum einen Unterschied machen können.
Es ist also wichtig, daß wir den Kindern dabei helfen, einen Zugang zu finden zu Menschen, Tieren, Pflanzen, Gegenständen und zu all den Gegebenheiten des täglichen Lebens und damit auch zu sich selbst. Wir wollen sie lehren, sich mit ihrer Umwelt auseinanderzusetzen, und ihnen die Möglichkeit geben, Eindrücke zu verarbeiten, und Zusammenhänge zu erkennen.
Die Vorschläge, die wir für dieses Buch zusammengetragen haben, sollen die Entwicklung des Kindes fördern, es unterhalten und ihm Freude machen. Darum haben wir uns bemüht, die unterschiedlichsten Formen der Beschäftigung mit Kindern aufzuzeigen. Wir – das sind die sieben Autorinnen dieses Buches, von denen jede für ein bis drei Kapitel verantwortlich ist.
Thematisch ist der Bogen sehr weit gespannt: vom einfachen Kinderreim über Naturbeobachtungen, Lieder, Bewegungsspiele, Basteleien, Rezepte, Rate- und Regelspiele bis hin zu Geschichten und Kaspertheater.

Damit sich jeder, der dieses Buch zur Hand nimmt, auch leicht orientieren kann, wurde es nach Monaten gegliedert. So findet jeder schnell die Beschäftigungen, die für eine bestimmte Zeit passen. Aber auch eine Geburtstagsfeier oder ein anderes Kinderfest kann man ganz einfach mit den hier präsentierten Vorschlägen gestalten. Anregungen gibt es in dem Monat, in dem das Ereignis stattfindet. Und wer sich erst einmal einen Überblick verschaffen will, der liest das ausführliche Inhaltsverzeichnis.
Für das Anfertigen der Bastelarbeiten stellen die Fotos der Objekte eine wichtige Hilfe dar. Die Schritt-für-Schritt-Zeichnungen sowie der Musterbogen tragen zusätzlich zum guten Gelingen der Arbeiten bei. Alle Vorschläge lassen sich durch geringfügige Abänderungen variieren. Das gilt nicht nur für Basteleien, sondern auch für Rezepte und Spiele.
Eine wertvolle Unterstützung beim Auswählen der richtigen Materialien bilden die separaten Listen, die noch durch Hinweise zu Alter und Anzahl der Teilnehmer ergänzt werden. Natürlich sind die Altersangaben nur Empfehlungen und können je nach Entwicklungsstand von Kind zu Kind unterschiedlich sein.
Wir möchten mit diesem Buch dazu beitragen, daß unsere Kinder zu aufgeschlossenen, fröhlichen und aktiven Menschen heranwachsen.

Viel Spaß wünscht Ihnen

Ursula Barff

Das Abpausen von Vorlagen

Nicht jeder ist ein Zeichenkünstler, und so kommt es des öfteren vor, daß eine Bastelarbeit nicht so ausfällt, wie man es sich vorgestellt hat, nur weil es mit dem Zeichnen nicht so geklappt hat. Deshalb haben wir für alle schwer zu zeichnenden Dinge Abpausvorlagen aufgenommen, die auf dem beigefügten Vorlagebogen abgedruckt sind.
Grundsätzlich gibt es zwei Möglichkeiten des Abpausens:

Das Abpausen mit Pergamentpapier
Pergamentpapier ist ein durchscheinendes, festes Papier, das es im Schreibwarengeschäft zu kaufen gibt. Auch Architekturbüros arbeiten viel mit dieser Papierart, und man kann unter Umständen dort kostenlose Pergamentpapierabfälle bekommen.
Man kann auch Butterbrotpapier benutzen, das fast dieselben Eigenschaften hat, nur etwas dünner und weniger fest ist als Pergamentpapier. Außerdem benötigen wir bei dieser Art des Abpausens noch einen weichen Bleistift.
1. Wir legen das Papier auf die Vorlage, die wir abpausen wollen, und ziehen mit dem Bleistift die Linien nach. Dabei achten wir darauf, daß sich das Abpauspapier nicht verschiebt.
2. Bevor wir das Papier wegnehmen, kontrollieren wir, ob wir auch alle Linien wirklich nachgezogen haben. Dann erst entfernen wir unser Abpauspapier von der Vorlage.
3. Wir wenden das Papier und legen es auf die Pappe oder auf das Papier, auf das die Vorlage übertragen werden soll. Die mit Bleistift gezogenen Linien liegen nun auf dem neuen Papier.
4. Mit kräftigen Druck ziehen wir die Linien nun alle nochmals nach. Da wir mit einem weichen Bleistift gearbeitet haben, haften dabei die ersten Linien auf dem Papier oder auf der Pappe, und das gewünschte Muster erscheint. Wir kontrollieren, ob wir auch alle Striche nachgezogen haben, und können unser Bild dann ausschneiden.

Das Abpausen mit Pauspapier
Pauspapier gibt es in Schwarz und in Weiß. Schwarzes – auch Kohlepapier genannt – erhält man im Schreibwarengeschäft, da es normalerweise zum Anfertigen von Briefdurchschlägen verwendet wird. Weißes oder helles Pauspapier gibt es im Bastel- oder Handarbeitsgeschäft. Mit diesem Papier wollen wir arbeiten, wenn wir eine Vorlage auf einen dunklen Untergrund durchpausen möchten. Beide Pauspapierarten können recht oft verwendet werden. Erst wenn die Beschichtung abgenutzt ist, muß man ein neues Papier nehmen.

1. Zuunterst legen wir das Papier oder die Pappe, auf die wir die Vorlage übertragen wollen. Darauf kommt das Kohlepapier, und zwar mit der färbenden Seite nach unten. Zuoberst legen wir die Vorlage, die wir abpausen wollen.
2. Damit beim Abpausen nichts wegrutscht oder sich verschiebt, sollten wir die drei Blätter mit Büroklammern zusammenhalten.
3. Nun ziehen wir mit dem Bleistift die Linien unserer Vorlage nach. Sie übertragen sich direkt auf die Unterlage. Bevor wir unser Pauspapier wegnehmen, kontrollieren wir nochmals, ob wir auch wirklich keine Linie vergessen haben. Das durchgepauste Bild kann anschließend sorgfältig ausgeschnitten werden.

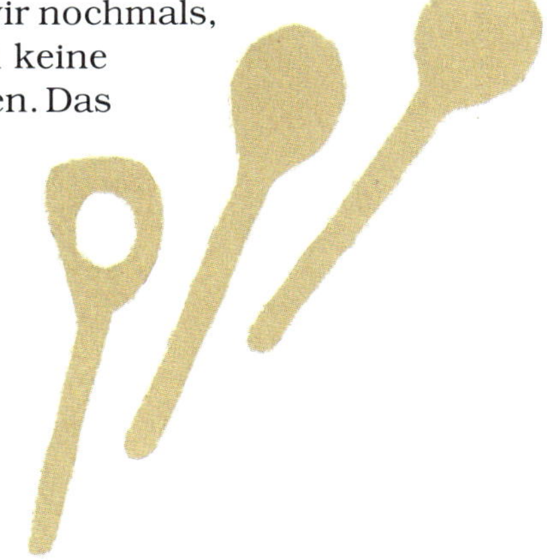

JANUAR

Im Januar es endlich schneit!
Ein jeder sich darüber freut.
Wir ziehn uns Handschuh und Mütze an
und gehn mit Freunden Schlitten fahrn.
Schneemann und -frau werden nun gebaut,
bevor die weiße Pracht dann taut.

Singen

Schlitten fahren

Schlitten fahren
Alter: ab 3 Jahre
Teilnehmer: ab 10

Hurra, es hat wieder geschneit! Für uns Kinder ist der Januar ein herrlicher Monat. Zu ihm paßt das folgende »Anhängespiel«.
Die Kinder reichen einander die Hände, bilden einen Kreis und bewegen sich in eine Richtung. Ein Kind geht im Kreisinneren in die andere Richtung.

überliefert

Gesprochen: ganz alleine fahr' ich nicht, da nehm' ich mir die .... mit!

Am Ende des Liedes, »ganz alleine ...«, sucht sich das Kind in der Mitte eines aus dem Kreis aus und nimmt es bei der Hand. Nun beginnt das Lied von vorn. Das zuletzt hinzugekommene Kind darf das nächste aussuchen, und zum Schluß gibt es dann gar keinen Außenkreis mehr, sondern nur mehr eine lange Kinderschlange.

Reime

Jänner

Brrr, ... ist das kalt! Aber der Januar ist ja auch die kälteste Zeit im Jahr, und deswegen müssen wir uns jetzt besonders warm anziehen.

Jänner ist's, es stürmt und schneit,
kalter Winter weit und breit!
Wer wird in der Stube hocken?
Pudelmütze, dicke Socken,
Anorak und warme Schuh'
und ein langer Schal dazu
schützen uns! Und schon geht's raus,
keiner bleibt da gern zu Haus!
Schneemann bauen, Schneeballschlacht,
das ist's, was uns Freude macht!
Warm bekleidet und geschützt
hat noch jedem Kind genützt,
Schnupfen, Husten bleibn uns fern.
Winterzeit, wir habn dich gern!

Sylvia Horak

Rätsel

Der zweite Schi

Auch Thomas hat seine Schier aus dem Keller geholt und geht Schi fahren. Als ihm kalt wird, schnallt er seine Bretter ab und steckt sie in einen Schneehaufen. Er setzt sich in eine Schihütte und bestellt heißen Tee, um sich aufzuwärmen. Doch als er wieder ins Freie geht und seine Schier holen will, staunt er nicht schlecht! Thomas findet den zweiten nicht mehr!
Helft ihr ihm?

Spielen

Schneeballschlacht im August

Wie wär's mit einer Schneeballschlacht im August, so mitten im heißesten Hochsommer? Das geht, wenn wir jetzt im Winter Schneebälle formen, sie in Alufolie verpacken und in das Gefrierfach oder in die Tiefkühltruhe legen.
Wie die andern staunen werden, wenn wir – nur in Badekleidung – im August eine wilde Schneeballschlacht veranstalten!

Der zweite Schi
Alter:
ab 4 Jahre
Teilnehmer:
allein oder zu zweit

Singen

Der kleine Eskimo

Sylvia Horak

Der kleine Eskimo
Alter:
ab 5 Jahre
Teilnehmer:
ab 2

2. Er macht ein Feuer, deckt den Tisch,
bringt Brot, macht heißen Tee ganz frisch
und sagt: »Komm und besuche mich –
ich hab' auch ein Stück Fisch für dich!«

Spielen

Wir spielen mit Schnee

Wenn es wieder einmal toll geschneit hat und viel Schnee liegengeblieben ist, dann muß man einfach damit bauen und spielen.

Schneemann bauen

Wir fangen mit einem kleinen Schneeball an und rollen ihn dann auf dem Boden immer weiter. Dabei bleibt mehr und mehr Schnee haften, und die Kugel wird immer größer. Zwischendurch helfen wir mit den Händen ein bißchen nach und klopfen den Schnee fest.

Schneemannfamilie

Warum bauen wir eigentlich nicht gleich eine ganze Familie, die im Kreis steht und einen kleinen Schwatz hält?

Schneetiere

Sie werden so groß, daß wir uns darauf setzen können. Der Schnee wird uns halten, wenn wir einen kleinen Trick beachten. Wir brausen die fertige Schneefigur mit Wasser aus der Gießkanne ab und verstreichen den Schnee nochmals gut. Dadurch entsteht nach kurzer Zeit eine feste Eisschicht an der Oberfläche, und die macht die Schneemasse ganz fest.

Schneewohnung

In der eben beschriebenen Art können wir auch Mauern errichten und damit eine richtige Wohnung mit vielen Räumen bauen. In die einzelnen Zimmer, die mit Durchgängen verbunden sind, stellen wir alle möglichen Möbel aus Schnee.

Irrgarten

Für ein Wettspiel können wir einen Irrgarten bauen, durch den wir dann unsere Freunde hindurchschicken. Mit der Stoppuhr wird überprüft, wer am schnellsten wieder herausfindet.

Iglu

Jetzt bauen wir einen Iglu, so wie es die Eskimo in Alaska tun. Dort, hoch oben im Norden, brausen viele Monate im Jahr heftige Schneestürme über das Land. In ihren »Schneehäusern« sind die Menschen aber vor dem Wetter gut geschützt. Eigentlich sind es Eishäuser, denn sie bestehen aus zurechtgesägten Eisziegeln!

Bei uns gibt es natürlich nicht so viel Eis, daß wir daraus einen Iglu errichten können. Aber er läßt sich auch aus Schneeziegeln bauen, und die stellen wir so her:

Wir füllen einen Schuhkarton mit Schnee, den wir ganz fest hineinpressen. Dann drehen wir den Karton um und klopfen den Schneeziegel vorsichtig heraus. Damit er auch zum Bauen fest genug wird und nicht auseinanderfällt, brausen wir ihn mit ein wenig Wasser aus der Gießkanne ab und streichen die Ziegeloberfläche mit den Händen glatt.

Übrigens: Warum tragen die Eskimo keine blauen Brillen?

(Weil sie sonst die Eisbären für Blaubeeren halten würden!)

Fingerspiele

Das Schneeball-Fingerspiel

Das Schneeball-Fingerspiel
Alter: ab 2 Jahre
Teilnehmer: ab 2

Schaut einmal alle her – hurra!
Zehn Schneebälle, die hab' ich da:
– den ersten für Rita,
– den zweiten für Hans!
– den dritten für Ilse,
– den vierten für Franz!
– den fünften für Else,
– den sechsten für Frieda!
– den siebenten für Kurt und
– den achten für Ida!
Den neunten und zehnten –
nun schau nur zu –
die beiden letzten, die kriegst DU!

Zuerst zappeln wir mit allen zehn Fingern hin und her, dann zeigen wir jeden einzelnen her. Zum Schluß »werfen wir einen Schneeball«.

Reime

Im Schnee

Am Fenster blüht der Eiskristall,
wer hätte das gedacht?
Sogar der große Teich fror zu,
in der vergangnen Nacht.
Der Atem fliegt aus meinem Mund
wie Rauch aus dem Kamin.
Ich stelle meinen Kragen auf
und stapfe stumm dahin.
Die Bäume sind so dick vermummt,
die ganze Welt ist weiß!
Was werden wohl die Fischlein tun,
die Fischlein unterm Eis?

Singen

Im Schnee

überliefert

Im Schnee
Alter: ab 3 Jahre
Teilnehmer: ab 2

Experimentieren

Wasser und Eis

Wenn Wasser gefriert, also zu Eis wird, dehnt es sich aus und braucht mehr Platz. Das können wir mit einem einfachen Experiment selbst überprüfen. Und so wird's gemacht:
Wir füllen das leere Marmeladenglas zur Hälfte mit Wasser und lassen es ruhig stehen, bis das Wasser nicht mehr schwappt. Dann markieren wir den genauen Wasserstand mit dem Filzstift und stellen das offene Glas über Nacht ins Freie oder in das Gefrierfach. Am nächsten Tag sehen wir, daß das Wasser zu Eis geworden ist. Dabei hat es sich nach oben ausgedehnt, denn es reicht bis über den Filzstiftstrich.

Achtung
Das Glas müssen wir unbedingt offenlassen! Wenn wir es nämlich verschließen, entwickelt das Eis solche Kraft, daß es das Glas zerreißt und wir uns verletzten könnten.

Auch in der freien Natur können wir beobachten, welche Kraft Eis, das sich ausdehnt, entwickelt. Dadurch, daß im Laufe des Jahres Hitze und Kälte wechseln, findet ein Vorgang statt, den man Verwitterung nennt (darin ist das Wort »Wetter« versteckt): Steine, Bauwerke und Straßen bekommen Risse und Sprünge, in die dann Wasser eindringt. Wenn es gefriert, dehnt es sich aus und kann ganze Stücke aus dem Stein sprengen. So entstehen auch in jedem Winter Schlaglöcher und Frostaufbrüche in unseren Straßen.

Wasser und Eis
Alter:
ab 5 Jahre
Teilnehmer:
allein oder in einer Gruppe
Material:
1 leeres, dickwandiges Marmeladenglas ohne Deckel
1 wasserfester schwarzer Filzstift
ein Gefrierschrank

Die Schneeflocke

Wir betrachten einmal Schneeflocken oder Eisblumen durch ein Vergrößerungsglas, und was sehen wir? Wunderschön zarte, weiße Sterne mit vielen Zacken und Spitzen kommen da zum Vorschein, und es ist unglaublich, aber wahr: Kein Stern gleicht dem anderen, sie sehen alle verschieden aus!

Die Schneeflocke
Alter:
ab 3 Jahre
Teilnehmer:
allein oder zu zweit
Material:
1 Lupe

Reime

Das Schlagloch-gedicht

Das Wasser steht in allen Pfützen,
wie soll sich da die Straße schützen?
Denn, kaum wird's kalt, friert alles zu,
die Straße wird ganz glatt im Nu.
Das Wasser friert und dehnt sich aus,
sprengt Löcher aus der Fahrbahn raus!
Die Löcher werden immer mehr,
und's Autofahren wird sehr schwer:
weil's rumpelt, pumpelt und auch
kracht,
gibt man beim Drüberfahrn nicht acht!

Sylvia Horak

Spielen

Spaß mit Schnee

Wenn es mal wieder so richtig viel geschneit hat, dann können wir nur mit Schneebällen ganz tolle Spiele machen. Dafür formen wir möglichst viele und häufen sie aufeinander.

Schneeballfänger
Alter:
ab 4 Jahre
Teilnehmer:
ab 2
Material:
Schneebälle
verschieden große
Pappkartonschachteln

Schneeballfänger

Wir werfen die Schneebälle nacheinander einem Kind zu, das versuchen muß, sie mit der Schachtel aufzufangen. Je kleiner sie ist, desto schwieriger wird das Spiel.

Schneeballfresser
Alter:
ab 3 bis 4 Jahre
Teilnehmer:
allein oder in einer
Gruppe
Material:
Schneebälle
1 sehr großes Kartonstück (von einer Waschmaschinenverpackung herausgeschnitten)
Plakafarben
Pinsel
Schnur

Schneeballfresser

Wir malen ein lustiges Gesicht auf das Kartonstück, schneiden ein Loch als Mund hinein und hängen den Karton nun mit der Schnur an einen kräftigen Ast.
Jetzt geht es los: Wie viele Würfe braucht jeder, um in den Mund des Schneeballfressers zu treffen?

Schneeballturm
Alter:
ab 4 Jahre
Teilnehmer:
ab 2
Material:
Schneebälle

Schneeballturm

Jeder baut seinen eigenen Turm, indem er immer einen Schneeball auf den anderen setzt. Wer schafft den höchsten? Das ist gar nicht so einfach, wie es sich anhört, denn ab einer bestimmten Höhe ist der Turm stark einsturzgefährdet! Darum lieber – obwohl es ein Wettspiel ist – langsam und vorsichtig bauen!

Volltreffer

Wir setzen einem Schneemann den Hut auf. Wer schafft es, diesen mit Schneebällen herunterzuwerfen? Je weiter die Startlinie vom Schneemann entfernt ist, desto schwieriger wird es.

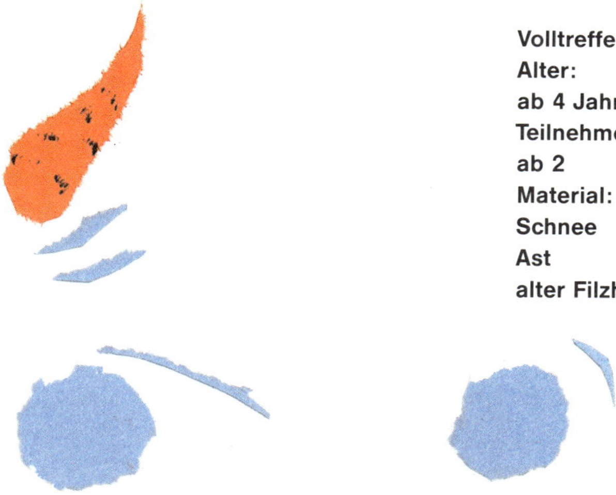

Volltreffer
Alter:
ab 4 Jahre
Teilnehmer:
ab 2
Material:
Schnee
Ast
alter Filzhut

Schneeballpyramide

Wir bilden zwei Gruppen, und jede baut – auf gleicher Höhe – eine Schneeballpyramide. In einiger Entfernung dazu ziehen wir mit dem Ast eine Start-Ziel-Linie im Schnee. Nun brauchen wir noch die vier Schuhkartons als Schneeschuhe.

Zwei Kinder spielen nun gemeinsam: Jedes steigt in zwei Schuhkartons. Auf »los« umrundet jedes die Pyramide seiner Gruppe und beeilt sich, um als erstes im Ziel zu sein. Dann kommen die beiden nächsten Spieler an die Reihe.

Schneeballpyramide
Alter:
ab 5 Jahre
Teilnehmer:
ab 6
Material:
Schneebälle
4 Schuhkartons
Ast

Singen

Fangspiel

überliefert

Fangspiel
Alter:
ab 4 Jahre
Teilnehmer:
ab 10

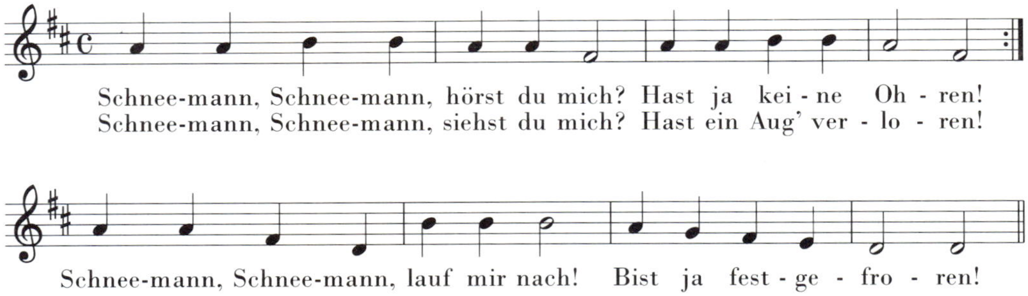

Wir bilden einen Kreis, in dessen Mitte ein Reifen gelegt wird. In ihm steht ein Kind, der »Schneemann«, und darf sich nur darin bewegen. Bei der letzten Liedzeile laufen die Kinder ganz nahe am »Schneemann« vorbei. Gelingt es ihm, eines zu fangen, so ist dieses der neue »Schneemann«.

Basteln

Apfelschlange

Apfelschlange
Alter:
ab 3 Jahre
Teilnehmer:
allein oder in einer Gruppe
Material:
1 Stück Metallbastelfolie
1 Trinkglas
1 Bleistift
Schere
1 kurze Metallstricknadel
1 Apfel

Wir stellen das Glas auf die Metallfolie, zeichnen den Umriß nach und schneiden den so entstandenen Kreis aus.
Nun schneiden wir ihn spiralförmig ein. Dann stecken wir unsere Stricknadel in den Apfel, stellen ihn auf einen Heizkörper (oder auf einen Ofen) und legen die Spiralenmitte vorsichtig auf die Nadelspitze. Wenn wir jetzt loslassen, zieht sich die Spirale nach unten auseinander.
Ist der Heizkörper auf eine hohe Temperatur eingestellt, so wird die Luft über ihm sehr heiß. Sie dehnt sich aus und bewegt sich dabei. Dadurch fängt unsere Apfelschlange an, sich im Kreis zu drehen!

Wissen

Kochen mit Schnee

Wenn wir Speisen zubereiten wollen, nehmen wir natürlich keinen richtigen Schnee, der vom Himmel gefallen ist, sondern Eischnee.
Wir haben sicherlich schon einmal dabei zugeschaut, wenn Mutti zum Kuchenbacken das Eigelb vom Eiweiß trennt: Das Eigelb oder Dotter bleibt dann in einer der Schalenhälften hängen.
Das Eiweiß schlägt man mit dem Schneebesen steif. Das klappt deshalb, weil sich dabei viel Luft, die man einschlägt, mit dem Eiweiß mischt.
Der Eischnee wird immer ganz zum Schluß unter den Teig gehoben. Er bewirkt, daß der fertige Kuchen so richtig schön flaumig, eben »luftig« ist.
Eischnee kommt aber nicht immer nur in den Teig, man kann ihn auch auf eine mit Obst belegte Teigmasse geben oder ihn mit geriebenem Käse vermischt auf belegte Toasts streichen und sie dann überbacken. Da wird der weiße Schaum ein bißchen braun und schmeckt ganz himmlisch!

Reime

Das »Eischnee-gedicht«

Was sagt man dazu:
Meine Mutter schlägt den Schnee,
doch das tut ihm gar nicht weh.
Nein, denn aus dem zähen Klar
da wird Schaum, wie wunderbar!
Weiß und locker, weich wie Flaum,
luftig leicht – man glaubt es kaum.
Wird nun in den Teig gehoben,
dieser dann ins Rohr geschoben,
und nach einer guten Stund'
rinnt das Wasser mir im Mund!
Wie das duftet, hmm, wie fein –
er wird wohl schon fertig sein,
unser Kuchen. Welche Pracht!
Nein, das hätt' ich nicht gedacht.
»Flaumekuchen«, luftig fein,
– das kann nur vom Eischnee sein!

Sylvia Horak

Schneenockerln mit Vanillesauce

Schneenockerln mit Vanillesauce
Alter:
ab 6 Jahre
Teilnehmer:
allein oder zu zweit
Zutaten:
4 Eiweiß
100 g Puderzucker
1/2 l Milch
Vanillecreme
Geräte:
1 Schüssel
1 Schneebesen
1 Topf
2 Eßlöffel
1 Schöpfsieb

Sie werden in manchen Familien zu besonderen Anlässen wie Geburtstag oder Namenstag zubereitet. Und weil sie eine Spezialität aus Österreich sind, heißen sie auch Nockerln: Es sind kleine Klöße, die man nicht zu Bällen formt, sondern nur mit dem Löffel absticht.

1. Wir schlagen das Eiweiß zu einem festen Schnee, geben den Puderzucker dazu und schlagen beides nochmals. Dadurch wird die Masse steifer.
Dann bringen wir Milch zum Sieden. Sie soll aber nicht wallend kochen!

2. Nun stechen wir mit dem Eßlöffel zwei große Nockerl von der Schneemasse ab und legen sie in die siedende Milch ein.

3. Wir warten ein wenig, bis die Nockerln aufgegangen, das heißt größer geworden sind. Wir drehen sie vorsichtig mit den zwei Löffeln um und lassen

sie noch ganz kurz in der Milch liegen. Nun nehmen wir die Nockerln mit dem Schöpfsieb heraus.

4. Bei Bedarf müssen wir immer wieder etwas kalte Milch nachgießen und sie erhitzen.
Wir servieren die Nockerln so: entweder warm mit kalter Vanillesauce oder kalt mit warmer Sauce.

Basteln

Erzählkerzen

Im Winter sind die Tage sehr kurz, und es wird schon früh dunkel. Deshalb verbringen wir viel mehr Zeit in der Wohnung als im Sommer und finden es sehr behaglich, im warmen Zimmer zu sitzen und zu plaudern. Für solche gemütlichen Abende gibt es in einigen Familien eine eigene, ganz besondere Kerze – die »Erzählkerze«. Immer, wenn einer sie entzündet, wissen die anderen sofort, daß nun eine Geschichte erzählt wird.

Kerze im Körbchen
Wir stellen das Körbchen mit der Öffnung nach unten auf die Arbeitsfläche und kleben die Holzfiguren und die Kerze in die Vertiefung seines Bodens.

Kerze mit Pfeifenputzermännchen
1. Wir nehmen den Pfeifenputzer und klappen ihn so zusammen, daß drei gleich lange Teile entstehen. An den Knickstellen schneiden wir sie ab. Eines biegen wir nochmals zusammen und drehen es drei- oder viermal um sich selbst. Das ist der Rumpf. Durch das Loch der Perle stecken wir die beiden Enden des Pfeifenputzers, die wir etwas auseinanderbiegen.

2. Durch die Schlaufe am Rumpfende schieben wir den zweiten Pfeifenputzer und formen daraus die Beine.
3. Etwas unterhalb der Perle schlingen wir das dritte Stück einmal um den Rumpf. Mit wasserfesten Farbstiften malen wir Augen, Nase und Mund auf die Perle. Wer will, kann aus Wollresten einige Haare an den Kopf kleben.
Da die Arme und Beine beweglich und gut formbar sind, können wir unsere Männchen rundherum auf der Schachtel anordnen. Damit unsere »aufmerksamen Zuhörer« nicht herunterrutschen, kleben wir sie an.

Erzählkerzen
Alter:
ab 4 Jahre
Teilnehmer:
allein oder in einer Gruppe

Kerze im Körbchen
Material:
1 Körbchen aus Naturmaterial
kleine bunte Holzfiguren
Klebstoff
Bienenwachskerze

Kerze mit Pfeifenputzermännchen
Material:
1 Spanschachtel: ⌀ 12 – 15 cm
Pfeifenputzer: 20 cm lang
bunte Holzperlen
Wollreste
Schere
wasserfeste Farbstifte
Klebstoff
1 Bienenwachskerze

Kerze als Blumentopf-
mädchen
Material:
2 Blumentöpfe aus Ton
Klebstoff
Bienenwachskerze, die in der Größe zum Topf paßt
Deckfarben
farbloser Lackspray (ohne FCKW)

Kerze als Blumentopfmädchen
Wir kleben die beiden Blumentopfböden aufeinander und malen dann das Mädchen mit Deckfarben direkt auf den rohen Ton. Damit die Farben nachher nicht abblättern, besprühen wir die Töpfchen mit farblosem Lack.

Vorlesen

Die sieben Raben

Hört ihr alte Märchen auch so gern wie ich?
Trotz der Vielzahl moderner Bilderbücher und Vorlesegeschichten lieben auch die Kinder von heute alte Märchen. Das folgende stammt aus einem Buch, das über 100 Jahre als ist. Es hat damals einem Kind gehört, das ungefähr genauso alt war, wie wir es jetzt sind.

Wir achten bei dem Märchen »Die sieben Raben« einmal besonders darauf, wie eigenartig es sich anhört. Der Wortlaut stammt aus dem alten Buch. – So hat man nämlich den Kindern vor über 100 Jahren Geschichten erzählt. Heute schreiben und reden wir zwar nicht mehr so, aber die alte Sprache klingt auch sehr schön!
Wer eine neuere Bearbeitung des Märchens hat, kann ja einmal vergleichen, ob und wie sich die Sprache im Gegensatz zu dem hier abgedruckten Text verändert hat. Vielleicht verstehen wir manche Wörter gar nicht, weil sie heute nicht mehr gebraucht werden.

Die sieben Raben

Gebrüder Grimm

Ein Mann hatte sieben Söhne und immer noch kein Töchterchen, so sehr er sich's auch wünschte; endlich aber beschenkte seine Frau ihn auch mit einem Mädchen. Die Freude war groß, aber das Kind war schmächtig und klein und sollte wegen seiner Schwachheit die Nottaufe haben. Der Vater schickte einen der Knaben eilends zur Quelle, Taufwasser holen. Die anderen sechs liefen mit, und weil jeder der erste beim Schöpfen sein wollte, so fiel ihnen der Krug in den Brunnen.

So standen sie und wußten nicht, was sie tun sollten, und keiner getraute sich heim.

Als sie immer nicht zurückkamen, ward der Vater ungeduldig und sprach: »Gewiß haben sie's wieder über ein Spiel vergessen, die gottlosen Jungen«. Es ward ihm angst, das Mädchen müßte ungetauft verscheiden, und im Ärger rief er, »ich wollte, daß die Jungen alle zu Raben würden!« Kaum war das Wort ausgeredet, so hörte er ein Geschwirr über seinem Haupt in der Luft, blickte in die Höhe und sah sieben kohlschwarze Raben auf und davon fliegen.

Die Eltern konnten die Verwünschung nicht mehr zurücknehmen, und so traurig sie über den Verlust ihrer sieben Söhne waren, trösteten sie sich doch einigermaßen durch ihr liebes Töchterchen, das bald zu Kräften kam und mit jedem Tage schöner ward.

Lange Zeit wußte es nicht einmal, daß es Geschwister gehabt hatte, denn die Eltern hüteten sich, ihrer zu erwähnen, bis es eines Tags von ungefähr die Leute von sich sprechen hörte, das Mädchen wäre wohl schön, aber doch eigentlich

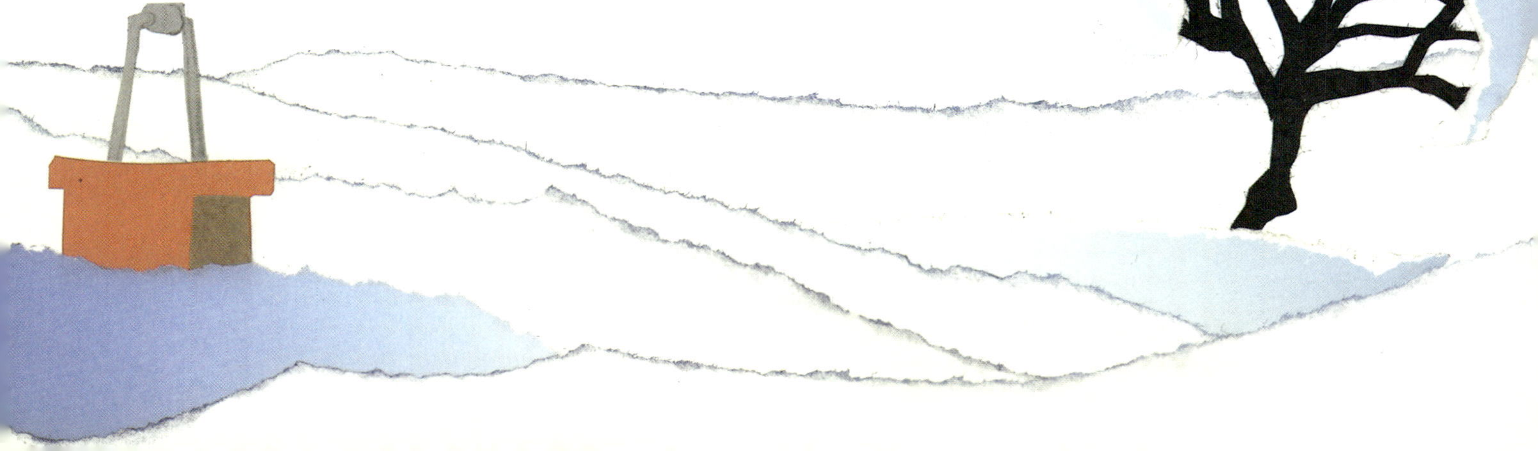

schuld an dem Unglück seiner sieben Brüder. Da ward es ganz betrübt, ging zu Vater und Mutter und fragte, ob es denn Brüder gehabt hätte und wo diese hingeraten seien?

Nun durften die Eltern das Geheimnis nicht länger verschweigen, sagten jedoch, es sei des Himmels Verhängnis und seine Geburt nur der unschuldige Anlaß gewesen. Allein das Mädchen machte sich täglich ein Gewissen daraus und glaubte, es müßte seine Geschwister wieder erlösen. Es hatte nicht Ruhe und Rast, bis es sich einmal aufmachte und in die weite Welt ging, seine Brüder irgendwo aufzuspüren und zu befreien, es möchte kosten, was es wollte. Es nahm nichts mit sich als ein Ringlein von seinen Eltern zum Andenken, einen Laib Brot für den Hunger, ein Krüglein Wasser für den Durst, und ein Stühlchen für die Müdigkeit.

Nun ging es immerzu, weit, weit, bis an der Welt Ende. Da kam es zur Sonne; aber die war zu heiß und fürchterlich und fraß die kleinen Kinder. Eilig lief es weg und lief hin zu dem Mond, aber der war gar zu kalt und auch grausig und bös, und als er das Kind bemerkte, sprach er, »Ich rieche, rieche Menschenfleisch«. Da machte es sich geschwind fort und kam zu den Sternen, die waren freundlich und gut zu ihm, und jeder saß auf seinem besonderen Stühlchen. Der Morgenstern aber stand auf, gab ihm ein Hühnerbeinchen und sprach, »Wenn du das Beinchen nicht hast, kannst du den Glasberg nicht aufschließen, und in dem Glasberg, da sind deine Brüder«.

Das Mädchen nahm das Beinchen, wickelte es wohl in ein Tüchlein und ging wieder fort, so lange, bis es an den Glasberg kam. Das Tor war verschlossen, und es wollte das Beinchen hervor-

holen, aber wie es das Tüchlein aufmachte, so ward darin kein Beinchen mehr, sondern ein goldenes Schlüsselchen.

Als es eingegangen war, kam ihm ein Zwerglein entgegen, das sprach, »Mein Kind, was suchst du?« »Ich suche meine Brüder, die sieben Raben«, antwortete es. Der Zwerg sprach, »die Herren Raben sind nicht zu Hause; aber willst du hier so lang' warten, bis sie kommen, so tritt ein!« Darauf trug das Zwerglein die Speise der Raben herein auf sieben Tellerchen und in sieben Becherchen, und von jedem Tellerchen aß das Schwesterchen ein Bröckchen, und aus jedem Becherchen trank es ein Schlückchen; in das letzte Becherchen aber ließ es das Ringlein fallen, das es mitgenommen hatte.

Auf einmal hörte es in der Luft ein Geschwirr und ein Geweh, da sprach das Zwerglein, »Jetzt kommen die Herren Raben heimgeflogen«.

Da kamen sie, wollten essen und trinken und suchten ihre Tellerchen und Becherchen.

Da sprach einer nach dem anderen, »Wer hat von meinem Tellerchen gegessen? Wer hat aus meinem Becherchen getrunken? Das ist eines Menschen Mund gewesen!«

Und wie der siebente auf den Grund des Bechers kam, rollte ihm das Ringlein entgegen. Da sah er es an und erkannte, daß es ein Ring von Vater und Mutter war, und sprach: »Gott geb, unser Schwesterlein wäre da, so wären wir erlöst!« Wie das Mädchen, das hinter der Türe stand und lauschte, den Wunsch hörte, trat es hervor, und da bekamen die Raben alle ihre menschliche Gestalt wieder. Und sie herzten und küßten einander und zogen fröhlich heim.

Singen

Jakob schwarzer Rabe

Kindergartenüberlieferung

Jakob schwarzer Rabe
Alter:
ab 5 Jahre
Teilnehmer:
ab 2

Die meisten Kinder fragen, was eigentlich die Vögel, die im Winter bei uns bleiben, trinken, wenn alle Wasserstellen zugefroren sind.

Die Antwort lautet: Sie fressen Schnee! Wir können die Vögel dabei beobachten, wie sie ihn aufpicken und schlukken. Sie baden sogar richtig im Schnee. Aber keine Angst, davon werden sie nicht krank.

Basteln

Krähen im Schnee

Krähen im Schnee
Alter:
ab 8 Monate
Teilnehmer:
ab 2
Material:
schwarzes Tonpapier
Klebstoff
1 großer Bogen weißes Zeichenpapier (mit rauher Oberfläche)
rotes Tonpapier (Reste)
weißes Tonpapier (Reste)

Wenn wir kleine Geschwister haben, die noch nicht richtig mit der Schere umgehen können, dann basteln wir trotzdem mit ihnen ein ganz tolles Winterbild, zum Beispiel eine Krähe im Schnee.
Wir lassen die Geschwister viele kleine Stücke aus schwarzem Tonpapier ausreißen, die sie uns einzeln geben sollen. Damit kleben wir den Umriß einer Krähe auf das weiße Papier. Nun bestreichen wir die übrigen Tonpapierstücke mit Klebstoff und lassen die Kleinen den Krähenkörper selbst mit »Federn« bedecken. Auch das Auge, die roten Füße und der rote Schnabel werden gerissen und aufgeklebt. Aus einem Reststück weißen Tonpapiers reißen wir noch einige »Schneeflocken« aus und fixieren sie rings um die Krähe. Je größer der weiße Bogen, also die »Winterlandschaft« ist, desto mehr Krähen können wir hineinsetzen!

Natur

Spuren im Schnee

Wenn wir mit unseren Eltern das nächste Mal einen Sonntagsspaziergang durch den verschneiten Winterwald machen, dann schauen wir einmal ganz genau, ob wir vielleicht Tierspuren im Schnee finden. Hier seht ihr Spuren von sechs Tieren.

Spuren im Schnee
Alter:
ab 5 Jahre
Teilnehmer:
ab 2

Spielen

Suchbild

Was fressen Hasen am liebsten? – Richtig, Karotten, und natürlich mögen sie die auch im Winter.
Wir suchen die Hasenspur und finden heraus, zu welchem Gemüse sie führt. Vielleicht kennen wir ja auch die anderen Spuren, die ebenfalls bei der entsprechenden Nahrung enden.

Suchbild
Alter:
ab 5 Jahre
Teilnehmer:
allein oder zu zweit

Natur

Tiere im Winter

Wie schützen sich eigentlich die Tiere vor der Winterkälte? Im Gegensatz zu uns Menschen trägt ein Eichhörnchen ja keinen langen Schal, ein Karpfen keine Pudelmütze und eine Krähe keine dicken Wintersocken.
In Ländern, in denen der Winter genauso kalt ist wie bei uns, fressen einige Tiere im Sommer so viel, daß sie dick und rund werden. Im Winter zehren sie dann von diesem Fett unter ihrer Haut, und es hält sie auch warm.
Die Säugetiere bekommen ein dickes, wärmendes Winterfell, und die Vögel plustern sich um so mehr auf, je kälter es wird. Die viele Luft zwischen ihren so gesträubten Federn ist nämlich warm und schützt sie.
Aber nicht alle Tiere sind durch ein wärmendes Fell, eine dicke Fettschicht oder durch ein dichtes Federkleid vor der Winterkälte ausreichend geschützt! Zudem finden viele auch nicht mehr genügend Nahrung, und damit sie nicht frieren und hungern müssen, verlassen sie uns im Herbst und ziehen in den warmen Süden.
Schwalben, Störche, Wildgänse, der Kuckuck und viele Singvögel fliegen viele tausend Kilometer weit, manche sogar bis ins heiße Afrika. Diese Tiere nennt man Zugvögel.
Auch Raben und Krähen sind Zugvögel, aber sie ziehen nicht von uns fort, wenn es kalt wird, sondern sie kommen im November aus dem noch viel kälteren Norden zu uns.
Und weil sie es hier so richtig gemütlich warm finden, bleiben sie den ganzen Winter über da.
Damit diese Vögel in einem strengen Winter nicht verhungern müssen, können wir ihnen zum Beispiel ein Futterhäuschen hinstellen. Wie man es selbst anfertigt und was dabei zu beachten ist, steht auf Seite 302.

Natur

Winterstarre

Manch einer wundert sich darüber, wieso es im Winter keine Mücken, Fliegen und Schmetterlinge gibt. Sicherlich, ab und zu tauchen einzelne von ihnen in der Wohnung aus irgendeinem Versteck auf. Aber im Freien begegnen sie uns nie. Denn sie sind, ebenso wie auch Ameisen und Heuschrecken, Insekten, und das sind wechselwarme Tiere. Sie heißen so, weil sie ihre Körpertemperatur ständig verändern: Ist es draußen warm, so steigt ihre Temperatur, und die Tiere sind sehr beweglich. Ist es aber kalt, dann sinkt sie ab, und die Tiere werden immer starrer. Und da es im Winter am kältesten ist, werden sie völlig steif. Man spricht dann von Winterstarre.

Winterschlaf

»Der schläft ja wie ein Murmeltier«, sagt man über jemanden, der überhaupt nicht wachzubekommen ist. Und wißt ihr, woher dieser Satz kommt? Die Murmeltiere halten nämlich einen ganz festen, langen Winterschlaf!
Den ganzen Sommer über futtern sie viel, damit sie dick werden. Im Herbst bereiten sie sich ein warmes Winterbett aus Heu. Sie verschließen ihre Höhlen auch damit. So bleibt die Kälte draußen, und die Tiere haben es warm, während sie schlafen. Ihr Herz schlägt jetzt viel langsamer als sonst, sie atmen auch viel schwächer als normal und ihre Körpertemperatur sinkt auf wenige Grade über Null.
Der Igel, ebenfalls ein Winterschläfer, polstert im Herbst sein geschütztes Plätzchen mit trockenem Gras und Laub aus und schläft dann, fest zu einer Kugel zusammengerollt, den ganzen Winter über.

Winterruhe

Das Eichhörnchen hält nur eine Winterruhe, denn es unterbricht seinen Schlaf von Zeit zu Zeit, um zu fressen: Es stärkt sich durch seine gesammelten Vorräte im Bau, oder es gräbt seine im Herbst versteckten Nüsse und Eicheln wieder aus dem Waldboden aus. Vorausgesetzt allerdings, es findet sie wieder.

Reime

Der Karpfen

Der Karpfen sagt uns am besten selbst, wie er den Winter in seinem Teich verbringt.

Ich bin Balduin, der Karpfen,
wohne hier im Teich. Blubb!
Freß am liebsten Algen ab,
die sind so schön weich. Blubb!
Schwimme hin und schwimme her,
schwimm auch gern im Kreis. Blubb!
Nur schön langsam, bitte sehr,
wie ein jeder weiß. Blubb!

Freß' im Sommer, was ich kann,
und werd dick und rund. Blubb!
Doch mir macht das gar nichts aus,
für mich ist's gesund. Blubb!
Denn im Winter ruhe ich
tief im Schlamm versteckt, Blubb!
leb' von meinem Winterspeck,
bis mich der Frühling weckt. Blubb!

Sylvia Horak

Spielen

Karpfenspiel

Vom Vorlagebogen pausen wir den großen und den kleinen Karpfen ab. Den großen übertragen wir zehnmal auf das rote Tonpapier, den kleinen je zehnmal auf das gelbe, das grüne, das weiße und das orangefarbene. Danach schneiden wir alle Fische aus.

Spielregel

Jeder bekommt einen Trinkhalm und als Karpfenteich einen blauen Teller. Der vierte Teich kommt mit allen Fischen in die Tischmitte.

Wir würfeln reihum: Rot beginnt. Der Spieler saugt mit seinem Trinkhalm einen roten Karpfen aus dem Teich und transportiert ihn zu seinem Pappteller. Fällt der Karpfen vorher herunter, so muß er in den Mittelteich zurückgelegt werden. Dann würfelt das nächste Kind und versucht den Karpfen mit der entsprechenden Farbe zum Teich zu bringen. Würfelt jemand schwarz, so muß er irgendeinen seiner schon gefangenen Fische wieder zurückgeben (ansaugen!). Hat er noch keinen, so wird einmal ausgesetzt.

Das Spiel ist zu Ende, wenn der mittlere Karpfenteich leergefischt ist. Derjenige mit den meisten Karpfen hat gewonnen. Die roten zählen wir doppelt, denn sie sind ja auch doppelt so groß.

Karpfenspiel
Alter:
ab 3 Jahre
Teilnehmer: 3
Material:
4 Pappteller, blau bemalt
3 Trinkhalme
1 Farbwürfel
Pauspapier
Bleistift
50 Tonpapierfische:
10 große rote und je 10 kleine gelbe, grüne, weiße und orangefarbene
Schere

Spielen

Spiele-nachmittag

Seifenigel stechen
Alter:
ab 4 Jahre
Teilnehmer:
ab 3
Material pro Kind:
1 Stück Seife
1 Untertasse
etwa 50 Stecknadeln in einem Schälchen
Küchenuhr

Heute ist unser Spielenachmittag, und eigentlich wollten wir nach draußen gehen. Aber dazu ist es viel zu kalt. Also bleiben wir zu Hause. Nur, im Zimmer dürfen wir uns nicht austoben! – Und was machen wir nun? Zum Glück gibt es einige ruhigere Spiele, die uns trotzdem viel Spaß machen.

Seifenigel stechen

Jedes Kind erhält ein Stück Seife auf einer Untertasse sowie ein Schälchen mit Stecknadeln.
Die Küchenuhr stellen wir auf drei oder vier Minuten ein, dann versucht jedes Kind möglichst viele Stecknadeln in seine Seife zu stecken, so daß diese bald wie ein kleiner Igel aussieht. Wenn die Uhr klingelt, müssen alle sofort aufhören.
Sieger ist derjenige, dessen Igel die meisten Stacheln hat.

Linsen saugen
Alter:
ab 4 Jahre
Teilnehmer:
ab 3
Material pro Kind:
1 Trinkhalm
2 Kompottschälchen
1 Handvoll rohe Linsen
Küchenuhr

Linsen saugen

Jeder erhält zwei Schälchen. In eines legen wir eine bestimmte Anzahl Linsen. Diese saugt jeder Spieler mit seinem Strohhalm an und hebt sie hinüber ins zweite Schälchen.
Wir haben zwei Spielmöglichkeiten.
Wir spielen reihum: Wer eine Linse verliert, muß aufhören, und das nächste Kind kommt dran. Nach drei bis fünf Runden zählen wir, wer die meisten Linsen transportiert hat.
Oder wir spielen um die Wette: Auf »los« fangen alle an. Wer hat nach fünf Minuten die meisten Linsen in das zweite Schälchen gehoben?

Gehege bauen

Hier soll jeder Spieler so viele dreieckige Tiergehege wie möglich in seiner Farbe »bauen«. Wer hat am Schluß die meisten?
Einer von uns tupft zuerst viele Punkte aufs Papier. Danach erhält jeder einen andersfarbigen Filzstift. Nun malt jeder sich entweder einen Punkt mit seiner Farbe auf den Handrücken, oder man setzt die bunte Verschlußkappe auf das Ende des Stiftes – dann sehen wir immer gleich, welche Farbe wir haben.

Der erste Spieler verbindet zwei Punkte mit seinem Filzstift, der zweite Teilnehmer tut dasselbe, ebenso der dritte und der vierte. Dann ist wieder der erste Teilnehmer an der Reihe, und so weiter. Dabei versucht jeder, die Striche so zu ziehen, daß er ein dreieckiges Gehege in seiner Farbe »baut«. Ist ihm das gelungen, markiert er seinen Besitz mit einem Punkt. Wir passen aber gleichzeitig auf, daß die anderen das nicht schaffen. Wenn einer zum Beispiel schon zwei Zaunseiten hat, so schließt ein anderer die dritte mit seiner Farbe. Dieses Gehege gehört niemandem.

Gehege bauen
Alter:
ab 4 Jahre
Teilnehmer:
2 bis 4
Material:
1 Blatt Zeichenpapier
1 andersfarbiger Filzstift für jedes Kind

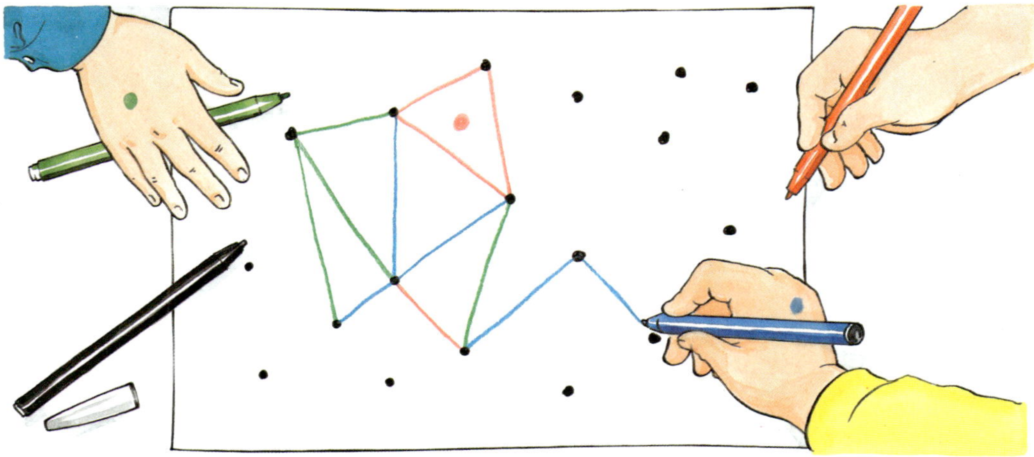

Fingerspiele

Der Schneemann

Wenn wir kleine Geschwister haben, die gerade erst zu sprechen beginnen, dann machen wir dieses Fingerspiel mit ihnen.

Der Schneemann
(linke Faust auf den Tisch schlagen)
und die Schneefrau,
(rechte Faust auf den Tisch schlagen)
die stehn an ihrem Platz.
Doch wenn ganz warm die Sonne scheint,
zerfließen sie zu Matsch!
(bei »Matsch« die Hände flach auf den Tisch klatschen und das Wort laut sprechen)
Der Schneemann und die Schneefrau,
(nacheinander die linke und die rechte Faust auf den Tisch schlagen)
die machen einen Schwatz.
(beide Daumen aufeinander zustrecken)
Doch wenn dann noch der Regen fließt,
ist's aus mit ihnen, klatsch!
(bei »klatsch« laut rufen)

Der Schneemann
Alter:
ab 16 Monate
Teilnehmer:
ab 2

Das Handschuhspiel

Das Handschuhspiel
Alter:
ab 2 Jahre
Teilnehmer:
2 bis 4
Material:
Pauspapier
fester Karton
Bleistift
Schere
Filzstifte

Wir übertragen viermal die Hand und zwanzigmal das Spielplättchen auf Karton und schneiden alles aus.
Nun bemalen wir die Fingernägel der Hände und die Plättchen so, wie wir es auf dem Foto sehen.
Spielregel:
Jedes Kind erhält eine Kartenhand. Die Plättchen werden verkehrt herum auf den Tisch gelegt und gut gemischt.
Das Kind, das beginnt, sagt: »Meine Finger frieren ein, es muß ein grüner (blauer, gelber, roter, brauner) Handschuh sein.« Dann darf es ein Plättchen umdrehen. Hat dieses die richtige Farbe, wird es auf den entsprechenden Finger gelegt.
Nun ist das nächste Kind dran. Derjenige, dessen Handschuh zuerst fertig ist, hat gewonnen.

Labyrinth

Wir zersägen die Holzleiste in zwei Stücke zu je 41 cm Länge, und zwei Stücke zu je 30 cm Länge. Die Schnittkanten schleifen wir ab. Dann kleben wir die Leisten rund um die Platte und lassen sie zwei Stunden trocknen.
Anschließend schlagen wir knapp am Innenrand entlang und dann willkürlich auf der gesamten Fläche verteilt Nägel ein.

Nun verbinden wir je zwei Nägel mit einem Gummiring. So entsteht eine Straße.
Wir überlegen, wo Start und Ziel sein sollen, und bauen zusätzliche Sackgassen ein. Diese markieren wir mit grünen Punkten. Wer mit der Kugel hineingerät, bekommt einen Minuspunkt. Mit schwarzen Pfeilstrichen kennzeichnen wir die Spielrichtung sowie den Start und das Ziel.
Wer schafft es, die Kugel vom Start zum Ziel zu rollen und dabei die wenigsten Minuspunkte zu machen?

Labyrinth
Alter:
ab 5 Jahre
Teilnehmer:
ab 2
Material:
1 Holzleiste:
4 cm breit, 0,5 cm stark, 142 cm lang
1 kleine Handsäge
Schleifpapier
1 Holzplatte (auch Preßspan): 30 x 40 cm
Holzleim
Nägel mit Köpfen
Hammer
Gummiringe
je 1 dicker, schwarzer und grüner Filzschreiber
1 Metallkugel oder
1 Glasmurmel: etwa
1 cm Durchmesser

FEBRUA

Im Februar
ist Faschingszeit.
Verkleidet sieht man
alle Leut'.
Auch wir wolln feiern,
ist ja klar,
mit einer ganzen
Freundesschar.
Und hast du Lust,
so komm auch du!
Vielleicht als Frosch
oder als Gnu?

Wissen

Winteraustreiben und Fasching

Vor vielen hundert Jahren war der kalte Winter für die Menschen eine sehr harte Zeit. Sie verbrachten viele Wochen in ihren tiefverschneiten Häusern und lebten sehr sparsam von ihren Sommervorräten.

Man kann sich vorstellen, wie sehnsüchtig alle auf den Frühling gewartet haben, um wieder im Freien, an der wärmenden Sonne, sein zu können und auch wieder frisches Gemüse zum Essen zu haben.

Damit die bösen Wintergeister, an die man damals noch glaubte, endlich verschwinden sollten, feierte man im Februar ein Fest und nannte es Winteraustreiben. Die Menschen lachten, schmausten, lärmten, tanzten, verkleideten sich und sangen laut, um den Winter mit ihrem Krach und ihrem verrückten Aussehen in die Flucht zu schlagen, ihn zu vertreiben.

Heute beginnt die närrische Zeit, die wir Fasching, Karneval oder Fastnachtszeit nennen, schon viele Wochen früher und endet dann am Aschermittwoch.

Besonders an den letzten Tagen – also am Faschingssonntag, am Rosenmontag und am Fastnachtsdienstag – wird das verrückte Treiben immer toller!

Da gibt es viele Tanzveranstaltungen, sogenannte Bälle, Festessen und Umzüge durch die Straßen. Die Leute verkleiden sich, sind ausgelassen, lärmen, singen und tanzen nach Herzenslust und treiben überhaupt jede Menge Schabernack.

Fingerspiele

Der Faschingszug

Alle meine Fingerlein
wollen heute fröhlich sein!
(mit allen Fingern zappeln)
Sie gehen auf ein Faschingsfest,
keiner auf sich warten läßt.
(die Finger marschieren über den Tisch)
Jeder eilet – eins, zwei, drei –,
ist beim Faschingsfest dabei:
An der Spitze, ganz voran,
geht der lustige Hampelmann;
(Daumen zeigen und mit ihm wackeln)
Hier, Prinzessin Tausendschön –
mit dem Prinzen will sie geh'n.
(Zeigefinger)
Seht, die Hexe Hinkeviel
mit dem Zauberbesenstiel;
(Mittelfinger)
und dahinter seht ihr auch
einen Clown mit dickem Bauch!
(Ringfinger)
Und zum Schluß, in letzter Reih'
ist ein Zwerglein auch dabei.
(kleiner Finger)
Mit »Trara« und mit »Tschinbumm«
geht die Blaskapelle um.
(bei »Trara« in die geballte Faust blasen, bei »Tschinbumm« in die Hände klatschen)
Mit »Tschinbumm« und mit »Trara«,
Fasching, Fasching, der ist da!

Der Faschingszug
Alter:
ab 2 Jahre
Teilnehmer:
ab 2

Singen

Der Fasching ist da

überliefert

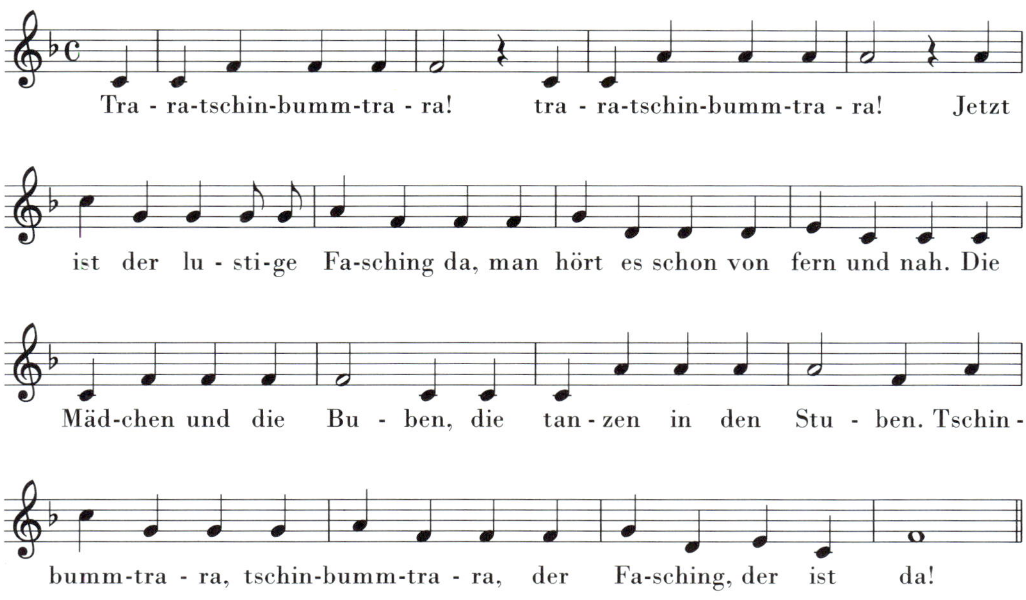

Der Fasching ist da
Alter:
ab 3 Jahre
Teilnehmer:
ab 3

Basteln

Kopfschmuck

Kopfschmuck
Alter:
ab 3 – 4 Jahre
Teilnehmer: allein oder in einer Gruppe
Material:
alte Hüte
Wolle
bunte Kartonstücke
Wollreste
Krepp- und Seidenpapier
Pauspapier und Bleistift
Stoffreste
Kaffeefiltertüten
Pappteller
Deckfarben
Pinsel
Schere
Klebstoff
Hutgummi und schmales Baumwollband
Heftzange

Wir möchten uns gern verkleiden und ausprobieren wie man sich fühlt, wenn man einmal jemand anderes ist. Aber es darf nicht viel kosten und soll auch nicht viel Arbeit machen.

Um im Fasching einmal in eine »fremde Haut« zu schlüpfen und sich dabei gleich ganz anders zu fühlen, genügt es mitunter schon, wenn man eine außergewöhnliche Kopfbedeckung aufsetzt.
Für so einen »Heut'-bin-ich-nicht-ich«-Kopfschmuck genügen wirklich ganz einfache Dinge.

Papptellerhut

Wir schneiden den Pappteller bis zur Mitte ein, schieben die Ränder übereinander und heften sie mit der Heftzange wie einen Chinesenhut zusammen.
Nun bemalen wir unsere Kopfbedekkung. Nach dem Trocknen kleben wir obenauf bunte Seidenpapierkügelchen und Kreppfransen an den Rand. Dann schneiden wir ein Stück Hutgummi von der Länge ab, die wir benötigen, und klammern es am Hut fest, damit er nicht vom Kopf rutschen kann.

Filtertütenhut

Wir kleben zwei gleich große Kaffeefilter ineinander. Aus buntem Karton schneiden wir eine Blume und einen dicken Stengel aus und heften oder kleben diesen an die Filtertüte. An ihren Rand fixieren wir Kreppapierfransen. Dann klammern wir links und rechts die Baumwollbänder an, die wir unterm Kinn zusammenknoten, wenn wir diesen Hut tragen.

Zopfhut

Ach, wer hätte nicht gern einmal lange Zöpfe! Wir machen uns heute einfach welche.
Ein alter Hut bekommt ein buntes Hutband aus der Restekiste. Wir kleben es rundherum an oder binden es einfach.
Wenn wir noch keine Zöpfe flechten können, bitten wir Mutti, uns dabei zu helfen. Wir fertigen aus Wolle zwei dicke, lange Zöpfe an und binden sie am unteren Ende mit bunten Stoffstreifen zusammen.
Nun kleben oder nähen wir die Zöpfe links und rechts innen im Hut fest, und fertig ist der Zopfhut.

Stirnfransentuch

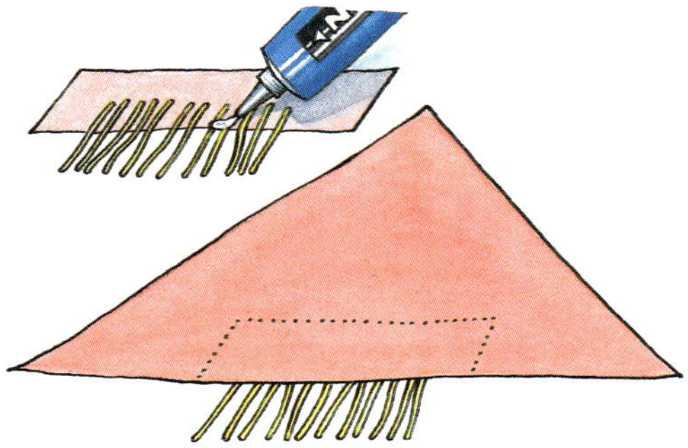

Vielleicht wollen wir aber lieber schöne Stirnfransen haben.
Wir kleben Wollfäden nebeneinander auf einen Streifen Stoff. Ihn befestigen wir so an der längsten Seite eines Stoffdreiecks (aus der Restekiste), daß die Wollfransen nun zwischen den beiden Stoffteilen liegen.
Wir können das Tuch unter dem Kinn oder hinten im Nacken verknoten.

Reime

Allerlei Schabernack

Im Fasching ist alles erlaubt: Da herrscht »Narrenfreiheit«, und jeder kann so viel Blödsinn reden, wie er will – Hauptsache es macht Spaß.

»Heut' kommt der Hans zu mir«,
freut sich die Lies'.
»Ob er aber über Oberammergau
oder aber über Unterammergau
oder aber überhaupt net kommt,
das is net g'wiß!«

Bimmelbammel Katzenschwanz,
die Kuh ist keine Wackelgans.
Die Gans, die ist kein Papagei,
der Papagei kein Hühnerei,
das Hühnerei kein Blumenkranz –
Bimmelbammel Katzenschwanz.

Die Nadel sagt zum Luftballon:
»Du bist rund, ich bin spitz,
jetzt machen wir beide einen Witz.
Ich weiß ein lustiges Schnettereteng:
Ich mach pick, und du machst peng!«

Josef Guggenmos

Ich soll erzählen und nicht lügen?
Ich sah dort einen Esel fliegen.
Und was flog gleich hinterdrein?
Ach, das war ein blaues Schwein.
Ich soll erzählen und nicht lügen?
Auf dem Dach, da weiden Ziegen.
Und der Hund tanzt auf dem Schwanz –
zischt dazu wie eine Gans.
Ich soll erzählen und nicht lügen?
Ich kann auf dem Fahrrad fliegen.
Und mein Auto trinkt ganz schlau
statt Benzin nur noch Kakao!

Experimentieren

Klebende Luftballons

Wir blasen Luftballons auf, verknoten die Öffnungen und reiben sie eine Weile an einem Wollpullover. Dann steigen wir mit ihnen auf eine Leiter und halten die Ballons an die Zimmerdecke. Und nun passiert etwas Erstaunliches bei diesem Experiment: Sie bleiben dort stundenlang haften, nachdem wir sie losgelassen haben.
Der Trick dabei ist folgender: Durch das Reiben am Wollpullover werden die Luftballons elektrisch negativ aufgeladen. Die Zimmerdecke aber hat eine ausgeglichene Anzahl negativer und positiver Teilchen. Und diese positiven ziehen die negativen der Ballons an. Dadurch »kleben« die Luftballons an der Decke.

Klebende Luftballons
Alter:
ab 5 Jahre
Teilnehmer:
ab 2
Material:
Luftballons

Rätsel

Lustige Fragen

Auf welchem Ball kann man nicht tanzen? (Fußball)

Welche Schlange kann sich auflösen? (Autoschlange)

Welches Tier schluckt Geld? (Sparschwein)

Welches Haus ist fensterlos? (Schneckenhaus)

Wer fürchtet sich vor der Sonne? (Schneemann)

Welcher Vogel hat keine Federn? (Spaßvogel)

Was ist schlimmer als ein bissiger Hund? (zwei bissige Hunde)

Was könnt ihr nicht in die linke Hand nehmen? (die linke Hand)

Wieso summen die Honigbienen? (weil sie den Text vergessen haben)

Welchen Garten kann man nicht gießen? (Kindergarten)

Welcher Kater tut euch weh? (Muskelkater)

Welche Birnen sind nicht süß? (Glühbirnen)

Wer hat schon als Baby graue Haare? (Esel)

Rätsel

Ich sag's mit Bildern

Gestern kam der Postbote und wollte  bringen. Unser 
Rex mag aber keine -träger! Er legte die Vorderpfoten auf
das  und bellte laut. „Wie komme ich zu dem ?", über-
legte der -träger. „Am  ist ja der  angebracht, und
um dorthin zu kommen, muß ich erst den  überlisten!"
Zuerst fuhr der -träger mit seinem  fort, und als
er wiederkam, hatte er einen großen  dabei. Er öffnete
den  und zog 3 duftende  hervor! Die warf er
nun dem bellenden  am  zu.
Unser Rex schnappte sich die  und trollte sich in
seine . Nun konnte der -träger ungestört zum 
gehen und die  in den  werfen. Unser gefräßiger
 Rex hat gerade noch einen  übriggelassen.

Spielen

Tischpyramide

Wir schieben den Tisch, auf den dann einer von uns klettert, genau unter die Deckenlampe. Das Kind befestigt die Schnur so an der Lampe, daß der Stoffball gerade noch frei über dem Tisch schwebt.
Ein Kind hält den Ball so lange zur Seite, bis die anderen die Becherpyramide unter der Lampe aufgebaut haben.
Der erste Spieler versetzt nun den Stoffball in Bewegung, so daß er um die Becherpyramide kreist. Allmählich werden die Kreise dann immer kleiner, und dabei wirft der Ball einige Becher herunter. Wenn die Schnur wieder ruhig hängt, zählen wir, wie viele es sind. Dann ist der nächste Spieler an der Reihe.

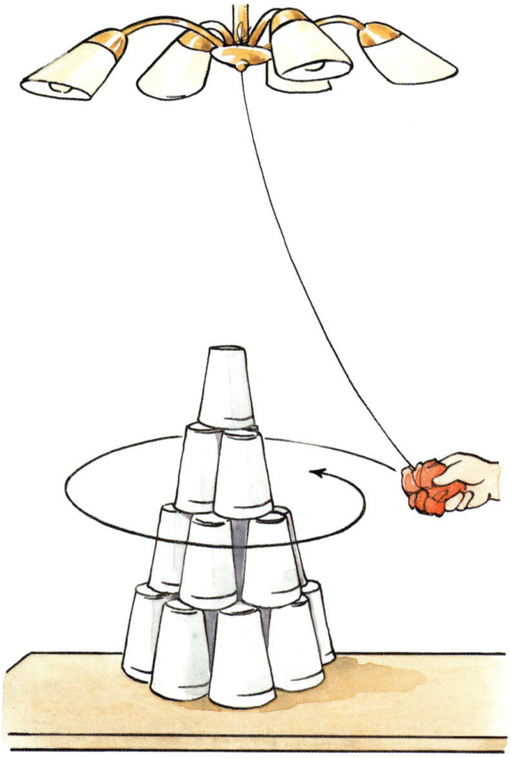

Tischpyramide
Alter:
ab 3 Jahre
Teilnehmer:
ab 3
Material:
15 Joghurtbecher
1 Stoffball an einer langen Schnur

Schleudermaschine

Wir bemalen den Eierkarton so, daß wir einen grünen Außenring, einen gelben Mittelring und ein rotes Zielfeld haben. Wir spielen reihum. Jeder hat eine Gabel vor sich liegen, deren Zinken zum Spielbrett hin und nach oben zeigen. Der erste Spieler legt den Wurfgegenstand auf das Griffende der Gabel und drückt die Zinken mit Schwung herunter: Sssssst, da saust der Gegenstand durch die Luft! Und wo landet er? Wer ins Grüne trifft, bekommt einen Punkt, für Gelb gibt es zwei, und die rote Mitte bedeutet drei Punkte.

Schleudermaschine
Alter:
ab 3 Jahre
Teilnehmer:
ab 3
Material:
1 quadratischer Eierkarton
Deckfarben
Pinsel
Eicheln, Walnüsse, Haselnüsse, Bonbons, Knöpfe oder ähnliches als Wurfgegenstand
Gabeln

Basteln

Faschingsente

Faschingsente
Alter:
ab 5 Jahre
Teilnehmer:
ab 2
Material:
Käseschachtel in Halbmondform
Klebstoff
grünes Tonpapier
Federn
1 kleiner Kunststofftrichter
Tonpapierstückchen: weiß, blau, gelb
Schere
gelber Filz
1 alte Stopfnadel
1 Kombizange mit Isoliergriff
Kerze
2 kleine Zuckerschaufeln aus Kunststoff
1 spitze, dicke, lange Nadel
Wollfäden
4 bemalte Holzperlen: ∅ 2,5 cm
1 kleine Handsäge
1 Holzleiste 0,5 cm stark; zersägen in:
1 Stück, 20 cm lang,
2 Stücke, à 15 cm
Holzleim
1 dünner Holzbohrer
feste, dünne Schnur
5 rohe Holzperlen: ∅ 1 cm

Eigentlich sehen Enten ganz anders aus, aber diese hier ist eine Faschingsente! Sie ist eine Marionette an Fäden, die richtig watscheln kann.

Herstellung

Wir fügen die Teile der Käseschachtel mit Klebstoff zusammen, fixieren rundherum grünes Tonpapier und befestigen die gelben Flügelfedern.

Nun bekleben wir den Trichter als Entenkopf mit Tonpapieraugen, Wimpern und dem Schmuckband.

Danach schneiden wir den Entenschwanz aus gelbem Filz aus und kleben ihn gemeinsam mit den Federn ans hintere Ende der Schachtel.

Die Stopfnadel halten wir mit der Zange fest und bringen sie über der Kerzenflamme zum Glühen. Dann schmelzen wir die Befestigungslöcher für die Fäden sowohl in den Trichter als auch in die Schaufeln.

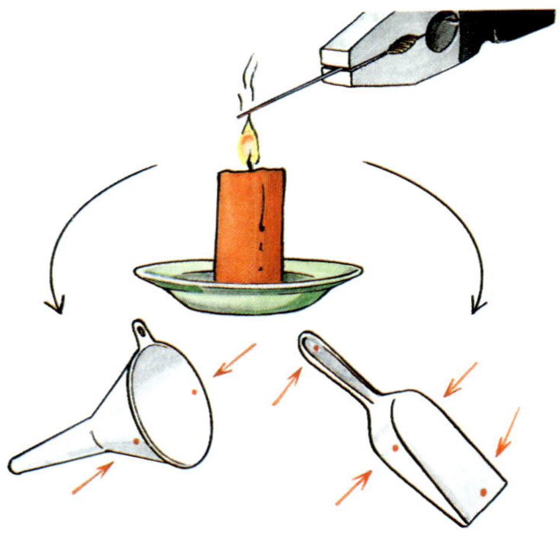

Mit der Nähnadel bohren wir die nötigen Löcher in die Kartonteile und dann ziehen wir die Verbindungsfäden für die einzelnen Teile hindurch. Die Ecken verknoten wir fest miteinander Wir verleimen den Holzgriff und bohren die Löcher zum Befestigen der Fäden hinein. Während einer von uns die Ente unten festhält, bringt der andere die Marionettenfäden mit Hilfe der kleinen Holzperlen in der richtigen Länge oben an der Holzführung an.

Führung

Wir halten die Holzführung so, daß die Ente mit den Füßen fest auf dem Boden steht.

Den Holzgriff kippen wir abwechselnd nach rechts und nach links und bewegen ihn gleichzeitig nach vorn, also in Gehrichtung. Wenn wir das ein wenig geübt haben, kann die Ente richtig schön watscheln. Sie wackelt dabei auch automatisch mit dem Kopf, und auf einem Holzfußboden hören wir sie schon von weitem kommen.

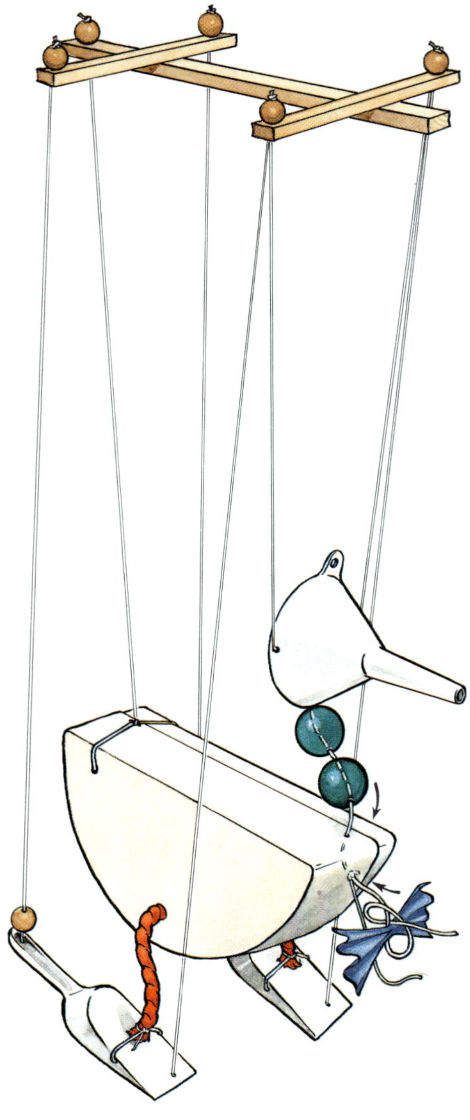

Feste feiern

Einladungskarten

Einladungskarten
Alter:
ab 4
Teilnehmer:
allein oder in einer Gruppe
Material:
Pauspapier
Bleistift
Wellpappestücke, einseitig verstärkt
Schere
Deckfarben
Pinsel
Klebstoff
1 schwarzer Filzstift, wasserfest
1 kleines Stück weißer Karton
1 Lineal
Bindfaden
Lackmalstifte

Wenn wir mit unseren Freunden eine Faschingsparty feiern möchten, dann müssen wir sie natürlich dazu einladen. Und damit sie den Tag, die Zeit und den Ort unseres Festes nicht vergessen, schicken wir ihnen eine Einladungskarte. Dazu drei Vorschläge:

Für die Einladungskarten brauchen wir Wellpappestücke. Wenn wir keine geeigneten haben, besorgen wir uns einen großen Karton und zerschneiden ihn in einzelne Teile. Auf diese übertragen wir die Umrisse der Motive vom Vorlagebogen. Dann schneiden wir die Formen aus.

Jetzt bemalen wir die Vorderseite unserer Karten mit Deckfarben. Auf die Blume setzen wir zusätzlich einen Käfer.

Auf den »Luftballon« kleben wir die Ballonschnur und das daran hängende Kärtchen. In den Clownsschuh ziehen wir ein Schuhband aus dickem Bindfaden ein.

Mutti schreibt noch die Texte, zum Beispiel:

– auf die Blume: »Alles, was krabbelt und fliegt, ist herzlich eingeladen.«
– auf den Ballon: »Wir feiern einen Faschingsball. Kommst du auch?«
– auf den Clownsschuh: »Bei uns gibt's ein Zirkusfest – machst du mit?«

Wir drehen die Einladungskarten um. Auf die Rückseite gehören Briefmarke und Anschrift. Damit der Postbote diese gut erkennen kann, zeichnen wir mit dem Filzstift Linien wie auf einer normalen Postkarte.

Achtung

Da diese Einladungen nicht in ein Kuvert gesteckt werden, gilt für sie ein Sonderformat für Karten. Dafür muß man zwar etwas mehr Porto bezahlen, aber sie sind eine wirklich gelungene Überraschung für die Empfänger.

Basteln

Das kunterbunte Zimmer

Ein richtiges Kostümfest wird doppelt so schön, wenn auch das Zimmer kunterbunt dekoriert ist. Und weil viele Kinder sich gern als Tiere verkleiden, könnten wir unseren »Ballsaal« ja einmal mit verschiedenen Tierbasteleien schmücken.

Käfergirlande
Wir halbieren eine große Kartoffel, bestreichen eine Hälfte mit Farbe und drücken sie auf zwei gegenüberliegende Ecken einer Serviette. Wenn wir diese jetzt dazwischen diagonal falten, ist auf jeder Dreieckseite ein Abdruck zu sehen.
Haben wir schon eine Menge Servietten auf diese Weise bedruckt, dann verwandeln wir die Punkte in bunte Käfer, indem wir Köpfchen, Beinchen und Fühler mit schwarzer Farbe dazumalen.
Nun spannen wir den Bindfaden durch den Raum, hängen die Servietten darüber und kleben sie zusammen. So entsteht eine prächtige Käfergirlande.

Tatzelwurm
Wir bekleben die Bierdeckel beidseitig mit Tonpapier und schneiden die überstehenden Ränder zurück. In jeden Deckelrand stechen wir zwei einander gegenüberliegende Löcher; der Kopf bekommt nur eines.
Wir verbinden alle Teile mit Musterklammern zu einem beweglichen Körper. Der Kopf erhält noch Ohren, Augen, ein großes Maul und eine lange Zunge aus Tonpapier.
Den Tatzelwurm hängen wir frei schwebend im Raum auf oder befestigen ihn an der Wand. Wichtig ist nur, daß er genügend Platz hat, um sich auf und ab schlängeln zu können

Alter:
ab 2 – 3 Jahre
Teilnehmer:
ab 2

Käfergirlande
Material:
viele weiße Servietten (Zellstoff)
große Kartoffeln
Küchenmesser
Deckfarben
Pinsel
1 Rolle dicken Bindfaden

Tatzelwurm
Material:
viele runde Bierdeckel
buntes Tonpapier
Klebstoff
spitze Schere
viele Musterklammern
Drachenschnur oder Nägel zum Aufhängen

Gewinnbeutel
Material pro Kind:
1 leeres Orangennetz
(1 Sicherheitsnadel)

Spielen

Glücksbude – Jedes Los gewinnt

Auf jedem Faschingsfest werden Spiele veranstaltet, bei denen es Gewinner und Verlierer gibt. Die Gewinner heimsen Preise ein und freuen sich, und die Verlierer sind traurig, weil sie nichts bekommen haben. Damit das bei unserem nächsten Kinderfasching nicht passiert, stellen wir am besten eine Glücksbude auf. Hier darf jeder im Lauf des Festes insgesamt fünfmal sein Glück versuchen. Und das Beste daran: Jedes Los gewinnt, und keiner muß traurig sein, weil er leer ausgegangen ist!

Gewinnbeutel
Jeder Gast erhält ein Orangennetz und befestigt es an seinem Mantel, den wir dann am Garderobenhaken aufhängen. Später, wenn jedes Kind einen Gewinn gezogen hat, gibt es ihn in den Beutel. So hat es die Hände wieder zum Spielen frei.

Glückskarte
Material:
1 Tonpapierkarte
Lochzange
bunte Filzstifte
Bindfaden
Schere

Glückskarte
Damit unsere Gäste immer genau wissen, wie oft sie noch zur Glücksbude gehen und einen Gewinn ziehen dürfen, bekommt jedes Kind eine Glückskarte an einer Schnur um den Hals gehängt.
Damit es keine Verwechslungen gibt, steht der Name des Besitzers auf jeder Karte. Von ihr wird jedes Mal ein Stück abgeschnitten, wenn das Kind einen Preis gewonnen hat. So genügt ein Blick auf die Karte, und man weiß sofort, wie oft man sich noch einen Gewinn ziehen darf.

Glücksbude

Aus all den nebenstehenden Dingen stellen wir unseren Stand zusammen, die Glücksbude. Dabei kann uns das Foto behilflich sein. Wie der Ziehungskasten, die Gewinnsäcke und die Gewinne gemacht werden, steht auf den folgenden Seiten.

Das Kind, das gerade sein Glück versuchen will, zieht an einem der fünf Messingringe des Ziehungskastens. Dabei bewegt sich eines der fünf farbigen Plättchen nach oben, zum Beispiel das rote. Nun darf das Kind in den roten Gewinnsack greifen und tastend einen Preis aussuchen.

Wir verteilen die Preise am besten willkürlich auf die fünf Gewinnsäcke. Man kann aber auch die wertvollsten Preise in nur einen Sack legen und in den anderen vier die übrigen Gewinne verstecken.

Es ist eben reine Glückssache, welche Farbe man zieht und aus welchem Sack man dann seinen Gewinn nehmen darf.

Glücksbude
Material:
2 Obststeigen aus Holz
1 Tischplatte
1 Tischtuch
1 Sonnenschirm mit Fuß
1 Schild für die Glücksbude
5 verschiedenfarbige Gewinnsäcke
1 Ziehungskasten

Basteln

Glücksbude – Jedes Los gewinnt

Bei dieser Arbeit hilft uns entweder Mutti oder ein älteres Kind, das schon mit der Nähmaschine umgehen kann. Wer keine hat, muß mit der Hand nähen.

Gewinnsäcke
Material:
je 1 roter, gelber, grüner, blauer und brauner Stoffrest: 60 x 40 cm
5 Baumwollbänder: je 30 cm lang
5 Stücke Einziehgummi: je 15 cm lang
Sicherheitsnadel
Nähseide
Schere
Nähmaschine oder Nähnadel

Gewinnsäcke

Die obere Stoffkante wird 6 cm umgebogen und angenäht. Etwa 10 cm unterhalb befestigen wir das Baumwollband an beiden Kanten, so daß ein Tunnel für das Einziehgummi entsteht.
Den Stoff müssen wir so falten, daß der Tunnel innen liegt. Dann nähen wir die beiden Seiten des Säckchens zusammen und stülpen es anschließend um. Nun ist der Tunnel wieder außen, und man kann das Gummi hindurchziehen und vernähen.

Ziehungskasten
Alter:
ab 6 Jahre und 1 Erwachsener
Teilnehmer:
ab 2
Material:
Sperrholzplatte A: 1 x 40 x 40 cm
Sperrholzplatte B: 0,5 x 40 x 40 cm
Holzleiste 1 cm stark, 3 cm breit:
1 Stück: 40 cm lang
2 Stücke: je 38 cm lang
Holzleim
Nägel
Hammer
Bohrmaschine und Bohrer
5 x 1 m weiße Rolloschnur
5 Messingringe: ∅ 2,5 cm
5 runde Bierdeckel, beidseitig beklebt
Schere
Klebstoff
Tonpapierreste: rot, gelb, grün, blau, braun
Sperrholzplatte C: 0,5 x 39 x 40 cm

Ziehungskasten

Den Kasten ohne die Platte C (!) zusammenleimen und -nageln und je fünf Löcher in die Leiste und in die Sperrholzplatte A bohren. In diese gehört noch ein zusätzliches in die Mitte.
Durch je ein Loch in der Leiste ziehen wir von vorn je eine Rolloschnur und fädeln sie auch durch das gegenüberliegende Loch in der Platte A. Dann führen wir die Schnüre von hinten durch das Loch in der Mitte nach vorn.
Am oberen Ende jeder Schnur befestigen wir einen Ring, am unteren Ende je ein Farbplättchen.
Nun nageln wir Platte C an.
Auf die Glücksbude stellen wir einen Stuhl, auf den wir den Ziehungskasten legen. Er wird mit viel buntem Kreppapier und mit Luftschlangen dekoriert.

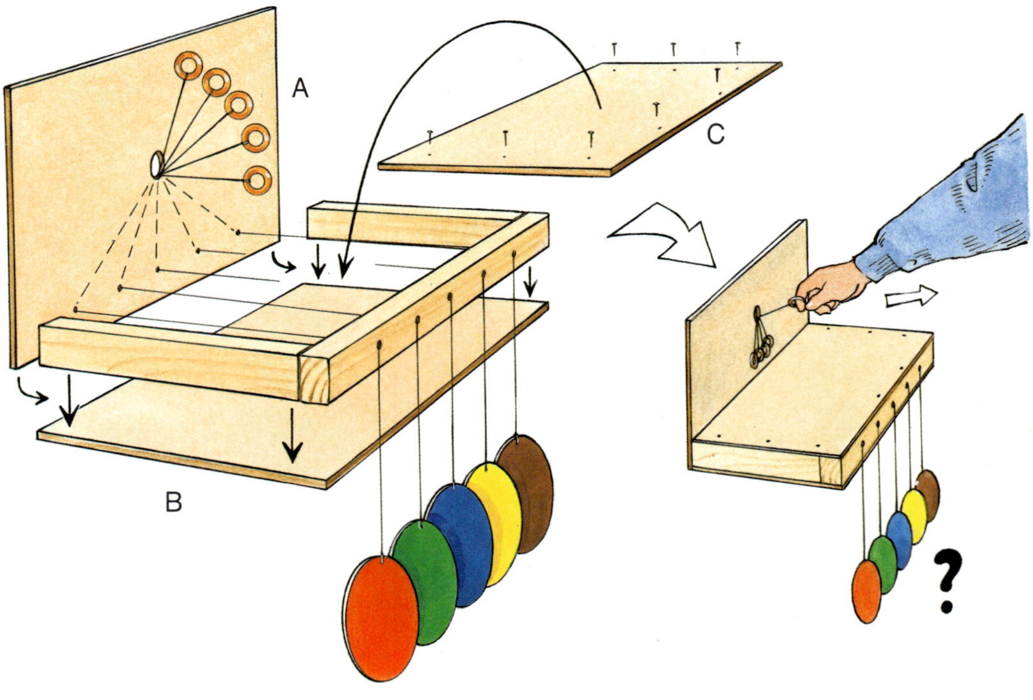

Ziehungsschachtel
In die Schachtelvorderseite bohren wir fünf Löcher auf gleicher Höhe nebeneinander und ein etwas größeres in die Rückseitenmitte. Den Karton bekleben wir rundum mit den Tapetenresten.
Wir ziehen die fünf Schnüre nacheinander mit der Nadel durch die Löcher der Vorderseite und durch das eine der Rückseite. Dann befestigen wir die hinteren Schnurenden, die nun alle aus demselben Loch heraushängen, an den Messingringen.
Je einen Bierdeckel bekleben wir mit Tonpapier einer Farbe und stanzen danach ein Loch hinein.
Auf der vorderen Schachtelseite wird nun an jedem Schnurende ein andersfarbiger Bierdeckel befestigt.
Zum Schluß schließen wir die Schachtel und bekleben die obere Kartonfläche mit einem großen Tapetenstück.
Ziehen wir jetzt hinten an einem der Ringe, dann bewegt sich vorn ein Farbplättchen nach oben – aber welches wohl? Eben das ist reine Glückssache.

Ziehungsschachtel
Alter:
ab 4 Jahre
Teilnehmer:
zu zweit
Material:
1 große Pappschachtel
1 dicke lange Nadel mit großem Öhr
Klebstoff
bunte Tapetenreste
5 Rolloschnüre
5 Messingringe: ⌀ 2 cm
5 Bierdeckel
Tonpapierreste: rot, gelb, grün, blau, braun

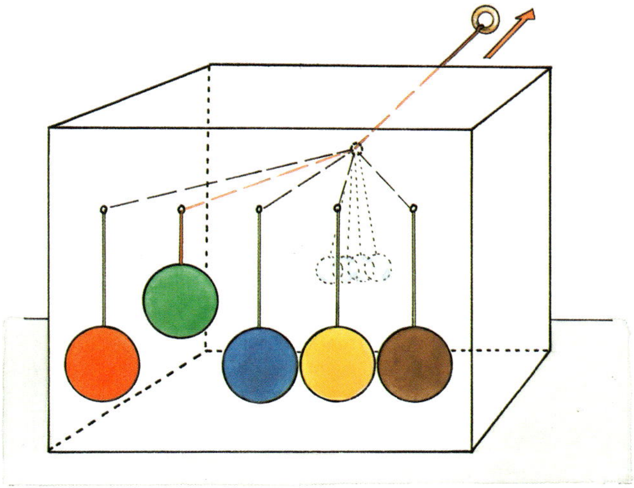

Basteln

Gewinne

Gewinne
Alter:
ab 3 Jahre
Teilnehmer:
allein oder in einer Gruppe
Material:
buntes Tonpapier
Schreibpapier
Schere
Filzstifte
Klebstoff
Wolle
Heftzange
Klopapierrollen
Streichholzschachteln
Stoffreste
Bindfaden
Teigwarenhörnchen
eingewickelte Bonbons
kleine Gummiringe
Trinkhalm
Verschluß einer Spülmittelflasche
Wäscheklammern

In die bunten Gewinnsäcke gehören natürlich viele kleine Preise. Wir könnten sie kaufen, wie zum Beispiel Gummibären, Taschenspiegel, Kaugummi, kleine Püppchen und Teddybären, Radiergummis, Buntstifte, Flummis oder Glasmurmeln. Aber das kostet viel Geld. Außerdem ist es viel schöner, wenn wir die Gewinne für die Glücksbude selbst herstellen. Natürlich müssen wir damit schon rechtzeitig vor dem Fest beginnen. Zum einen könnten wir uns bereits während der Bastelei ein bißchen auf die Party vorfreuen. Und zum anderen haben unsere Gäste mindestens ebensolchen Spaß wie wir an den selbstgemachten Preisen.

Hörnchenkette

Wir fädeln Teigwarenhörnchen auf einen starken Bindfaden und verknoten die Enden miteinander.

Bonbonkasperle

Wir schneiden den Kopf einmal und den Bauch zweimal aus Tonpapier aus und kleben vier Bonbons mit je einem Papierende zwischen die beiden Bauchteile. Nun geben wir den Kopf darauf und befestigen daran Zipfelmütze und Halskrause aus Stoffresten. Zum Schluß malen wir dem Kasperle ein lustiges Gesicht.

Überraschungsbox

Wir umkleben die Hälfte einer Streichholzschachtel mit Tonpapier. In die Lade legen wir entweder eine kleine, süße Überraschung oder ein gefaltetes Zettelchen mit einer Einladung, zum Beispiel zum Puppengeburtstag, zum Kasperletheater oder zum Pfannkuchenessen. Damit der Gewinner noch neugieriger wird, malen wir ein großes, rotes Fragezeichen auf die Schachtel.

Puppenbilderbuch

Wir fertigen zehn Papierquadrate von je 6 x 6 cm an und heften sie mit zwei Klammern zusammen. Nun zeichnen wir einen Gegenstand auf jede Seite, oder wir erfinden eine Bildergeschichte. Wir können aber auch Abbildungen aus Zeitschriften oder aus Prospekten nehmen.

Fingerpüppchen

Wir übertragen die Vorlage auf Tonpapier und schneiden die Form aus. Dann malen wir dem Püppchen ein freundliches Gesicht auf und kleben Kleidung aus Stoffresten an den Körper. Ein kleiner Gummiring hält das Püppchen am Finger fest.

Zuckermäuse

Wir fertigen aus Tonpapier einen Kreis an und schneiden ihn in zwei Hälften. Nun wird jede zu einer Spitztüte zusammengeklebt. Je zwei kleine Scheiben sind die Mäuseohren; die Augen malen wir auf. Dann bekommen die Tiere noch lange Wollschwänze. In ihre Körper kleben wir je einen eingewickelten Bonbon.

Der geheimnisvolle Clown

Wir stellen die Klopapierrolle auf das Tonpapier und ziehen den Umriß mit Bleistift nach. Damit der Kreis einen Kleberand bekommt, schneiden wir ihn etwas größer aus. Dann legen wir ihn auf das Tonpapier und schneiden – an seinem Umriß entlang – einen zweiten Kreis aus. Das sind Boden und Deckel des Clowns.

Nun kleben wir den Boden um ein Ende der Klopapierrolle, füllen unsere Überraschung hinein und befestigen den Deckel.

Jetzt umkleben wir die Rolle mit Tonpapier.

Zum Schluß fixieren wir noch den lustigen Clownskopf.

Püppchen aus Wäscheklammern

Wir zerlegen eine Wäscheklammer in ihre beiden Teile. Nun schneiden wir gleich lange Wollfäden ab und kleben sie als Haare zwischen die beiden »Rükken« der Wäscheklammer. Wir binden die Fäden als Zöpfe zusammen und malen noch ein Gesichtchen auf.

Seifenblasenpfeife

Wir erweitern das Loch des Verschlusses einer Spülmittelflasche, so daß ein Streichholzstück hineinpaßt und kleben es fest.

In eine Seite der Kappe bohren wir ein Loch für den Trinkhalm und stecken ihn so hinein, daß er ein Stück weit hineinragt.

Gibt man in diese Pfeife etwas Seifenlauge und bläst in den Halm, so steigen prächtige Seifenblasen auf.

Wenn wir wollen, hängen wir ein Kärtchen an die Pfeife, auf dem steht:

Als ich Seifenblasen blies,
ist es mir gelungen:
Eine, die ich fliegen ließ,
ist mir nicht zersprungen.

Tanzen

Im Fasching

Überall auf der Welt wird gern getanzt. Natürlich kann man es auch allein tun, aber wenn sich viele Menschen daran beteiligen, macht es doch wesentlich mehr Spaß! Besonders in der Faschingszeit treffen sich die Leute gern, um zu tanzen.

Reime

Tanzen möcht' ich

Tanzen möcht' ich immerzu,
dreh' mich gern im Kreise,
sing' dazu nach Herzenslust
laut und auch mal leise.
Tanze auch auf einem Bein,
hüpf' wie wild durchs Zimmer,
dreh' mich links und dreh' mich rechts,
ja, so mach' ich's immer!
Komm' ich von der Tanzerei
ganz fürchterlich ins Schwitzen,
bleib ich 'ne Minute lang
irgendwo still sitzen.
Doch lange halt' ich das nicht aus –
muß mich wieder drehen;
möchtet ihr nicht auch einmal
mit mir tanzen gehen?

Sylvia Horak

Singen

Flötenmännchen

Auch die Kleinsten wollen schon tanzen. Wir nehmen sie an den Händen, drehen uns mit ihnen im Kreis und singen zu dem folgenden Text eine Melodie, wie sie uns gerade einfällt:

Flötenmännchen, spiel einmal,
unser Kind will tanzen,
hat ein buntes Röckchen an,
rundherum mit Fransen.
Tanz mit mir, tanz mit mir,
tanz mit mir ganz leise.
Tanz mit mir, tanz mit mir,
tanz mit mir im Kreise.

Singen

Die Riesenschlange

überliefert

Die Riesenschlange
Alter:
ab 3 Jahre
Teilnehmer:
ab 10

2. Seht, jetzt geht sie schnurgerade
immerfort auf ihrem Pfade.
Ganz gerade, gebt nur acht,
daß ihr gut die Schlange macht!

3. Jetzt beginnt sie sich zu winden,
zickzack wird sie vorn und hinten.
Links und rechts geht Kopf
und Schwanz,
seht, das ist der Schlangentanz!

4. Nun wird sie sich auch noch ringeln,
Schwänzchen wird den Kopf
umzingeln.
Haltet aber alle fest,
denn das ist das Schlangennest!

5. Wieder geht sie auf die Reise,
steckt den Kopf hinaus zum Kreise.
Folget alle nach der Reih' –
Schlange macht sich wieder frei!

Reime

Hampeliger Auszählvers

Hampel, widiwampel
widipampel, bumm, bumm,
der Strohsack ist dumm.
Hampel, widiwampel
widipampel sum, saus,
und du mußt raus!

Sylvia Horak

Irgendwie verkehrt herum

Im letzten Hund lief mir mein Sommer davon.
Ich begann ihn zu finden, bis ich ihn rief.
Beim Suchen kam ich an eine Schaute und stallte hinein.
Da sah ich fünf Pferde auf fünf prächtigen Fliegen sitzen!
Ich sagte: »Hinaus, ihr Wiesen – auf die Fliege mit euch!«
Da flogen die Pferde davon, und die Fliegen wieherten dankbar.

Sylvia Horak

Der Hampelmann
Alter:
ab 2 Jahre
Teilnehmer:
eine große Gruppe, bei der die Anzahl der Kinder gerade sein muß

Singen

Der Hampelmann

Wir wollen ein hampeliges Singspiel durchführen, und dafür müssen wir hampeln, singen und spielen:
Wir machen beim Singen immer die Bewegungen, die zum Text passen. Wenn es also zum Beispiel heißt: »Jetzt steigt Hampelmann aus seinem Bett heraus«, dann tun wir so, als ob wir aus dem Bett aufstehen, und recken und strecken uns dabei tüchtig.
Der Teil des Liedes, der gleichbleibt und sich in jeder Strophe wiederholt, heißt Refrain. Hier ist es das »Oh, du mein Hampelmann …«. Dabei hüpfen wir jedesmal mit hochgestreckten Armen wie ein Hampelmann und klatschen dazu in die Hände.
Bei der Strophe 6 fassen wir uns immer zu zweit an den Händen und spazieren umher. Am Ende tanzen alle wieder.

2. Jetzt zieht Hampelmann sich seine Strümpfe an …
3. Jetzt zieht Hampelmann sein kleines Höschen an …
4. Jetzt zieht Hampelmann sein kleines Jäckchen an …
5. Jetzt setzt Hampelmann sein kleines Mützchen auf …
6. Jetzt geht Hampelmann mit seiner Frau spaziern …
7. Jetzt tanzt Hampelmann mit seiner lieben Frau …

Basteln

Hampelpaar

Hampelpaar
Alter:
ab 3 Jahre
Teilnehmer:
allein oder in einer Gruppe
Material:
Pauspapier
Bleistift
dünner Karton
Schere
dicke Filzstifte oder Deckfarben und Pinsel
Wollrest
Klebstoff
4 Musterklammern
Nadel und Faden

So ein Hampelpaar ist eine lustige Dekoration für unser Zimmer. Wenn wir an den Schnüren ziehen, bewegen sich die Figuren ähnlich zappelig wie wir, wenn wir fröhlich oder aufgeregt sind.
Da die beiden sich ganz leicht basteln lassen, brauchen wir auch kaum Hilfe. Pro Figur übertragen wir die fünf Teile (mit den Markierungen) vom Vorlagebogen auf Karton und schneiden sie aus.
Nun malen wir Kopf und Körper auf das große Oval. Arme und Beine werden extra gemalt. Nun kleben wir die Haare aus Wollfäden an.
Ist die Farbe getrocknet, bohren wir mit der Scherenspitze Löcher durch die Markierungen, und zwar vier in den Körper, je zwei in jeden Arm und in jedes Bein.
Wir legen jedes Figurenteil mit der Rückseite nach oben auf die Arbeitsunterlage und schieben Arme und Beine so lange auf dem Körper hin und her, bis die Löcher übereinanderliegen, in die wir die Musterklammern von vorn hineinstecken müssen. Diese biegen wir so weit auseinander, daß sich Arme und Beine ganz leicht auf und ab bewegen lassen.
Zum Schluß bitten wir Mutti oder ein älteres Kind, die Wollfäden an der Rückseite so zu befestigen, wie wir es hier sehen!
So, und schon kann's losgehen mit der Hampelei.

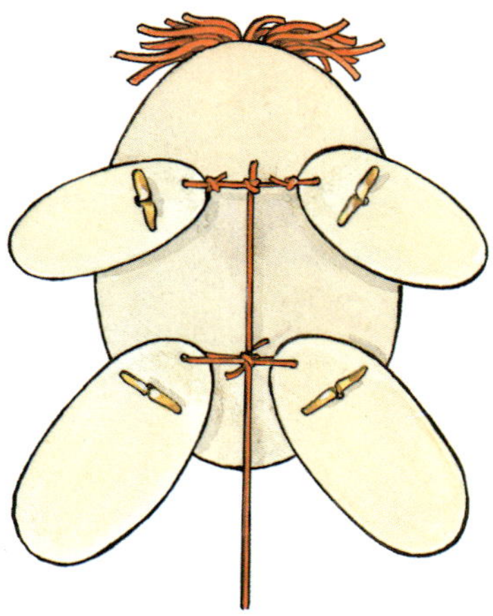

Spielen

Im Zimmer

Nicht jeder hat ein großes Haus, in dem er mit seinen Freunden ausgelassen herumtoben kann. In solch einem Haus kann man ja ein oder zwei Räume leerräumen, wenn man ein großes Fest mit vielen Gästen feiern will, bei dem wilde und verrückte Spiele veranstaltet werden.
Wenn wir aber in einer kleinen Wohnung leben, aus der wir die Möbel nicht einfach rausschieben können, dann sind die folgenden »platzsparenden Spiele« gerade richtig.

Das Grimassenspiel

Das Grimassenspiel
Alter:
ab 2 Jahre
Teilnehmer:
ab 3
Material:
1 Küchenuhr

Ein Kind steht vor dem anderen und schneidet Grimassen: Es rollt die Augen, zeigt die Zunge, bläht die Nasenflügel, hebt die Augenbrauen und jault, grunzt, piept, pfeift und quiekt dazu. Zudem hüpft es mit komischen Bewegungen durchs Zimmer, krabbelt auf Stühle oder darunter hindurch, robbt über den Teppich, springt hoch, kratzt sich wie ein Äffchen und kreischt.
Die anderen machen alles nach und folgen dem Kind. So ziehen alle laut und lustig durch die Wohnung. Nach fünf Minuten, wenn die Küchenuhr klingelt, ist der Grimassenzauber vorbei.

Zielspringen

Zielspringen
Alter:
ab 2 Jahre
Teilnehmer pro Spielrunde: 5
Material:
Faden
Schere
Nadel
5 Streichholzschachteln
5 bunte, weiche Papierservietten
Gummibären
1 runder Bierdeckel
Klebstoff
1 Stück rotes Tonpapier
5 Sessel – oder Stühle

Wir schneiden vier gleich lange Fadenstücke ab, die wir einzeln verknoten und mit der Nadel durch je eine Ecke der Schachtelhülle ziehen. Der Faden muß festsitzen. Die vier Enden binden wir an die vier Serviettenzipfel.
Dann füllen wir Gummibären in die Lade, die wir nun in die Hülle schieben.
Die Zielscheibe ist der mit rotem Tonpapier beklebte Bierdeckel.
Spielregel:
Das Spiel hat vier Runden, und nach jeder scheidet der Sieger aus.
Die Zielscheibe wird in der Mitte des Sesselkreises auf den Boden gelegt. Dann steigt jedes Kind auf einen Sessel, und auf »los« lassen alle ihre Fallschirme fliegen.
Gewonnen hat, wessen Fallschirm am nächsten bei der Zielscheibe landet. Der Sieger darf seine Gummibärenpassagiere aufessen und scheidet aus.

Eselsschwanz

Einer von uns malt auf das Papier einen großen Esel. Vielleicht kann Mutti oder ein älteres Kind ein bißchen dabei helfen. Dann wird das fertige Bild an der Wand befestigt.
Nun verbinden wir dem ersten Spieler die Augen und geben ihm den Eselsschwanz – einige zusammengeknotete lange Wollfäden – in die Hand.
Das Kind soll den Schwanz mit einer Reißzwecke dort anheften, wo es das Hinterteil des Esels vermutet. Dabei singt es:
»Der Esel hat den Schwanz verlorn,
wer wird ihn wieder finden?
Ich hab' ihn ja, ich hab' ihn schon,
ich werd' ihn gleich anbinden!«
Wir können uns jetzt schon vorstellen, wo überall der Eselsschwanz herauswachsen wird.

Eselsschwanz
Alter:
ab 3 Jahre
Teilnehmer pro Spielrunde:
1 Kind und viele Zuschauer
Material:
1 Bogen weißes Packpapier
dicke Filzstifte
Tuch als Augenbinde
Wollfäden
5 Reißzwecken
1 freie Wand

Dummer August

Einer von uns ist der Spielleiter. Er bereitet heimlich einen der beiden Teller vor dem Spiel vor. Dazu hält er die brennende Kerze so lange an den Boden der Untertasse, bis die Unterseite ganz schwarz vom Kerzenruß ist. Der Spielleiter muß sich gut merken, welchen der beiden Teller er derart verfärbt hat.
Spielverlauf:
Der Spielleiter bittet ein Kind, sich ihm gegenüber auf einen Stuhl zu setzen und erklärt folgendes: »Du bist jetzt der August und machst alles nach, was ich tue. Du mußt mir dabei aber immer ganz fest in die Augen schauen und darfst nicht lachen.« Nun bekommt der »August« den geschwärzten Teller in die linke Hand und macht mit der rechten Hand alles genauso wie der Spielleiter. Einen Finger auf der Tellerunterseite herumkreisen lassen und anschließend mit ihm die Stirn massieren. Dann den Finger wieder auf der Tellerunterseite bewegen und mit ihm die Nase reiben. Diese abwechselnden Vorgänge werden noch einige Male wiederholt, bis auch Wangen und Kinn schwarz sind.
Am Schluß geben wir dem »August« einen Spiegel und er sieht, daß er der »dumme August« ist – hat er sich doch sein ganzes Gesicht selbst schwarz gemacht!

Dummer August
Alter:
ab 5 Jahre
Teilnehmer:
2 und viele schadenfrohe Zuschauer
Material:
2 Untertassen
1 Kerze
Streichhölzer
2 Sessel
1 Spiegel

Fliegende Hunde

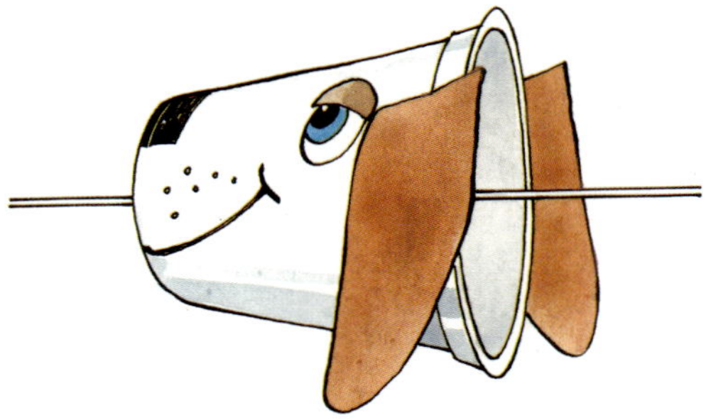

Fliegende Hunde
Alter:
ab 4 Jahre
Teilnehmer:
2 und 4 »Stuhlhalter«
Material:
4 Stühle
2 feste Schnüre:
je 3 m lang
2 Joghurtbecher
Tonpapierreste
Klebstoff
1 spitze Nadel mit
großem Öhr
Schere

Die beiden Joghurtbecher bekleben wir so mit Nase, Augen und Ohren aus Tonpapier, daß sie wie Hundeköpfe aussehen.
Nun stanzen wir unten ein Loch in jeden Becher und fädeln jeden auf eine Schnur. Diese spannen wir zwischen je zwei Stühle. Damit die Schnüre immer schön straff bleiben, sitzen Kinder auf den Stühlen.
Auf »los« versucht jeder der beiden Spieler seinen »fliegenden Hund« so schnell wie möglich von einer Sessellehne zur anderen zu pusten. – Die Hände dürfen dabei nicht benutzt werden!

Reißende Schlangen

Reißende Schlangen
Alter:
ab 4 Jahre
Teilnehmer:
ab 3
Material:
alte Zeitungen

Jeder Spieler legt eine Zeitungsseite ausgebreitet vor sich auf den Boden. Auf »los« beginnen alle – in einer Spirale von außen nach innen –, eine möglichst lange Schlange aus ihrer Zeitung auszureißen. Wenn auch das letzte Kind fertig ist, werden die Zeitungsschlangen vorsichtig nebeneinander gelegt und verglichen.
Wer hat die längste?

Fang den Ball

Fang den Ball
Alter:
ab 5 Jahre
Teilnehmer:
immer paarweise
Material pro Paar:
1 kleiner Karton
1 m Band: 1 cm breit
Schere
1 gut springender, kleiner Ball

Wir bohren zwei einander gegenüberliegende Löcher in die Schachtel und ziehen das Band hindurch.
Das erste Kind stellt sich die Schachtel auf den Kopf, knotet die Bänder unterm Kinn fest und darf die Schachtel zusätzlich mit beiden Händen festhalten. Das zweite Kind schlägt den Ball so auf den Boden, daß das erste ihn beim Hochspringen mit der Schachtel auffangen kann.
Ein Wettspiel entsteht, wenn mehrere Paare gegeneinander antreten. Dabei wird gezählt, wie viele Bälle jedes innerhalb einer bestimmten Zeit aufgefangen hat.

Rezepte

Häppchenbuffet

Wer viel tanzt und spielt, wird hungrig und durstig. Dafür bereiten wir ein Häppchenbuffet und Faschingslimonade vor.
Alle Zutaten werden zurechtgeschnitten und dann aufgespießt. Mit den fertigen Häppchen bespicken wir die Kohlköpfe, bis sie wie große Igel aussehen.

Dazu servieren wir keines von den üblichen Erfrischungsgetränken, sondern die »einzigartigen, unnachahmlichen, ganz phantastischen, bunten Faschingslimonaden«.
Das ist ursprünglich klarer Sprudel, den wir mit ungiftigen Lebensmittelfarben »verzaubern«. Sie verändern den Geschmack überhaupt nicht, aber wir können damit die wildesten Farbkompositionen mischen.
Dann beobachten wir unsere Gäste: Unsere Gäste werden davon erst überrascht und dann ganz begeistert sein.

Schokoladenkrönchen

Zwischen die salzigen Sachen stellen wir selbstgemachte Schokoladenkrönchen als süße Abwechslung aufs Buffet.
Wir bringen im großen Topf Wasser auf dem Herd zum Kochen.
In der Zwischenzeit geben wir alle Zutaten in den kleinen Topf, den wir dann in das heiße Wasser stellen, und rühren öfter um.

Ist die Schokolade schön geschmeidig, so gießen wir sie vorsichtig in die Papierkrönchen. Wenn sie fest geworden ist, richten wir unsere Schokoladenkrönchen auf Papierspitze auf Tellern an.

Häppchenbuffet
Zutaten:
Kohlköpfe als Häppchenständer
Brot
zum Beispiel Wurst, Käse, Gürkchen, kleine Perlzwiebel, Matjes
helle und dunkle Weintrauben
Mandarinenspalten
gebratene Hackfleischbällchen
Zahnstocher als Häppchenhalter

Schokoladenkrönchen
Zutaten:
150 g Puderzucker
120 g Pflanzenfett
50 g echtes Kakaopulver
Material:
weiße Papierkrönchen: etwa 2,5 cm ∅
Papierspitzendeckchen
Geräte:
1 großer, flacher Kochtopf
1 kleiner, hoher Schnabeltopf
1 Löffel
Topflappen oder -handschuhe

Im März da kommt der Osterhas'.
Er hoppelt hin und her im Gras.
In jedes Osternest hinein
legt er die Eier bunt und fein.
Verliert beim Hoppeln auch mal eines –
uns Kindern aber entgeht keines!

Basteln

Einladung zur Geburtstagsfeier

Einladung zur Geburtstagsfeier
Alter:
ab 3 Jahre
Teilnehmer:
allein oder zu zweit
Material:
Pauspapier
Bleistift
verschiedenfarbiges Tonpapier
Schere
weißes Schreibmaschinenpapier
Klebstoff
Filzstifte

Den eigenen Geburtstag zu feiern ist für alle Kinder etwas Besonderes. Das Wichtigste für sie sind dabei aber nicht Kaffee und Kuchen, sondern die Spiele. Das Geburtstagskind hilft – dem Alter entsprechend – bei deren Auswahl, bei den Festvorbereitungen und beim Basteln der Einladungskarten. Diese stimmen wir auf den jeweiligen Geburtstagsmonat ab. Im März bieten sich Frühlings- und Ostermotive an, die wir auch für Grußkarten verwenden können.
Wir übertragen alle Motive vom Vorlagebogen auf Tonpapier. Bei dunklem Untergrund geht das am einfachsten mit farbigem Schneiderkopierpapier.

Tulpe
Wir falten ein Stück farbiges Tonpapier, 20 x 20 cm, einmal in der Mitte zusammen. Beim Übertragen der Tulpe deckt sich der Falz mit dem gestrichelten Blütenansatz. An dieser Stelle bleiben die Tonpapierhälften nach dem Ausschneiden zusammen, so daß sich die Tulpe aufklappen läßt.
Für die Innenseite schneiden wir das gleiche Motiv etwa ½ cm kleiner aus weißem Papier aus und kleben es ein. Hier soll der Text für die Einladung stehen. Auf die Vorderseite der Karte können wir noch den Namen des Gastes schreiben.

Schneeglöckchen

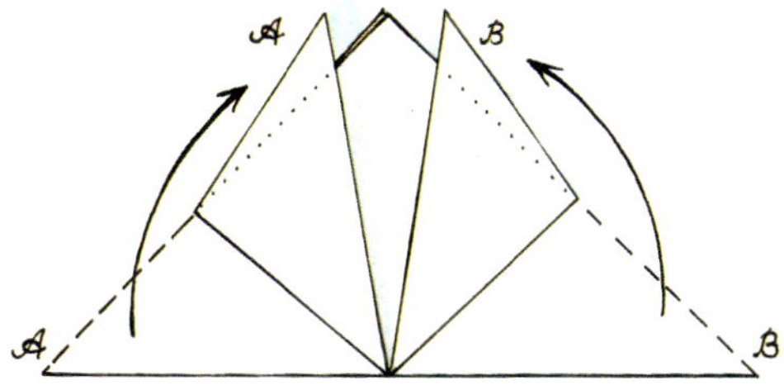

Wir falten ein weißes Tonpapierquadrat, 16 x 16 cm, zu einem Dreieck. Dann knicken wir die Ecken A und B so nach oben, daß sie rund 2 cm neben der Spitze liegen. Nun klappen wir die Blume wieder auf, schneiden ein grünes Tonpapierquadrat von 8 x 8 cm aus und kleben es ein. Hierauf wird der Einladungstext geschrieben. Danach falten wir das Schneeglöckchen wieder zusammen.

Osterhase
Den Hasen übertragen wir auf braunes Tonpapier, das Körbchen auf gelbes und schneiden beides aus. Das Körbchen kleben wir mit dem linken, dem unteren und dem rechten Rand an der vorgesehenen Stelle auf dem Hasen fest.
Nun werden aus einem weißen und einem schwarzen Papierrest die Augen und die Barthaare ausgeschnitten und dann aufgeklebt. Anschließend zeichnen wir mit einem schwarzen Filzstift die vorgegebenen Linien nach.
Der Text wird auf ein 10 x 10 cm großes weißes Blatt geschrieben, das wir mehrmals zusammenfalten und zwischen Körbchen und Hasen stecken.
Die Einladungskarten lassen sich gleich zu Beginn der Feier für ein kleines Spiel verwenden: Die gleichen Motive wurden als Tischkärtchen auf der Geburtstagstafel aufgestellt, und die Gäste finden ihren Platz, indem sie das Gegenstück zu ihrer Einladung suchen müssen.

Kimspiele

Geschmacks-Kim
Alter:
ab 4 Jahre
Teilnehmer:
ab 4
Material:
verschiedene Nahrungsmittel (2 bis 3 pro Kind)
kleine Teller
Teelöffel
Tuch zum Augenverbinden

Tast-Kim
Alter:
ab 2 Jahre
Teilnehmer:
ab 4
Material:
verschiedene kleine Gegenstände
Stoffbeutel

Sie schulen die Wahrnehmungsfähigkeit und damit die Sinnesorgane auf spielerische Weise. Die verschiedenen Kimvarianten sprechen den Geruchs-, den Geschmacks-, den Tast- und den Gehörsinn an.

Geschmacks-Kim

Wir bereiten Teller mit kleinen Proben von sehr unterschiedlich schmeckenden Lebensmitteln vor. (Für ältere Kinder sollten sie sich weniger stark unterscheiden.) Beim Spielen achten wir besonders darauf, daß die jüngeren Teilnehmer nicht mit Nahrungsmitteln geärgert werden, die ihnen nicht schmecken. Das Spiel macht dann nämlich keinen Spaß; und die anderen Teilnehmer haben Angst, daß ihnen das gleiche passiert.
Wir stellen die Teller beiseite, damit die Kinder sie nicht sehen können. Dann verbinden wir jeweils einem Kind die Augen und »füttern« es mit den Lebensmittelproben, die erraten werden sollen. Dabei dürfen die anderen Kinder kleine Tips geben. Wenn alle einmal an der Reihe waren, stellen wir dann fest, wer die meisten richtigen Antworten gegeben hat.

Tast-Kim

In einen Stoffbeutel füllen wir verschiedene Gegenstände, zum Beispiel: eine Wäscheklammer, einen Legostein, einen Löffel, einen Radiergummi, ein Spielzeugauto und Kunststoffpüppchen. Nun dürfen die Kinder abwechselnd in den Beutel greifen und müssen nur durch Tasten erraten, was er enthält.

Bei jüngeren Kindern können wir die Gegenstände einmal zeigen, bevor wir sie in den Beutel stecken.
Wer mag, läßt die Kinder die Dinge behalten, die sie richtig erkannt haben. Dabei sollten wir jedoch darauf achten, daß kein Kind leer ausgeht.

Gehör-Kim

Das Gehör-Kim ist etwas schwieriger als die beiden vorangegangenen und deshalb eher für ältere Kinder geeignet. Wir verbinden jeweils einem die Augen und ein anderes oder der Spielleiter macht ein Geräusch, zum Beispiel die Tür zumachen, einen Wasserhahn aufdrehen oder ein Spielzeugauto auf dem Fußboden rollen lassen. Wer einen Kassettenrekorder mit Mikrofon hat, nimmt vorher Geräusche auf und spielt sie dann ab.

Geruchs-Kim

Dieses Kim ist am schwierigsten, weil der Geruchssinn bei den meisten Menschen am schwächsten ausgeprägt ist. Auch die Auswahl der Proben fällt meist schwer, da sich die Gerüche so stark voneinander unterscheiden müssen, daß die Kinder sie erkennen können. Gut geeignet sind zum Beispiel Seife, Senf, Käse, Blumen, Kaffee und Bananen.

Gehör-Kim
Alter:
ab 5 Jahre
Teilnehmer:
ab 4
Material:
alles, was sich im Zimmer befindet, eventuell eine Kassette mit vorher aufgenommenen Geräuschen
Tuch zum Augenverbinden

Geruchs-Kim
Alter:
ab 6 Jahre
Teilnehmer:
ab 4
Material:
Proben mit sehr unterschiedlichen Gerüchen (2 bis 3 pro Kind)
Tuch zum Augenverbinden

Bunte Blumentöpfe
Alter:
ab 3 Jahre
Teilnehmer:
allein oder in einer Gruppe
Material:
Malkittel oder altes Hemd
Zeitungen zum Unterlegen
kleine Blumentöpfe aus Ton
Pinsel
Plakafarbe
Blumenerde
Blumenzwiebel

Malen

Bunte Blumentöpfe

Für jeden Gast ist es schön, wenn er eine kleine Überraschung von einer Geburtstagsfeier mitnehmen darf und wenn es dann auch noch etwas Selbstgemachtes ist, bringt es noch mehr Freude.
Wir ziehen die Kittel an, nehmen die Blumentöpfe, die Pinsel und die Plakafarben und die Zeitungen zum Unterlegen. Nun verzieren wir die Blumentöpfe mit hübschen Mustern. Diese kleine Malarbeit sollten wir möglichst zu Beginn der Feier durchführen, damit die Farben genug Zeit zum Trocknen haben. Gegen Ende des Festes bekommt dann jeder Gast eine Blumenzwiebel, die er in seinen mit Blumenerde gefüllten Topf einpflanzt.
Jetzt können die Kinder noch kleine Schildchen bemalen, auf denen ihr Name und der der Blume steht.
Zu Hause stellt jeder den Topf auf einer Untertasse an einen sonnigen Platz und gießt regelmäßig.
Wie lange dauert es wohl, bis die erste grüne Spitze sich zeigt?

Frühlingswiese
Alter:
ab 3 Jahre
Teilnehmer:
allein oder in einer Gruppe
Material:
Zeitschriften, Kataloge und Prospekte
Schere
Klebstoff
grünes Tonpapier
grüner Filzstift

Frühlingswiese

Aus alten Zeitschriften läßt sich eine schöne bunte Frühlingswiese zaubern. Besonders viel Spaß macht es, wenn wir sie gemeinsam mit anderen Kindern gestalten. Ältere übernehmen das Ausschneiden der abgebildeten Blüten, jüngere das Aufkleben.
Wir können auch Phantasieblüten aus sehr bunten Abbildungen zusammenstellen. Dazu zeichnen wir entweder die Umrisse vor, oder wir schneiden einfach drauflos. Die so entstandenen Blüten kleben wir auf grünes Tonpapier auf. Für Stengel und Blätter nehmen wir auch grünes Tonpapier, oder wir malen sie mit grünen Filzstiften auf.

Basteln

Bienenmobile

Bienenmobile
Alter:
ab 5 Jahre
Teilnehmer:
allein oder in einer Gruppe
Material:
1 großer Zweig
dünne Nylonschnur
Reißnägel
Schere
weißes Transparent- oder Seidenpapier
gelbe und schwarze Pfeifenputzer

Ein Mobile ist immer ein attraktiver Raumschmuck und läßt sich mit den jeweiligen jahreszeitlichen Charakteristika gestalten. Für unseres verwenden wir ein Motiv, das zum Frühlingsanfang paßt: die Bienen.

Wir suchen uns einen schönen Zweig, an den wir die Bienen hängen wollen. Sehr dekorativ ist der einer Korkenzieherhasel. Wir befestigen ihn mit der Nylonschnur so an der Decke, daß er geradehängt.

Die Bienenflügel schneiden wir jetzt aus 6 x 3 cm großen weißen Seidenpapierstückchen aus, die wir einmal in der Mitte drehen, so daß eine Papierschleife entsteht.

Für einen Bienenkörper kürzen wir je einen gelben und schwarzen Pfeifenputzer auf etwa 7 cm Länge. Dann legen wir die Schleife im oberen Drittel zwischen die beiden Pfeifenputzerstücke, die wir miteinander verdrehen. So erhalten wir einen Bienenkörper mit Flügeln.

Die fertigen Tiere werden dann an einer ganz dünnen Nylonschnur im Zweig aufgehängt.

Gärtnern

Gewächshaus

Gewächshaus
Alter:
ab 6 Jahre
Teilnehmer:
allein oder in einer Gruppe
Material pro Kind:
1 rechteckige Pflanzschale
Blumenerde
Blumensamen
fester Blumendraht
Schere
durchsichtige Kunststoffolie
Nadel und Faden

Wenn wir in den kalten Jahreszeiten Pflanzen ziehen wollen, sollten wir dazu ein Gewächshaus verwenden. Denn in seinem warmen Klima keimen die Samen nämlich schneller als in der Natur. Wenn die jungen Pflanzen dann groß genug sind, und es wärmer geworden ist, setzen wir sie im Garten ein. Unser Gewächshaus sieht wie ein Tunnel aus und ist einfach herzustellen.

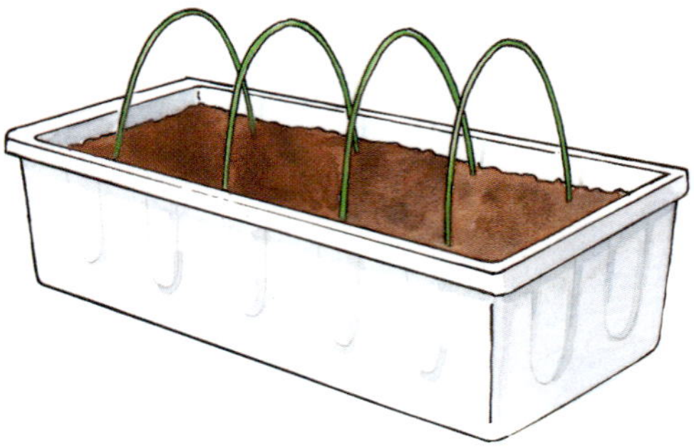

Zunächst füllen wir die Pflanzschale mit Blumenerde. Wenn mehrere Kinder mitmachen, sollte jedes ein Schildchen mit seinem Namen oder einem Zeichen anfertigen und in die Schale stecken. – Nun suchen wir uns aus, welche Blumen wir säen möchten, entweder nur eine einzige Sorte oder gemischte Sommerblumen. Die Samen stecken wir nach den Anweisungen auf der Pakkung in die Erde.

Nun formen wir aus dem Blumendraht Bögen, deren Länge und Anzahl sich nach der Größe der Pflanzschale richtet. In diese stecken wir die Drahtbögen im Abstand von jeweils 8 bis 10 cm, und zwar so, daß ihr höchster Punkt mindestens 10 cm von der Blumenerde entfernt ist.
Wenn wir die Schale von einer Längsseite zur anderen mit Draht überspannt haben, ziehen wir die Kunststoffolie darüber. Damit sie nicht verrutschen kann, nähen wir sie links und rechts an jedem Drahtbogen vorsichtig fest. Dann schneiden wir sie vorn und hinten bogenförmig aus, wobei wir sie etwa 2 cm weit über den Draht hinüber hängen lassen.
Jetzt stellen wir die Pflanzschale an einen sonnigen Platz. Während der folgenden Tage müssen wir die Erde regelmäßig gießen, denn ohne Wasser kann nichts wachsen.
Wie lange es dauert, bis die ersten Blattspitzen zu sehen sind, das hängt von der Blumensorte ab. Damit uns das Warten darauf nicht zu langweilig wird, fertigen wir uns (oder große Kinder, die schon schreiben können) einen Wachstumskalender an. In ihn malen wir täglich ein Bild des Beetes. So können wir später immer wieder nachsehen, wie lange es gedauert hat, bis aus den kleinen Samenkörnern schöne Blumen geworden sind.

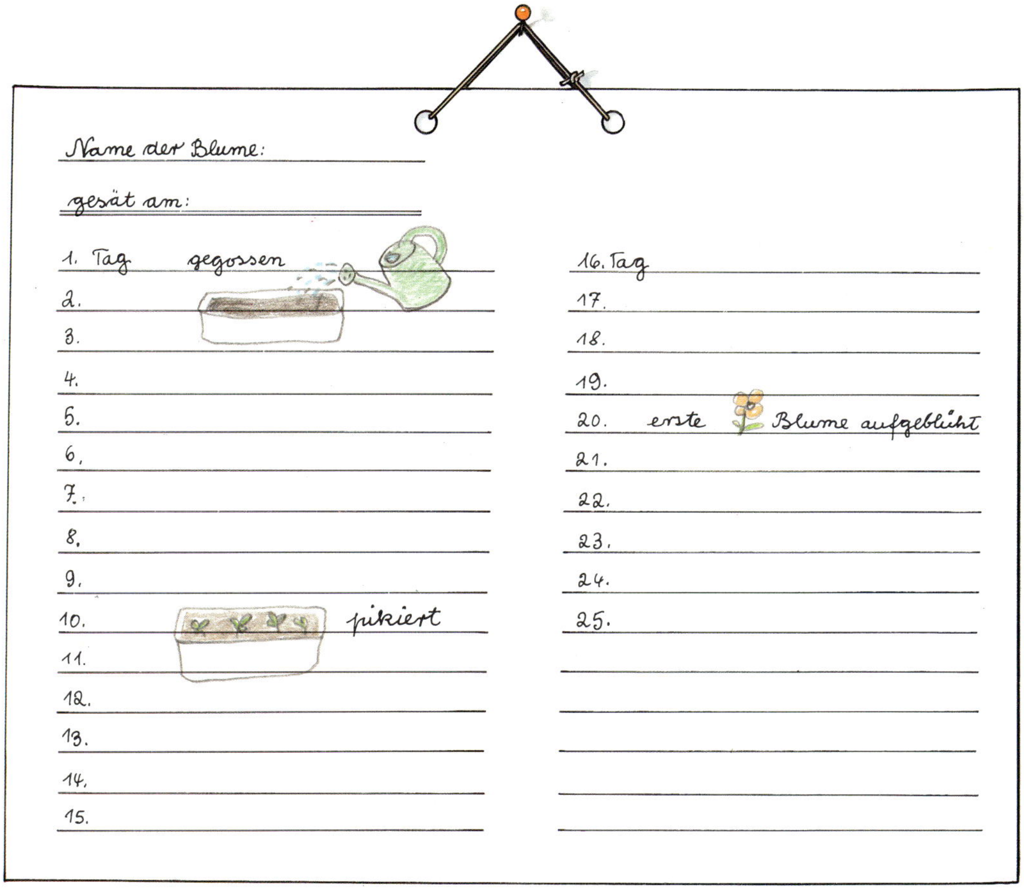

Wachstumskalender
Alter:
ab 7 Jahre
Material:
1 DIN-A3-Bogen festes, weißes Papier
1 Bleistift
Buntstifte

Wenn die Samen aufgegangen sind, und wir drei oder vier Blätter entdekken, dann müssen wir die Blumen pikieren, das heißt auspflanzen. Denn die jungen Triebe brauchen jetzt viel mehr Platz, um sich kräftig zu entwikkeln. Wir zupfen deshalb einige Pflanzen heraus, damit die anderen nun besser wachsen können.

Natur

Wie Regenwürmer sich ernähren

Wie Regenwürmer sich ernähren
Alter:
ab 3 Jahre
Teilnehmer:
allein oder in einer Gruppe
Material:
1 großes Einmachglas
Gartenerde
Blätter, Kaffeesatz oder Wellpappestückchen

Wir alle wissen, daß Regenwürmer in der Erde leben und daß es für den Garten gut ist, wenn sich möglichst viele darin tummeln. Aber was tun sie dort eigentlich, und wovon ernähren sie sich? Um das herauszubekommen, beobachten wir sie.

Dazu brauchen wir ein möglichst großes Einmachglas, das wir mit Gartenerde füllen, in der natürlich auch einige Würmer sein müssen. Oben auf die Erde legen wir einige zerkleinerte Blätter, etwas Kaffeesatz, Zwiebelreste oder kleine angefeuchtete Wellpappestücke. Und nun heißt es zuerst einmal warten. Nach einigen Tagen jedoch bemerken wir, daß die Würmer sich an die Erdoberfläche arbeiten. Wenn wir Glück haben, können wir ihre Gänge am Glasrand erkennen, die sie gegraben haben. Sie schlängeln sich nach oben, um sich etwas zu fressen zu holen. Jetzt wissen wir also, wie die Würmer ihr Futter in die Erde ziehen und wovon sie sich ernähren.

Außerdem gehen wir noch der Frage nach, woher die Regenwürmer ihren Namen haben. Wir gießen so viel Wasser in das Glas, daß die Gänge volllaufen. Daraufhin werden die Würmer schnell an die Oberfläche kommen, weil sie im Wasser nicht atmen können. Sie heißen also deshalb Regenwürmer, weil sie bei Regen aus der Erde herauskriechen.

Jetzt bringen wir die Würmer zurück in den Garten. Wenn wir das Glas ausschütten, werden wir feststellen, daß die Würmer fast alles gefressen und durch ihre Verdauung in feinste Erde verwandelt haben, die gleichzeitig durch das Bauen ihrer Gänge aufgelokkert wurde. Deshalb freut sich jeder, der einen Garten hat, über Regenwürmer.

Reime

Sitzt ein Wurm auf dem Turm

Dieses alte Gedicht gefällt den Kindern auch heutzutage, denn es ist besonders lustig, wenn wir die Vokale der Hauptwörter verändern: Dann wird aus dem Wurm ein Warm oder ein Wirm.

Sitzt ein Wurm
auf dem Turm
mit 'nem Schirm
unterm Arm.
Kommt ein Sturm
bläst den Wurm
mit dem Schirm
unterm Arm
– vom Turm.

Fingerspiele

Gewitter

Es tröpfelt,
es regnet,
es gießt,
es hagelt,
es blitzt,
es donnert.

Raimund Pousset

Zuerst mit einem Finger jeder Hand auf den Tisch klopfen, dann mit jeweils vieren. Jetzt lauter werden, dazu mit den Knöcheln klopfen, Zischgeräusche für die Blitze machen und zum Schluß mit den Fäusten trommeln.

Gewitter
Alter:
ab 2 Jahre
Teilnehmer:
ab 4

Singen

Was blitzt da unterm Schnee?

Text: Barbara Cratzius
Melodie: Paul G. Walter

Was blitzt da unterm Schnee?
Alter:
ab 4 Jahre
Teilnehmer:
allein oder in einer Gruppe

2. Was hockt da auf dem Ast?
Ein klitzekleines Kätzchen,
doch hat es keine Tätzchen.
|: Weiß und braun :|

3. Was schläft da unterm Laub?
Nun reckt doch eure Glieder,
die Sonne scheint schon wieder.
|: Aufgewacht! :|

Basteln

Fensterbilder

Fensterbilder
Alter:
ab 4 Jahre
Teilnehmer: allein oder zu zweit
Material:
schwarzer Karton
farbiges Transparentpapier
Klebstoff
Schere
Nadel und Faden
Bleistift

1. Für den Rahmen nehmen wir schwarzen Karton, legen einen kleinen Teller darauf und zeichnen dessen Umriß nach. Den Kreis schneiden wir aus. Die einfachste Möglichkeit, den Rahmen innen auszuschneiden, besteht darin, einen zweiten, etwas kleineren Kreis aufzumalen, den wir dann herausschneiden. So erhalten wir einen Ring.

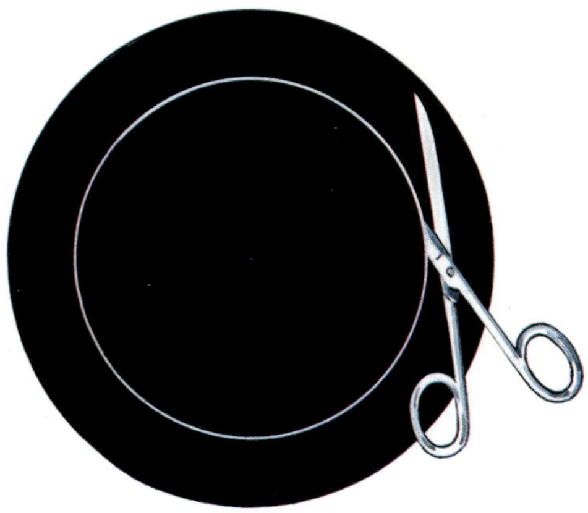

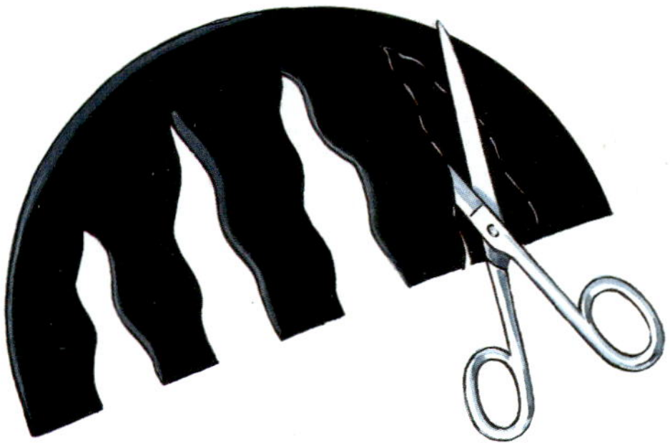

2. Ein anderer Rahmen entsteht, wenn wir den ursprünglichen Kreis einmal genau in der Mitte zusammenfalten. Dann schneiden wir ein Muster hinein, zum Beispiel Wellenlinien oder einen Schmetterling, das sich beim Auseinanderklappen auf beiden Kartonhälften wiederholt.

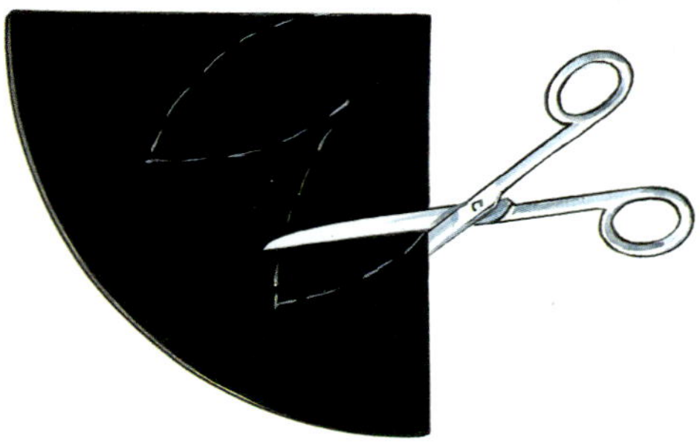

3. Falten wir den Kreis einmal waagerecht und danach senkrecht zusammen, so entsteht ein Viertelkreis. Das Muster, das wir hineinschneiden, ist dann auf allen vier Seiten gleich. Auf diese Weise läßt sich sehr gut ein Blumenfensterbild herstellen.
Nachdem wir uns für einen Rahmen entschieden haben, gestalten wir das Fensterbild. Wir schneiden aus dem Transparentpapier jeder Farbe mehrere wellenförmige Streifen zu.

4. Dann kleben wir die Streifen der Reihe nach immer an beiden Seiten des Rahmens an. Dabei sollen sie einander ein kleines Stück weit überschneiden, damit kein Licht mehr durchblitzt.

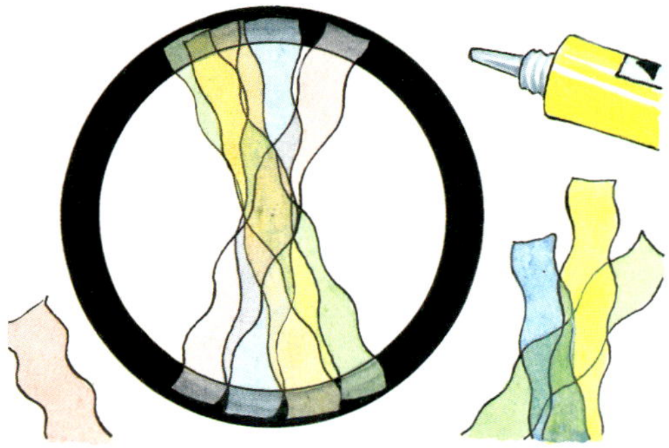

5. Wir können die Streifen auch sternförmig ankleben. Sie überschneiden sich dann immer in der Mitte des Kreises. Das paßt besonders gut zu einem Blumenmotiv.
Das fertige Bild befestigen wir entweder mit doppelseitigem Klebeband direkt an der Fensterscheibe, oder wir ziehen einen durchsichtigen Faden durch den Rand, verknoten die Enden miteinander und erhalten somit einen Aufhänger.

Natur

Vom Ei zum Frosch

Vom Ei zum Frosch
Alter:
ab 5 Jahre
Teilnehmer:
allein und Gruppe
Material:
Schreibpapier
Heftzange
Filz- und Buntstifte

Zum Frühlingsanfang erwacht die Natur aus ihrem »Winterschlaf«, und wir können beobachten, wie alles wächst und neues Leben entsteht.
Im März begeben sich die Frösche auf den Weg zu ihren Laichplätzen im Wasser. Ein Frosch kehrt zum Eierablegen immer an den Ort zurück, an dem er selbst geschlüpft ist.
Die Eier, der Laich, sehen aus wie kleine Perlen mit je einem winzigen schwarzen Punkt darin. Ein Froschweibchen kann viele tausend davon legen. Nach dem Laichen wandern die Frösche wieder an ihre Plätze zurück, und die Eier bleiben sich selbst überlassen. Bis aus ihnen kleine Frösche geworden sind, dauert es etwa vier Monate. Die Entwicklung ist so interessant, daß es sich lohnt, die Tiere über diesen langen Zeitraum hinweg zu beobachten.
Wenn wir in unserer Nähe einen Weiher oder einen Bach haben, gehen wir Ende März dorthin, um zu sehen, ob Frösche gelaicht haben. Ist das der Fall, besuchen wir diesen Platz nun alle zwei bis drei Wochen. Wir stellen dann fest, wie die Tiere sich in diesen kurzen Abständen entwickeln.
Wir müssen aber immer sehr vorsichtig sein. Wenn wir mit Freunden zu einem Weiher gehen, geben wir acht, daß wir die Pflanzen ringsherum nicht zertreten und daß wir die Wassertiere nicht stören.

Damit wir auch später noch die einzelnen Entwicklungsstadien nachvollziehen können, fertigen wir uns ein kleines Buch an, in das wir alle unsere Beobachtungen eintragen.
Dazu heften wir etwa zehn weiße Schreibpapierblätter mit einer Heftzange zusammen.
Den Text kann ein Erwachsener schreiben, die entsprechenden Bilder dazu malen die Kinder.
So etwa könnte das Buch aussehen:

1. Froschmännchen und -weibchen wandern im März zu ihrem Geburtsweiher.

2. Dort werden viele tausend Eier, der Laich, abgelegt.

3. Nach drei Wochen schlüpfen aus den Eiern Kaulquappen, die durch Kiemen atmen.

4. Nach etwa elf Wochen werden die Hinterbeine sichtbar.

5. Danach bilden sich die Vorderbeine.

6. Jetzt kann die Kaulquappe schon an der Oberfläche Luft schnappen.

7. Nun bildet sich der Ruderschwanz zurück.

8. Nach vier Monaten verläßt der fertige Frosch das Wasser.

Basteln

Kleine Frosch-handpuppe

Kleine Froschhand-puppe
Alter:
Herstellung von 1 Erwachsenen
spielen ab 3 Jahre
Teilnehmer:
allein oder in einer Gruppe
Material:
1 alter grüner Strumpf
2 weiße Holzperlen
grünes Nähgarn
Nadel
Schere
roter Filz: 20 x 6 cm
2 weiße Holzperlen
schwarzer Filzstift
Klebstoff

Wir ziehen den Strumpf über die Hand und klappen sie – Daumen unten, die anderen Finger oben – wie ein Maul auf und zu.
Dann nähen wir den Strumpf zwischen Ring- und Mittelfinger in der Mitte des »Rachens« zusammen. Hier wird dann auch die rote Filzzunge angenäht.
Nun befestigen wir die beiden Holzperlen als Augen und malen mit einem schwarzen Filzstift die Pupillen auf.
Zum Schluß bekommt der Frosch noch einen Kragen aus rotem Filz – wie auf dem Foto.

Reime

Der erschrockene Frosch

Es war einmal ein kleiner Frosch,
der saß im grünen Gras.
Es regnete, es regnete,
der kleine Frosch ward naß.

Da fing entsetzt er an zu schrein:
»Igitt! Was ist denn das!«
Schwupp! sprang ins Wasser er hinein,
da wurd er nicht mehr naß.

Basteln

Froschteich

Froschteich
Alter:
ab 5 Jahre
Teilnehmer:
ab 3
Material:
1 Bogen grünes Tonpapier
Wasserfarben
grünes Faltpapier: 15 x 15 cm
Klebstoff

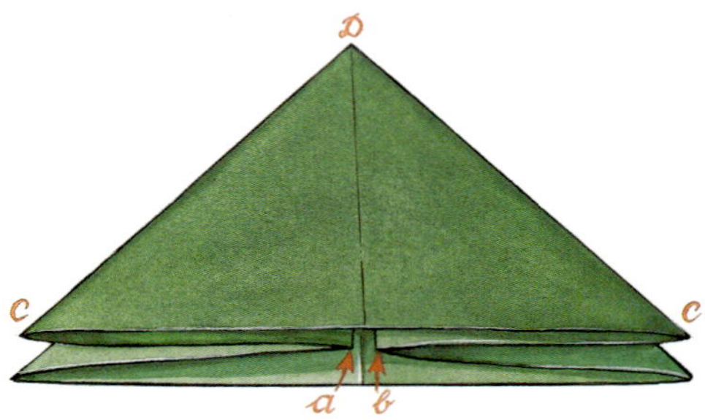

1. Wir legen das Faltpapier vor uns auf den Tisch, knicken es nacheinander je einmal diagonal und öffnen es wieder. Dann drehen wir das Blatt um, falten es je einmal waagerecht und senkrecht und öffnen es.

2. Das Blatt wird erneut gewendet, und wir drücken vom Mittelpunkt aus die Linie a–b so nach innen, daß ein Dreieck entsteht.

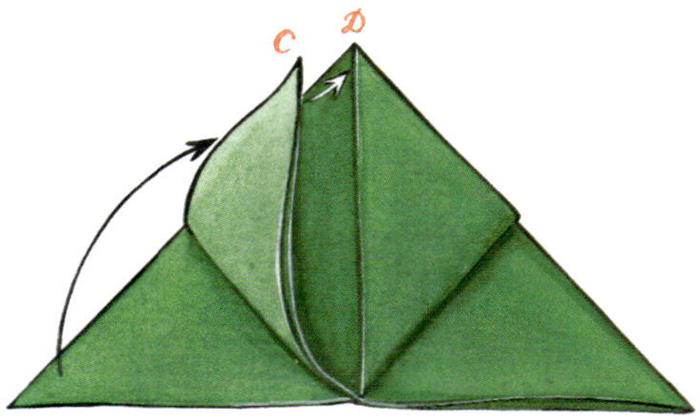

3. Nun falten wir die beiden äußeren Spitzen (C) nach oben zum Punkt D.

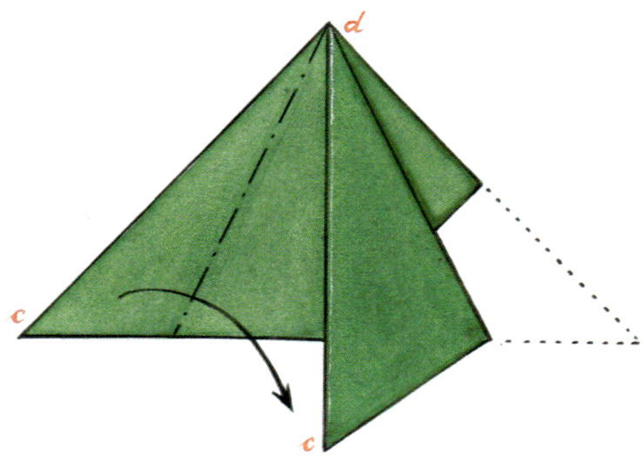

4. Wir wenden die Arbeit und knicken die beiden Seiten d–c nacheinander an die mittlere Faltlinie.

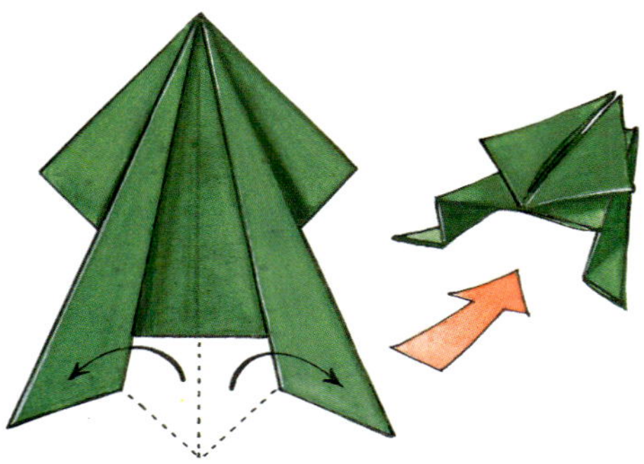

5. Die Seiten d–c falzen wir jetzt auf die zuvor entstandenen Kniffe zurück. Wir drehen unsere Faltarbeit nun um: der Frosch sitzt auf seinen Beinen. Diese bestreichen wir mit Klebstoff und setzen das Tier in den Teich.

Luftballonfrosch

Unser Luftballonfrosch kann nicht nur hüpfen, wie es ein gewöhnlicher Frosch tut, sondern auch fliegen und dabei immer wieder auf seinen großen Füßen landen.

Zunächst übertragen wir die Füße vom Vorlagebogen auf den grünen Fotokarton und schneiden sie aus. An der gestrichelten Linie entlang werden sie eingeschnitten.
Nun blasen wir den Luftballon auf, knoten ihn zu und malen ihm ein Froschgesicht auf. Dabei kann uns das Foto Anregungen geben.
Zum Schluß werden die Füße unten am Knoten des Luftballons festgesteckt, und schon ist der Frosch fertig und hüpfbereit.

Luftballonfrosch
Alter:
ab 5 Jahre
Teilnehmer:
allein
Material:
Pauspapier
Bleistift
grüner Fotokarton
Schere
1 grüner Luftballon
schwarzer und roter Filzstift

Spielen

Frösche und Störche

Frösche und Störche
Alter:
ab 4 Jahre
Teilnehmer:
2 bis 6
Material:
weißer Fotokarton:
40 x 40 cm
Wasserfarben
Pinsel
5 Korken
Filzstifte
1 Farbwürfel
Papierrest
Schere
Klebstoff
12 grüne und 2 rote
Spielfiguren

Es geht bei diesem Spiel nicht darum, als einzelner Spieler zu gewinnen, sondern als jeweilige Gruppe: als Frösche oder als Störche. Dadurch, daß keinem Teilnehmer eine bestimmte Spielfigur zugeordnet ist, gestalten wir das Spiel durch Taktik und gemeinsames Überlegen spannend.

Herstellung

Auf den Fotokarton malen wir mit Wasserfarben das Spielfeld auf. Die Einteilung entnehmen wir dem Foto. Die Felder für die Frösche und die Störche drucken wir mit den Korken. Dafür bestreichen wir jeweils eine runde Seite mit je einer Farbe und stempeln sie abwechselnd auf das Spielfeld.

Am besten üben wir das Drucken zuerst einmal auf einem anderen Stück Papier. Wir erkennen dabei, wie oft wir die Korken verwenden können, ohne erneut Farbe auftragen zu müssen. Für die Frösche brauchen wir vom Wald zum Teich sechs Reihen nebeneinander, für die Störche zwei Reihen vom Haus zur Wiese. Die Kreise, die sich überschneiden, werden mit einem Filzstift dick umrandet.

Nun zeichnen wir auf ein Stück weißes Papier einen kleinen Frosch, den wir dann ausschneiden und auf die weiße Seite des Farbwürfels kleben.

Spielregel

Es treten zwei Mannschaften gegeneinander an, bestehend aus bis zu vier »Fröschen« und zwei »Störchen«.

Die Froschspieler erhalten die zwölf grünen Figuren, die beiden »Störche« je eine rote. Die Frösche starten im Wald, die Störche beim Haus.

Der jüngste Spieler darf beginnen. Dann würfelt immer abwechselnd ein »Frosch« und ein »Storch« mit dem Farbwürfel. Die Farbe gibt an, auf welches Feld wir vorrücken dürfen.

Die »Frösche« versuchen nun in den Teich zu gelangen, aber auf ihrem Weg dorthin wollen die »Störche« sie fangen. Diese dürfen zwischen dem Haus und der Wiese beliebig oft hin- und herfliegen und auch zwischendurch die Richtung wechseln. Die Frösche hingegen müssen geradeaus vom Wald zum Teich hüpfen.

Dabei darf aber jede Mannschaft – je nach Spielstand und Gefahr, die den Fröschen droht – irgendeine ihrer Figuren ziehen:

Es kann zum Beispiel für die »Frösche« günstig sein, zuerst einmal nur einen bestimmten ans Ziel zu bringen, statt mehrere auf einmal.

Trifft ein Storch einen Frosch auf einem der zwölf gemeinsamen Felder, so hat er ihn gefangen und bringt ihn in sein Nest. Wenn ein Storch das Froschsymbol würfelt, darf er einen beliebigen Frosch »verspeisen«.

Würfelt ein Frosch das Symbol, so hüpft er in den Teich, ohne weiterwürfeln zu müssen.

Die Mannschaft, die am Ende die meisten Frösche hat, ist Sieger.

Vorlesen

Der Osterdonner

Elisabeth Stiemert

Es war an einem schönen, warmen Frühlingsmorgen, als diese Geschichte passierte. Genau gesagt, am Tag vor dem Osterfest.

Da kippte Jule den Becher um, und der Kakao floß über den Frühstückstisch. Das war eine Bescherung! Der Kakao floß wie ein Fluß, und dann tropfte er auf den Heiner.

Heiner war Jules Hase, ihr Kuscheltier, Jules Freund, der jede Nacht neben ihr auf dem Kopfkissen schlief. Jetzt hatte Jule ihn auf dem Schoß, und sein weiches, sein seidiges, hellbraunes Fell hatte häßliche Flecken bekommen.

Am Tag vor Ostern ist das für den Hasen ein Unglück gewesen.

Jule weinte für ihn: »Armer Heiner«, und »Ach, wie schrecklich!« und »Wie siehst du bloß aus!« und »Morgen wollten wir feiern!«

Jules Mutter sagte: »Hör auf, das ist doch nicht schlimm. Wir werden den Hasen waschen.«

Sie faßte ihn an den Ohren und ging mit ihm in den Waschkeller hinunter. Jule lief hinterher.

Die Mutter machte die Waschmaschinen-Bullaugentür auf und warf den Hasen hinein. Einfach so. Rein mit ihm. Und damit die Wäsche sich lohnte, stopfte sie allerlei hinterher. Vier weiße Strümpfe, ein hellblaues Staubtuch, einen Kissenbezug und eine Mütze. Alles zusammen rein, und dann klappte die Bullaugentür zu. Waschpulver dazu, auf den Knopf gedrückt und los ging die Fahrt bei dreißig Grad.

Jule hockte sich vor das Fenster und sah Heiners Angsthasengesicht. Sie winkte ihm so, wie man winkt, wenn einer verreist, und sie rief auch: »Mach's gut!«

Nein, gut ging es dem Heiner jetzt wirklich nicht. Er wurde gewirbelt, gedreht, und ihm wurde ganz schwindlig davon. Es sollte aufhören! Er wollte raus!

Die weißen Strümpfe kannten den Dreh. Sie fürchteten sich nicht mehr und versuchten, den Hasen zu trösten: »Dir passiert nichts, gleich ist es vorbei. Halt aus.« Sie umarmten ihn und hielten ihn fest.

Die Mütze sagte zu Heiner: »Wir sind doch bei dir.«

Endlich, endlich, stand die Maschine still. Jules Mutter klappte die Tür auf, holte die Strümpfe, die Mütze, das Staubtuch und den Kissenbezug aus der Waschhöhle, und Jule zog ihren Hasen heraus.

Nun mußte er mit auf die Leine. Sie war draußen quer über den Rasen gespannt.

Jule reichte der Mutter zwei rote Klammen, und die hängte den Hasen an seinen Ohren auf, genau in der Mitte zwischen den Strümpfen.

Jule stand unter der Leine und winkte: »Hallo, Heiner, geht es dir gut?«

Nein, gut ging es dem Heiner noch immer nicht. Zwar besser als in der Maschine, als in dem Wirbelsturmkarussell, aber gut ging es ihm nicht. Die roten Klammern ziepten an seinen Ohren und überhaupt – er fand es so peinlich, auf dieser Wäscheleine hängen zu müssen.

Die Strümpfe fanden das nicht. Sie wiegten und schaukelten sich. Sie stießen den Heiner an: »Mach doch mit! Es macht Spaß!«

Das hellblaue Staubtuch winkte ihm von links außen: »Häng nicht so rum! Beweg dich, mein Lieber. Um so schneller bist du dann trocken!«

Nein, nein, das wollte der Plüschhase nicht. Er war schließlich kein hellblauer Lappen.
Bis Jule zu tanzen anfing. Sie tanzte unter ihm auf dem Rasen, sprang von dem linken Bein auf das rechte und dreht sich in einem Kreis. Dazu sang sie: »Ich freue mich, weil morgen Ostern ist, ich freue mich, weil morgen Ostern ist!« Sie sang es so fröhlich, daß Heiner davon angesteckt wurde.
Er fing an, an der Leine zu tanzen, vor und

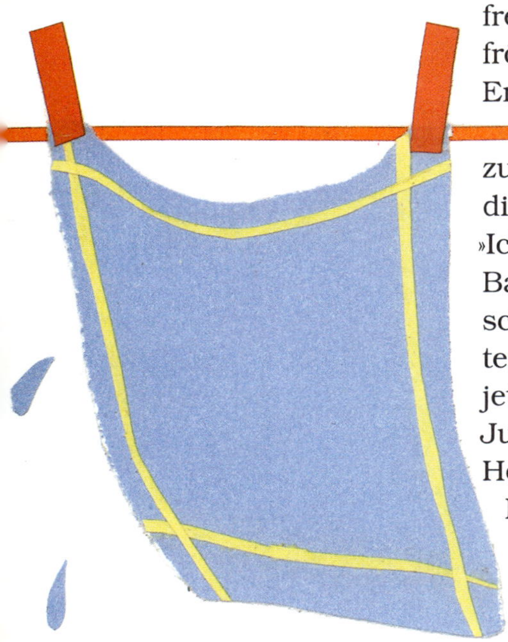

zurück, vor und zurück. Und ganz leise, damit es die Strümpfe nicht hörten, sang er mit Jule mit: »Ich freue mich, weil morgen Ostern ist.«
Bald fühlte der Hase sich besser. Die Sonne schien warm, er konnte ganz weit über den Gartenzaun schauen, und was am wichtigsten war: jetzt war er trocken.
Jule rief ihre Mutter: »Ich möchte meinen Hasen Heiner wiederhaben!«
Die Mutter antwortete ihr: »Gleich nehm' ich ihn ab, ich muß nur noch den Osterkuchen anrühren!«
Als der Kuchen im Ofen war, rief Jule: »Ich möchte meinen Hasen Heiner wiederhaben!«
Die Mutter antwortete ihr: »Gleich hol ich ihn von der Leine. Ich muß nur noch die Backschüsseln abspülen!«
Als die Backschüsseln sauber im Schrank standen, rief Jule: »Ich möchte meinen Hasen Heiner wiederhaben!«
Die Mutter antwortete ihr: »Gleich geb' ich ihn dir. Will nur einen Moment meine Beine hochlegen!«
Als die Mutter sich ausgeruht hatte, rief Jule wieder. Aber die Mutter hatte immer noch keine Zeit. Sie hatte so viel zu tun, weil morgen das Osterfest war, und inzwischen war es schon spät am Nachmittag.

Da passierte es plötzlich. Es kam wie aus heiterem Himmel. Erst kam der Blitz, und dann kam der Donner. Und dann regnete es. Ach, es regnete nicht, es goß von dem Himmel herunter, von dem eben noch der Sonnenschein strahlte. Es goß und es goß.
Heiner, der Hase, die Strümpfe, das Tuch und der Kissenbezug und die Mütze wurden pitschnaß. Sie tropften nur so von der Leine.

Jule, die sich untergestellt hatte, rief in den Regen: »Ich will meinen Hasen Heiner wiederhaben!«
Die Mutter kam aus dem Haus und sagte zu ihr: »Jetzt geht es nicht, Jule, jetzt ist er zu naß.«
Am Abend, als Jule ins Bett gehen mußte, war der Hase noch immer zu naß, und Jule mußte ohne ihn schlafen.
Heiner, die Strümpfe, die Mütze, das Tuch und der Kissenbezug blieben auch während der Nacht auf der Leine. Der Wind wiegte sie alle. Hin und her und her und hin. Aber schlafen konnten sie nicht. Da erzählten sie Frühlingsgeschichten, von Tulpen und Primeln, von Amseln und Schwalben und Veilchenduft. Sie erzählten die ganze Nacht, und als der Morgen kam, als es hell wurde, und die Amsel zu singen begann, war es Ostern.
Bald kam Jule nach draußen gelaufen. Sie rannte über den Rasen und rief: »Ich möchte meinen Hasen Heiner wiederhaben!«
Und dann wäre sie fast gestolpert. Auf dem Rasen, direkt unter der Leine und ganz genau unter dem Hasen haben fünf Ostereier gelegen. Da hat die Jule gestaunt und gesagt: »Mein lieber Heiner, du bist vielleicht einer!«

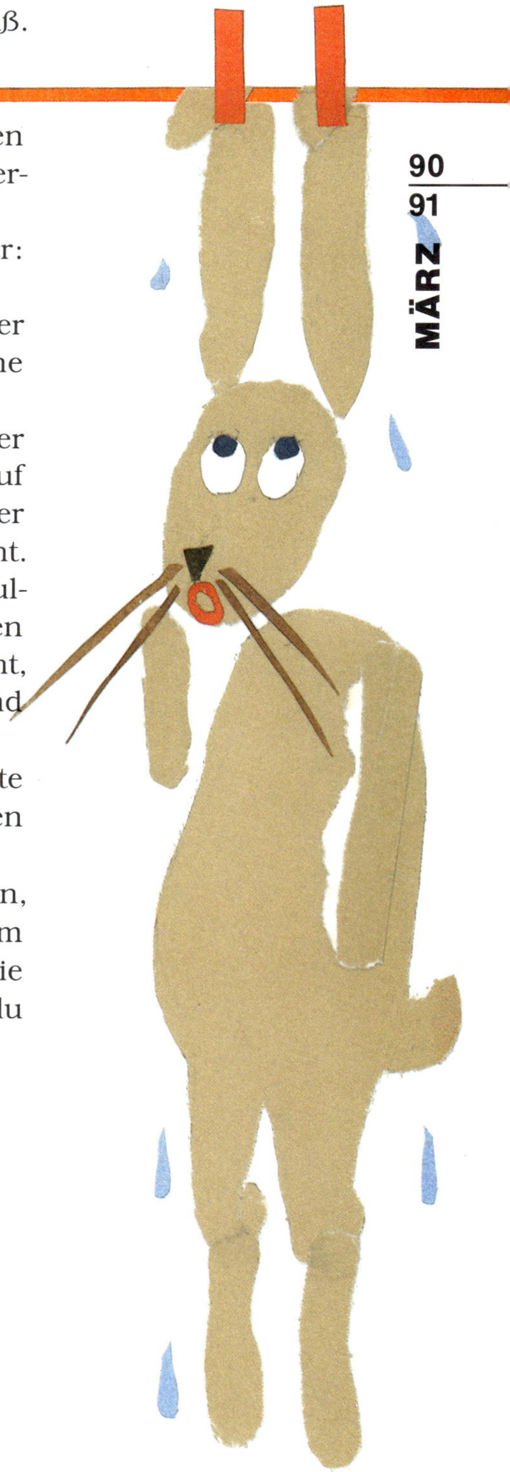

Basteln

Ostereier bemalen

Ostereier färben
Alter:
ab 3 Jahre
Teilnehmer:
allein oder in einer Gruppe
Material:
Hühnereier
Wachsstifte
Naturfarben zum Eierfärben
alter Kochtopf
Löffel
Lappen

Klebeeier
Alter:
ab 2 Jahre
Teilnehmer:
allein oder in einer Gruppe
Material:
ausgeblasene Eier
Glanz- oder Transparentpapier
Konfetti
Klebstoff

Ostereier färben

Bei dieser Variante der Ostereiergestaltung malen wir vor dem Färben mit Wachsstiften ein Muster auf die Eier.
Dann rühren wir die Naturfarben nach Packungsanleitung an und kochen die Eier darin. Anschließend entfernen wir das Wachs mit einem Lappen von den noch heißen Eiern, so daß nun das weiße Muster zu sehen ist.

Klebeeier

Diese Eier können schon von kleinen Kindern gestaltet werden, denn es ist eine einfache Bastelarbeit.
Wir reißen oder schneiden verschiedenfarbige Papierreste aus. Danach bestreichen wir ein Ei mit Klebstoff und rollen es durch die Papierschnitzel. Diese werden danach vorsichtig angedrückt.

Gärtnern

Osterwiese

Basteln

Steckbilder

Osterwiese
Alter:
ab 2 Jahre
Teilnehmer:
allein oder in einer Gruppe
Material:
Blumenschale
Blumenerde
Grassamen
Gießkanne
Schere

Steckbilder
Alter:
ab 4 Jahre
Teilnehmer:
allein oder in einer Gruppe
Material:
Pauspapier
dünne Pappe
Bleistift
Schere
verschiedenfarbige Tonpapierreste
grüner Blumendraht
Klebstoff
Filzstifte

Es ist eine alte Tradition, aus Moos ein Osternest zu bauen, in das der Osterhase seine Eier legt. Wenn wir kein Moos haben, können wir Gras säen. Damit müssen wir aber drei bis vier Wochen vor Ostern beginnen. Es ist interessant zu beobachten, wie das Gras wächst und das Nest immer grüner wird.
Wir füllen die Blumenschale mit Erde, streuen sie dicht mit Grassamen ein und gießen sie. Wir müssen nun immer darauf achten, daß die Erde nie ganz austrocknet, sonst können die Samen nicht aufgehen. Kurz vor Ostern »mähen« wir unsere Wiese einmal, das heißt, wir schneiden die Spitzen etwas ab, damit das Gras dichter aussieht. Nun kann der Osterhase kommen und seine Eier in unser Nest legen.
Wer statt Gras Weizen oder Roggen nehmen will, sät ihn rund 14 Tage vor Ostern aus, denn bis dahin keimt und wächst das Getreide.

Wir können die Osterwiese auch als Tischschmuck verwenden und Ostermotive hineinstecken, die wir an etwa 10 cm langem Blumendraht befestigen. Vom Vorlagebogen pausen wir die Motive auf die dünne Pappe ab und fertigen daraus Schablonen an. Diese übertragen wir je zweimal auf das Tonpapier und schneiden sie aus.
Wir kleben je ein Drahtstück zwischen die beiden Teile eines Hasen und eines Kükens.
Beim Huhn kleben wir den Kamm zwischen die beiden Kopfhälften und befestigen den Draht unten zwischen den Körperhälften.
Zum Schluß malen wir Augen mit Filzstiften auf und stecken die Tiere in die Wiese.

Basteln

Hasennest

Hasennest
Alter:
ab 5 Jahre
Teilnehmer:
allein oder in einer Gruppe
Material:
braunes Tonpapier: 50 cm x 20 cm
Pauspapier
Bleistift
Schere
schwarze und weiße Tonpapierreste
Klebstoff
schwarzer Filzstift
1 leerer, sauberer Quark- oder Margarinebecher
Watte
Moos

Wir falten das braune Tonpapier auf die halbe Länge zusammen. Dann übertragen wir den Hasen so darauf, daß die gestrichelte Linie genau auf dem Falz liegt. Auf ihr schneiden wir nicht entlang, sondern nur an den durchgezogenen Strichen.
Nun kleben wir den Hasen so um den Kunststoffbecher herum, daß dieser den Bauch bildet. Dann fixieren wir die hinten überstehenden Papierflächen aneinander und verzieren den Schwanz mit Watte.
Aus weißen und aus schwarzen Tonpapierresten schneiden wir die Augen aus und kleben sie auf. Mit einem schwarzen Filzstift malen wir Barthaare, Nase und das Innere der Ohren.
Zum Schluß füllen wir in den Becher dann noch etwas Moos.

Purzelhase

Auf einer schrägen Ebene kann dieser Hase Purzelbäume schlagen.

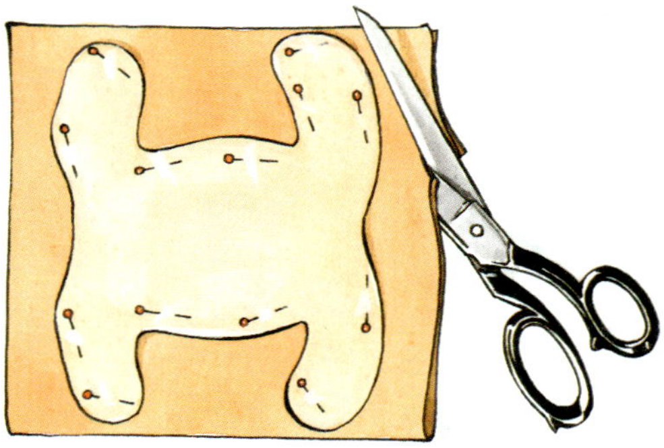

1. Wir übertragen zunächst den Hasenkörper und die Ohren auf das Papier, schneiden es aus und stecken es dann auf den doppeltgelegten Filz. Dann schneiden wir ihn entlang der Kontur aus.

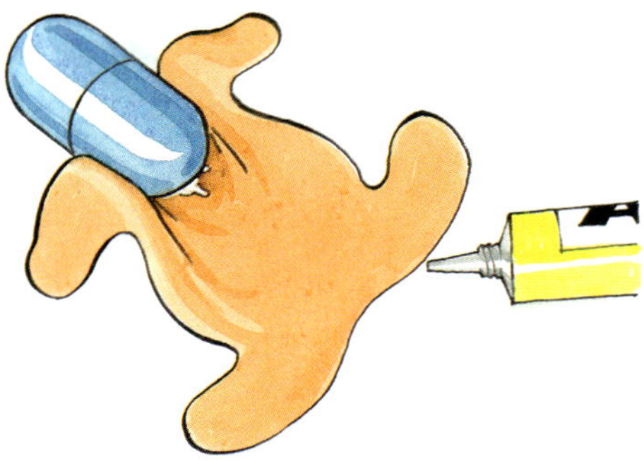

2. In die Kunststoffkapsel – sie wird der Kopf – legen wir die Murmel zum Beschweren hinein und schließen die Kapsel. Die eine Hasenhälfte wird nun auf einer Seite mit Klebstoff bestrichen und der Kopf darauf geklebt.

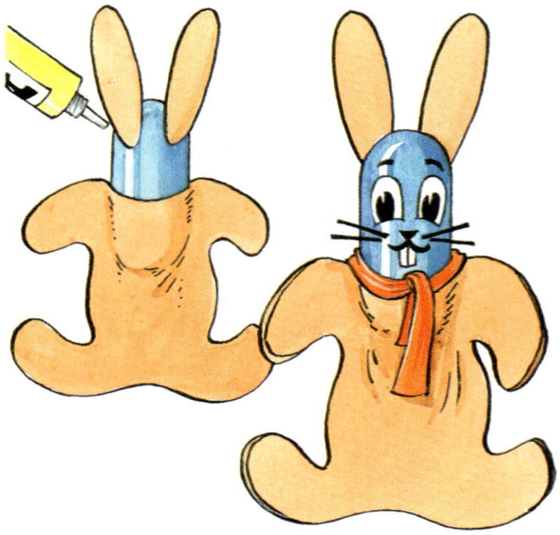

3. Dann kleben wir die Vorderseite des Hasen deckungsgleich auf und drükken den Filz am Hals gut an. Wir müssen darauf achten, daß der Kopf richtig fest sitzt, sonst verliert der Hase ihn später beim Purzeln.
Die Augen und der Bart werden aus weißen und aus schwarzen Tonpapierresten ausgeschnitten und vorn angeklebt und die Filzohren an der Rückseite.
Um den Hals binden wir unserem Tier noch einen kleinen Schal aus buntem Filz.

Purzelhase
Alter:
ab 6 Jahre
Teilnehmer:
allein
Material pro Hase:
Pauspapier
Bleistift
Schreibmaschinenpapier
brauner Filz
Stecknadeln
Schere
1 Kunststoffkapsel von
1 Überraschungsei
1 Murmel
1 bunter Filzrest
Klebstoff
weiße und schwarze
Tonpapierreste

APRIL

Hu, ha, April! Das ist ein Wetter!
Der Regen fällt – es wird nicht netter.
Die ganze Welt ist eine Pfütze –
und Tropfen an der Nasenspitze.
Wär' ich ein Frosch, dann fänd' ich's fein,
doch mag ich lieber Sonnenschein.

Basteln

Frühlingskneten

Frühlingskneten
Alter:
ab 2 Jahre
Teilnehmer:
allein oder in einer Gruppe
Material:
Knetmasse
1 feste Arbeitsunterlage

Schon wieder regnet es draußen. Wenn wir keine nassen Füße bekommen wollen, müssen wir uns im Haus beschäftigen. Wir holen den Frühling einfach in unser Kinderzimmer herein und formen lustige Tiere und bunte Blumen aus Knetmasse.

Alle Figuren entstehen aus Kugeln: Käfer, Bienchen, kleine Enten, bunte Schmetterlinge, rosa Schweinchen, grüne Raupen, Häschen mit Mohrrübe und Blumen in bunten Farben.

Wir nehmen dazu ein Stück Knetmasse zwischen beide Handflächen, lassen die Finger dabei ausgestreckt und bewegen die obere Hand und die Knete so lange im Kreis, bis eine Kugel entsteht. Wenn wir nun die obere Hand nicht im Kreis, sondern vor und zurück bewegen, dann erhalten wir eine Wurst oder einen Tropfen. Kugel, Wurst oder Tropfen können wir nun in den Handflächen, zwischen den Fingern oder auf unserer Arbeitsunterlage ganz oder teilweise plattdrücken und nach Belieben weiterformen.

Ist eine Kugel einmal zu flach oder eine Wurst zu dünn geraten, dann starten wir einen neuen Versuch. Knetmasse ist ein »geduldiges« Material, und es bringt am meisten Spaß, der eigenen Phantasie beim Arbeiten freien Lauf zu lassen.

Wenn wir allerdings verschiedenfarbige Knetmassen zusammen verarbeiten, ist es unvermeidbar, daß sie sich allmählich miteinander vermengen. Selbst wenn wir später die gekneteten Figuren noch so behutsam auseinandernehmen, so bleibt trotzdem immer etwas von der einen Farbe an der anderen hängen. Wir können aber die obere, vermischte Schicht abnehmen und zu einem eigenen Kügelchen zusammendrücken. So werden die einzelnen Farbtöne zwar mit der Zeit weniger, und das Klümpchen wächst allmählich zum Klumpen an, aber wir haben dennoch länger etwas von unserer reinen Farbauswahl.

Spielen

Wetterpantomimenspiel

Ob wir uns bei Sonnenschein draußen aufhalten oder ob wir bei Wind und Regen lieber drinnenbleiben, das ist für die Wetterpantomime ganz gleich. Denn wo immer wir sie auch spielen, Spaß macht sie überall.
Zuerst bilden wir zwei gleich große Gruppen: Eine muß in einen anderen Raum gehen oder sich außer Hörweite begeben. Die andere denkt sich Situationen oder Tätigkeiten aus, die zu einer bestimmten Wetterlage passen: Skilaufen, mit dem Regenschirm gehen oder bei Sonnenschein schwitzen. Jeder Teilnehmer darf sich etwas überlegen. Dann malen wir diese Begriffe auf einzelne Zettel, die wir zusammenfalten und in eine Schachtel oder als Häufchen auf den Tisch legen.
Jetzt dürfen die anderen wieder dazukommen. Jeder von ihnen zieht einen Zettel und betrachtet das Bild so, daß kein anderer es sehen kann.
Nun versuchen die Kinder – der Reihe nach – die Situationen oder Tätigkeiten pantomimisch darzustellen, also ohne dabei zu sprechen. Andere Geräusche jedoch sind erlaubt.
Während wir, die sich die einzelnen Begriffe ausgedacht haben, bestimmt bei den Vorführungen herzlich lachen können, müssen die anderen gut aufpassen, um die Pantomime richtig zu deuten.
Wer die Lösung gefunden hat, darf den nächsten Spieler bestimmen.
Wir spielen so lange weiter, bis jeder einmal an der Reihe war. Dann tauschen die beiden Gruppen, und nun denkt sich die andere Begriffe aus, die dargestellt werden sollen.

Wetterpantomimenspiel
Alter:
ab 4 Jahre
Teilnehmer:
ab 6
Material:
Zettel
Bleistifte

Reime

April, April.

Die Kuh hat einen Ringelschwanz,
der Hund legt weiße Eier,
am Dach, da sitzt 'ne grüne Gans,
das Pferd, es schwimmt im Weiher.

Das rosa Häslein grunzt im Stall,
die Katze hebt ein Bein.
April, April ist überall.
Kann das denn richtig sein?

Basteln

Wetteruhr

Wetteruhr
Alter:
ab 5 Jahre
Teilnehmer:
allein oder in einer Gruppe
Material:
1 fertiger Pappteller oder
1 dünner, weißer Karton
1 Teller
Buntstifte
Schere
Pauspapier
1 dicke Nadel
1 Musterklammer
Wasserfarben und Pinsel
1 Faden (6–8 cm lang)
Klebstreifen

Da der April ja ein sehr launischer Monat ist, der sich nicht mal einen Tag lang für gleichbleibendes Wetter entscheiden kann, setzen wir uns in einer Regenstunde hin und basteln eine Wetteruhr. Wir hängen sie dann an die Wand und stellen sie immer dem Wetter entsprechend ein.

1. Entweder nehmen wir einen fertigen Pappteller, oder wir legen einen Eßteller auf weißen Karton und ziehen den Umriß mit Bunt- oder Bleistift nach. Den so entstandenen Kreis schneiden wir aus.

2. Den Zeiger übertragen wir auf ein Stück weißen oder farbigen Restkarton und schneiden ihn ebenfalls aus.

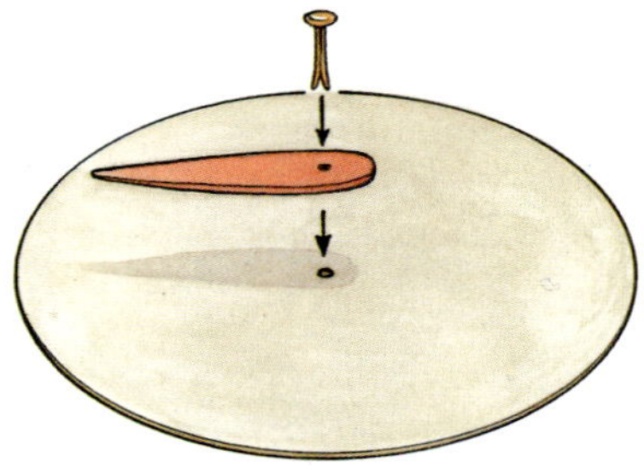

3. Mit der Nadel bohren wir ein großes Loch in die Kreismitte und durch die Markierung des Zeigers, so daß die geschlossenen »Beine« einer Musterklammer hindurchpassen. Diese stekken wir dann durch die beiden Löcher. Auf der Rückseite des Kreises biegen wir die Klammer auseinander und drücken sie flach an die Pappe an. So läßt sich der Zeiger dann auch drehen.

4. Nun bemalen wir unsere Uhr rundherum mit verschiedenen Wettermotiven: Mit einer lachenden Sonne, einer grauen Regenwolke, mit weißen Schäfchenwolken und blauem Himmel, einer Wolke, die die Sonne halb bedeckt, mit einem lustigen Schneemann und zackigen Blitzen an einem dunkelblauen Gewitterhimmel. Auch den Zeiger können wir in einer kräftigen Farbe anmalen.

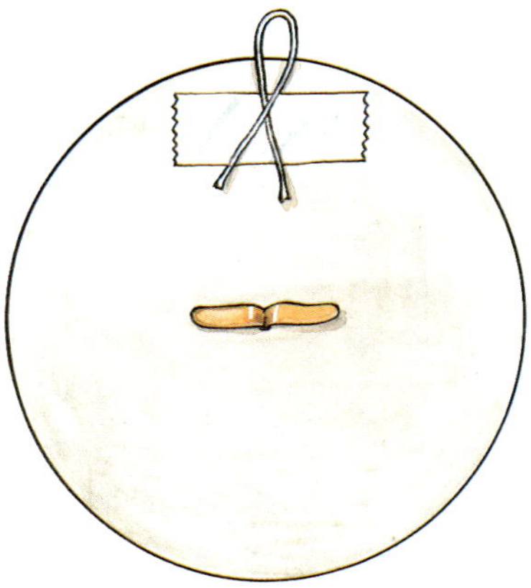

5. Um die Wetteruhr an die Wand hängen zu können, müssen wir auf der Rückseite einen Bilderhalter befestigen. Dazu nehmen wir den Faden, legen ihn zu einer Schlaufe gebogen an den oberen Rand der Uhr und befestigen die Enden mit Klebeband.
Wenn das Wetter während dieser Bastelarbeit nicht besser geworden ist, stellen wir den Zeiger auf Regen und warten darauf, daß er bald zur Sonne wandern darf.

Natur

Blumen sammeln und pressen

Blumen sammeln und pressen
Alter:
ab 5 Jahre
Teilnehmer:
ab 2
Material:
1 Schuhkarton
eventuell Schere
Zeitungspapier
Löschpapier
Telefonbuch

Ein gemeinsamer Spaziergang an einem sonnigen Apriltag ist eine schöne Gelegenheit, nach den ersten Blüten, Blättern und Gräsern Ausschau zu halten. Ob wir durchs Feld, durch einen Wald oder durch einen Park gehen, überall gibt es kleine, eher unscheinbare Blumen, die aber gepreßt wunderschön aussehen.
Auf unseren Spaziergang nehmen wir einen Schuhkarton mit, in dem wir alles sammeln. Manche Blumen und Gräser lassen sich schlecht pflücken, weil ihr Stiel oder Halm so stark ist, daß man die Wurzeln mit herauszieht. Solche Pflanzen schneiden wir mit einer Schere vorsichtig ab. Außerdem beachten wir, daß wir unter Naturschutz stehende Pflanzen nicht pflücken dürfen!
Nicht alle Blumen eignen sich zum Pressen: Solche mit großem Blütenkopf oder dickem Stengel enthalten zuviel Feuchtigkeit, um in einem Buch zu trocknen. Es würde durchweichen, und die Blume würde verfaulen. Selbst das Gänseblümchen hat einen zu dikken Blütenkopf, als daß es für unseren Zweck geeignet wäre.
Wir können aber einzelnen Blütenblätter von großen Blumen pressen, zum Beispiel von einer Tulpe. Dafür nehmen wir eine schon sehr weit aufgeblühte. Deren Blätter sind nämlich elastischer und lassen sich besser glätten. Blümchen, die sich sehr gut pressen lassen, sind Vergißmeinnicht, Veilchen und Stiefmütterchen, also alle mit zarten Blütenblättern.
Wir sammeln aber auch grüne Blätter: von verschiedenen Bäumen und Sträuchern, und wir nehmen auch Gräser mit, denn sie lassen sich später sehr schön zwischen Blumen und Blättern arrangieren.
Zu Hause legen wir unsere Pflänzchen erst einmal auf Zeitungspapier. Damit sie später durch das Pressen glatt werden, lassen wir sie jetzt ein wenig welken. Das heißt nicht, daß sie bis zur Unkenntlichkeit zusammenschrumpfen sollen.
Wir breiten die Blätter sorgfältig auf Löschpapier in einem aufgeschlagenen Telefonbuch aus, legen noch einmal Löschpapierblätter darüber und klappen das Buch zu (ein dünnes Telefonbuch müssen wir zusätzlich beschweren). Statt Löschpapier können wir Papiertaschentücher verwenden, weil sie ebenso weich sind. Küchenkrepp hingegen ist zu rauh, und das Muster würde sich auf den Blüten abdrücken. Auch Zeitungspapier sollten wir nicht nehmen, da die Schrift abfärben kann. Die Pflänzchen brauchen nun einige Tage, um richtig zu trocknen.

Basteln

Bilder und Lesezeichen

Bilder

Bilder aus echten Pflänzchen zu kleben, die wir selbst gesammelt und getrocknet haben, macht besonders viel Spaß. Und ein Lesezeichen ist immer eine nette Geschenkidee.

Wenn die Blumen und die Blätter fertig getrocknet sind, legen wir sie am besten in eine flache Schachtel. Darin können wir sie auch längere Zeit aufbewahren.

Um ein Bild zu gestalten, nehmen wir weißes oder getöntes Papier. Die Pflänzchen bestreichen wir auf der Rückseite vorsichtig mit wenig Klebstoff und fixieren sie auf dem Papier. Wir können einen Blumenstrauß oder eine Wiese kleben, oder wir gestalten das Bild ganz frei nach unserer eigenen Vorstellung.

Lesezeichen

Hierfür brauchen wir dünnen weißen oder farbigen Karton und überlegen uns, welche Form wir ihm geben wollen: soll es rund, oval, länglich oder herzförmig sein? Am leichtesten läßt sich der jeweilige Umriß zeichnen,

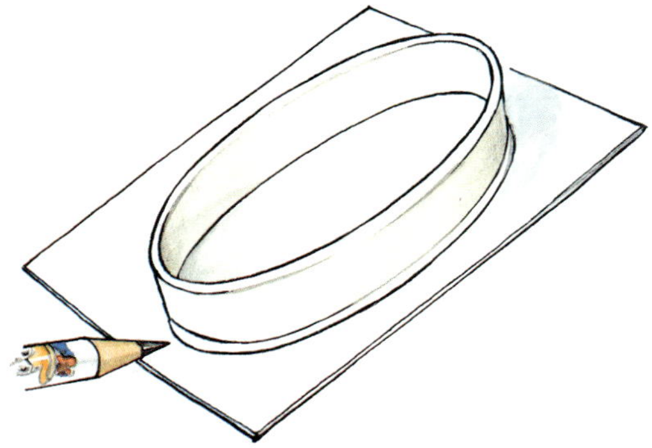

wenn wir einen entsprechenden Gegenstand (zum Beispiel ein Glas, eine Schachtel, ein Lineal) auf den Karton legen und die Konturen mit Bleistift nachfahren.

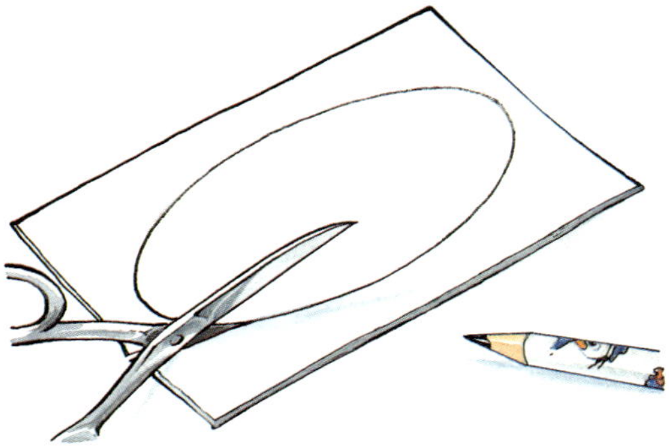

Wir schneiden die Form aus und ziehen Nadel und Wollfaden am unteren Rand in der Mitte durch. Den Faden verknoten wir locker.

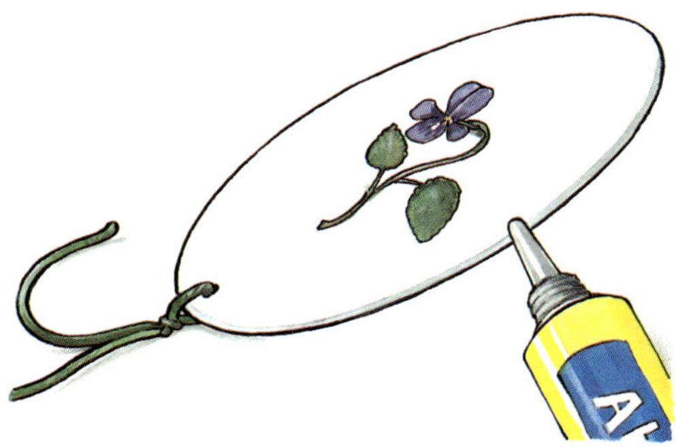

Jetzt fixieren wir – wie beim Bild – unsere Pflänzchen auf dem Lesezeichen. Bevor wir es in ein Buch legen, muß es trocken sein, sonst bleibt es an der Buchseite hängen.

Bilder und Lesezeichen
Alter:
ab 5 Jahre
Teilnehmer:
allein oder in einer Gruppe
Material für Bilder:
weißes oder getöntes Papier
Klebstoff
Material für Lesezeichen:
weißer oder farbiger Karton
Schere
Stift
Klebstoff
Wollrest
dicke Nadel

Basteln

Papiertiere

Papiertiere
Alter:
ab 3 Jahre
Teilnehmer:
allein oder in einer Gruppe
Material:
weißes oder farbiges Papier
Buntstifte

Schmetterlinge

Wenn die Schmetterlinge sich draußen vielleicht noch nicht tummeln, weil es ihnen zu kalt ist, basteln wir uns welche aus Papier und lassen sie drinnen fliegen. Die Anfertigung ist so einfach, daß auch schon die Kleinsten mitmachen können.

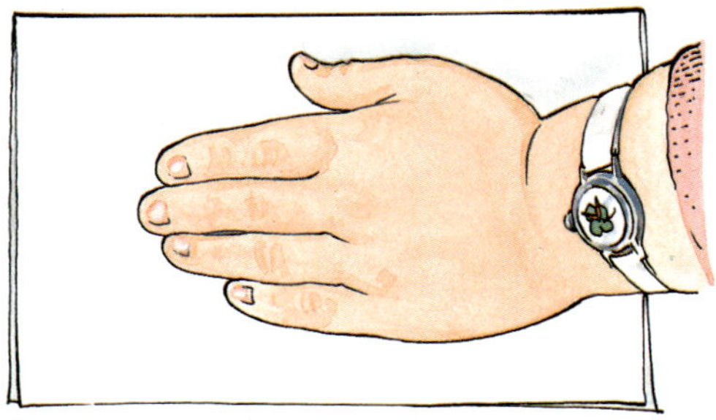

1. Wir falten ein Stück weißes oder farbiges Papier so zusammen, daß es etwa in Handbreite doppelt liegt.

2. Wir malen die Kontur einer Schmetterlingshälfte auf, die wie ein etwas schief geratenes Herz ohne Spitze aussehen. Danach reißen wir die Form am Falz beginnend aus.

3. Jetzt malen wir die Flügel des Schmetterlings auf beiden Seiten farbig an. Wenn wir nun den Falz zwischen Daumen und Zeigefinger halten, und diese abwechselnd zusammendrücken und wieder locker lassen, dann macht der Schmetterling richtige Flatterbewegungen.

Wenn wir genug mit ihm gespielt haben, setzen wir ihn auf die Blätter einer Grünpflanze im Zimmer.

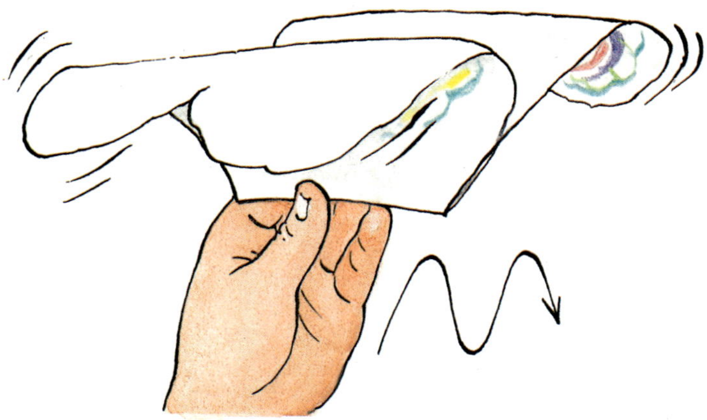

Möwen

Auf dieselbe Weise wie den Schmetterling fertigen wir eine Möwe an. Dazu nehmen wir weißes Papier. Wir reißen – wieder am Falz beginnend – zuerst die Schnabelspitze, dann breiter werdend den Kopf und in einem schrägen Bogen nach oben und wieder nach unten führend die Flügel aus. Die Form ähnelt einer schiefen, langen Zipfelmütze. Zuletzt reißen wir den Schwanz, der spitz zum Falz hin ausläuft.

Da Möwen weiß sind, malen wir nur auf jede Seite des Kopfes ein kleines schwarzes Auge und einen orangefarbenen Schnabel.

Nun können wir auch dieses Tier zwischen unseren Fingerspitzen flattern lassen.

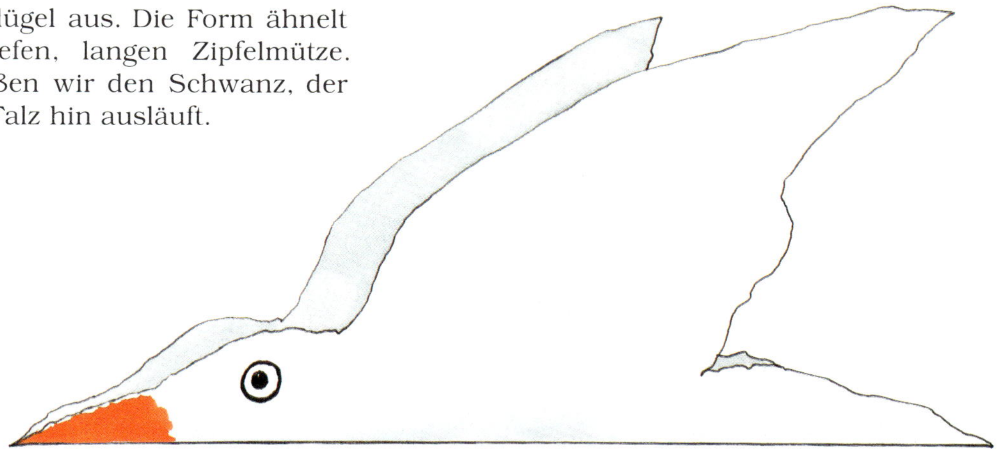

Spielen

Stadtrallye

Stadtrallye
Alter:
ab 5 Jahre und
1 Erwachsener für die
Vorbereitung
Teilnehmer:
ab 4 und 1 Erwachsener

Um eine Stadtrallye durchzuführen, bedarf es einer gründlichen Vorbereitung, an der ein Erwachsener teilnimmt.

Als erstes überlegen wir uns eine Strecke, die wir mit dem Bus (auch mit U-, S-Bahn oder Tram) und zu Fuß bewältigen können: Entweder wissen wir schon ganz genau, wo wir hinwollen, oder wir nehmen einen Stadtplan zu Hilfe. Danach stecken wir Papier und Bleistift ein und gehen los.

An der Busstation notieren wir die Fahrzeiten, die wir brauchen. Das ist wichtig, damit die Kindergruppe bei der Rallye nicht zu lange warten muß.

Wir fahren nun die Strecke ab und halten sowohl die Dauer der Fahrt als auch den Preis einer Karte fest.

An der von uns vorher ausgewählten Station steigen wir aus und suchen nach auffälligen Gebäuden und nach anderen markanten Punkten, an die wir unsere Aufgaben knüpfen können. Alles Wichtige schreibt der Erwachsene auf.

Anhand der Notizen formulieren wir zu Hause die Anweisungen für die Rallye, schreiben und/oder malen sie auf Zettel auf und numerieren sie in der Reihenfolge, in der sie gelöst werden sollen. Je nach Anzahl der Spieler übernimmt nun jeder ein bis zwei Aufgaben. Spielen viele Kinder mit, so können wir zwei Gruppen bilden. Beide Gruppen erhalten jeweils dieselben Aufgaben, gehen aber zu unterschiedlichen Zeiten los, damit sie unterwegs nichts voneinander abgucken können. Wer zuerst aufbricht, entscheiden wir durch ein Los. Die zweite Gruppe startet etwa eine halbe Stunde später. Für diese Mannschaft können wir die Reihenfolge der Anweisungen so abändern, daß sie mit der anderen zum Mohrenkopf- oder Kuchenessen im Café zusammentrifft. Danach trennen sie sich wieder.
Für die Fahrt und für einige Aufgaben brauchen die Kinder Geld. Das kann die Begleitperson aufbewahren, oder wir rechnen die Beträge noch zu Hause aus und geben jedem Kind die entsprechende Summe.
Und jetzt: viel Spaß bei der Rallye.

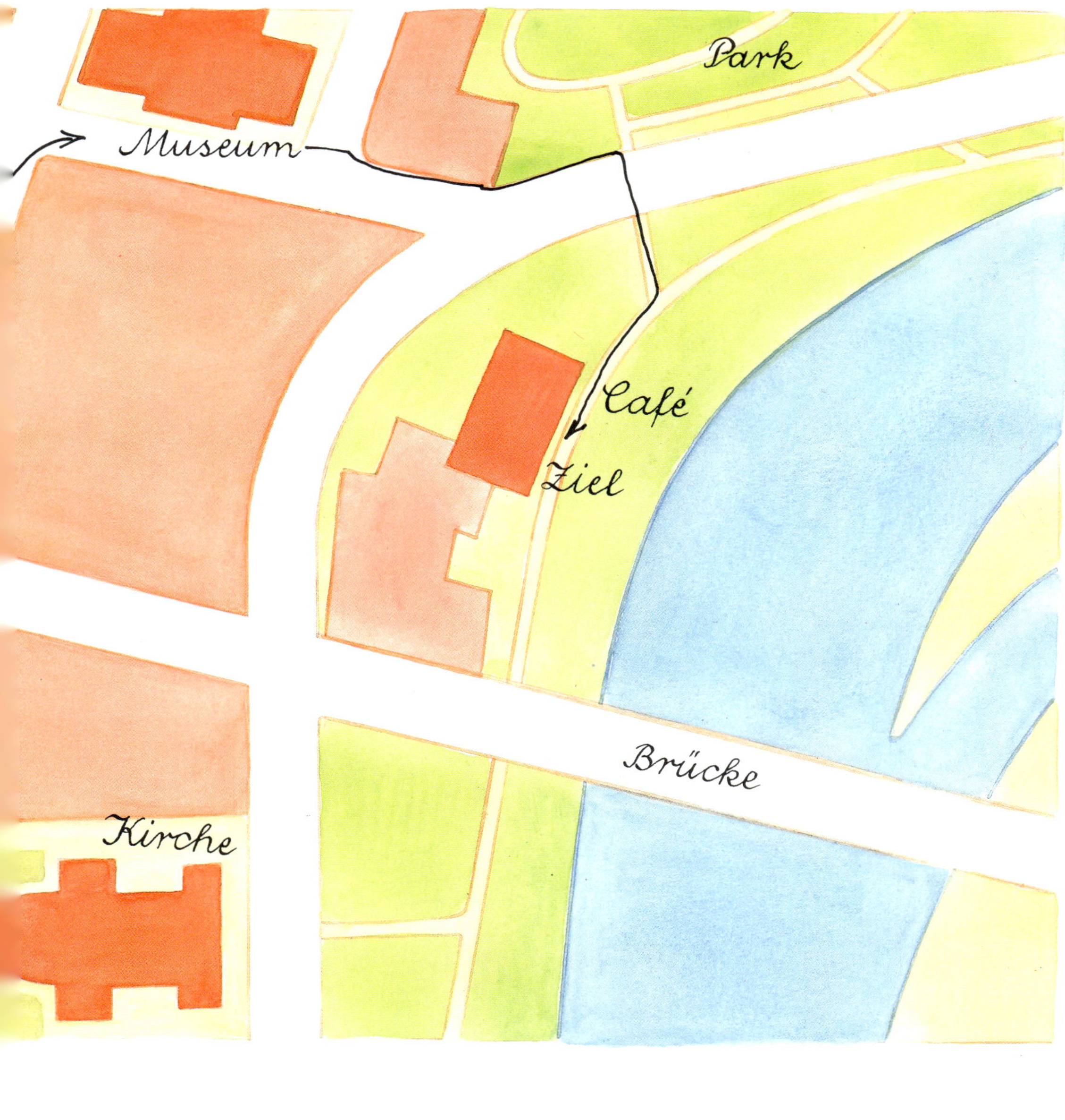

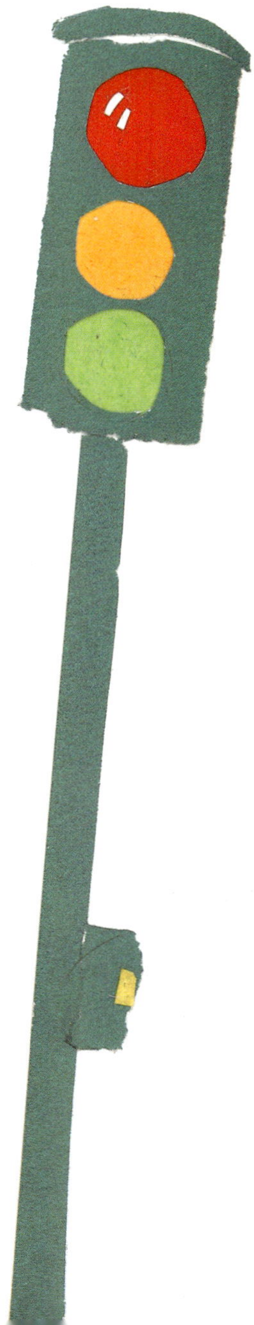

Spielen

Stadtrallye

Aufgabe 1
Wir fahren von Station X bis zu Station Y. Ein Kind löst für die ganze Gruppe die Fahrkarten beim Fahrer oder am Fahrkartenautomaten. Es kann den Schaffner oder den Busfahrer fragen, ob es eine verbilligte Gruppenkarte gibt. Müssen wir die Fahrkarte am Automaten kaufen, dann darf die erwachsene Begleitperson helfen. Achtung: Fahrkarten gut aufbewahren!

Aufgabe 2
Jetzt soll einer in das Gebäude gehen, an dem ein gelbes Schild mit Posthorn hängt, also ins Postamt. Dort kauft er am Schalter eine 10-Pfennig-Briefmarke und läßt sie abstempeln.

Aufgabe 3
Meist ist es ein großes Haus, mit vielen Schnörkeln dran. In dem Gebäude stehen Glaskästen mit Dingen aus alter Zeit oder aus fremden Ländern. Oder es werden Bilder gezeigt – richtig, einer von uns geht ins Museum, denn er soll dort am Kassenhäuschen um einen Zettel mit den Öffnungszeiten bitten. Ist es geschlossen, dann werden die Zeiten abgeschrieben.

Aufgabe 4
Endlich können wir uns stärken! Denn diese Aufgabe wird bestimmt bei keinem Spiel ausgelassen. Der Teilnehmer ist am richtigen Ort, wenn er vor einem Schaufenster mit Kuchen und Torten stehenbleibt. Er betritt die Bäckerei oder das Café und kauft für alle einen Negerkuß. Die Tüte hebt er als Beweisstück auf.

Aufgabe 5
Ein schmales, gelbes Häuschen mit Glasfenstern und einer Glastür: eine Telefonzelle. Hier soll die Nummer eines Teilnehmers gewählt werden, die auf dem Aufgabenzettel steht. Natürlich haben wir vorab besprochen, daß dort jemand zu Hause ist. Dem Angerufenen wird mitgeteilt, wo die Gruppe sich gerade befindet.

Aufgabe 6
Hier geht es um Menschen, die sich zu Fuß in der Stadt fortbewegen, große, kleine, dicke, dünne, junge und alte – die Fußgänger: Ein Teilnehmer grüßt einen Passanten und bittet ihn höflich, einen Groschen in zwei 5-Pfennig-Stücke zu wechseln. Kann er das nicht, muß ein anderer gefragt werden.

Aufgabe 7
Wir suchen wieder ein Geschäft, diesmal aber keines, in dem Eßbares verkauft wird. Hier stehen manchmal Ständer mit Ansichtskarten davor oder Kisten mit Büchern und in den Auslagen befinden sich ebenfalls welche. Es ist eine Buchhandlung. Unser Teilnehmer geht hinein und bittet um einen Prospekt für Kinderbücher.

Aufgabe 8
So ein Spiel macht durstig! Der Teilnehmer, der für diese Aufgabe verantwortlich ist, hat von zu Hause Trinkhalme mitgebracht. Jetzt soll er etwas zu trinken kaufen und sich einen Beleg geben lassen. Wo ist in der Nähe ein Lebensmittelladen, ein Supermarkt oder ein Kiosk? Da wir die Flasche vermutlich gleich leeren, bringen wir sie anschließend zurück (Pfandflasche) oder werfen sie in einen Glascontainer.

All diese Anlaufstellen dürften in jeder kleineren oder größeren Stadt nahe genug beieinanderliegen, so daß keinem am Ende die Füße weh tun und es dennoch ein spannendes Aufgabenspiel ist, von dem jeder Teilnehmer stolz sein »Beweisstück« nach Hause tragen kann. Wenn wir mit zwei Gruppen spielen, zählt die Zeit, denn die Mannschaft, die alles richtig gemacht hat und schneller ist, wird natürlich Sieger.
Und wie wär's: Einer von ihnen lädt uns einen Monat später zur nächsten Rallye ein.

Singen

Der Frühling

überliefert

Der Frühling
Alter:
ab 4 Jahre
Teilnehmer:
ab 4

Der kleine Käfer kriecht hervor,
er war so gut versteckt.
Es guckt heraus ein Schmetterling,
weil ihn die Sonne weckt.

Das Fröschlein mit dem grünen Rock
hüpft froh im Teich herum.
Die Biene fliegt zum Veilchen hin
und grüßet froh: summ, summ.

Die Sonne scheint, der Frühling ruft,
wir feiern heut ein Fest.
Da duften alle Blümelein,
die Vögel baun ihr Nest.

Reime

Frühling

Im Walde da singen die Vögelein,
es muß doch wieder Frühling sein!
Das Bächlein hört das frohe Lied
und nimmt es zu den Blumen mit.

Die Blumen sagen's den Käferlein
und all den Tieren groß und klein.
Nun schallt es durch die ganze Welt:
»Der Frühling hat sich eingestellt!«

Reime

Bauernregeln

Da es erst seit etwa 100 Jahren Wetterstationen und -institute gibt, die eine tägliche Vorhersage machen, waren die Menschen in früheren Zeiten auf ihre eigenen Erfahrungen und Beobachtungen angewiesen. Gerade die Bauern richteten – damals wie auch heute noch – ihre Arbeiten nach dem Wetter. Um vorhersagen zu können, wie das Wetter sich entwickelt, beobachteten sie zum Beispiel die Wolken oder das Licht des Sonnenuntergangs. Oder sie schlossen aus dem Verhalten der Tiere auf das kommende Wetter. Zu allen Witterungserscheinungen machten sie kleine Sprüche, die von Generation zu Generation überliefert wurden.
Für die spätere Ernte ist das Wetter jedes Monats von größter Bedeutung, und deshalb gibt es für jeden noch besondere Regeln zuzüglich zu den allgemeinen.
Wenn im April die Felder bestellt werden, dann mag zwar der ständige Wechsel von Regen und Sonnenschein nicht angenehm sein, aber für das Aufgehen der Saat ist er umso wichtiger.

Wenn der April Spektakel macht,
gibt's Heu und Korn in voller Pracht.

Nasser April – blumiger Mai.

Regen im April der Bauer will.

Im April ein tiefer Schnee –
keinem Dinge tut er weh.

Auf Aprilflöckchen
folgen Maiglöckchen.

Wie's im April und Maien war,
so schließt man aufs Wetter im
ganzen Jahr.

Viel Nebel im April
und Höhenrauch im Mai,
die führen wohl die Pest
und die Hungersnot herbei.

Der April macht die Blum',
und der Mai hat den Ruhm.

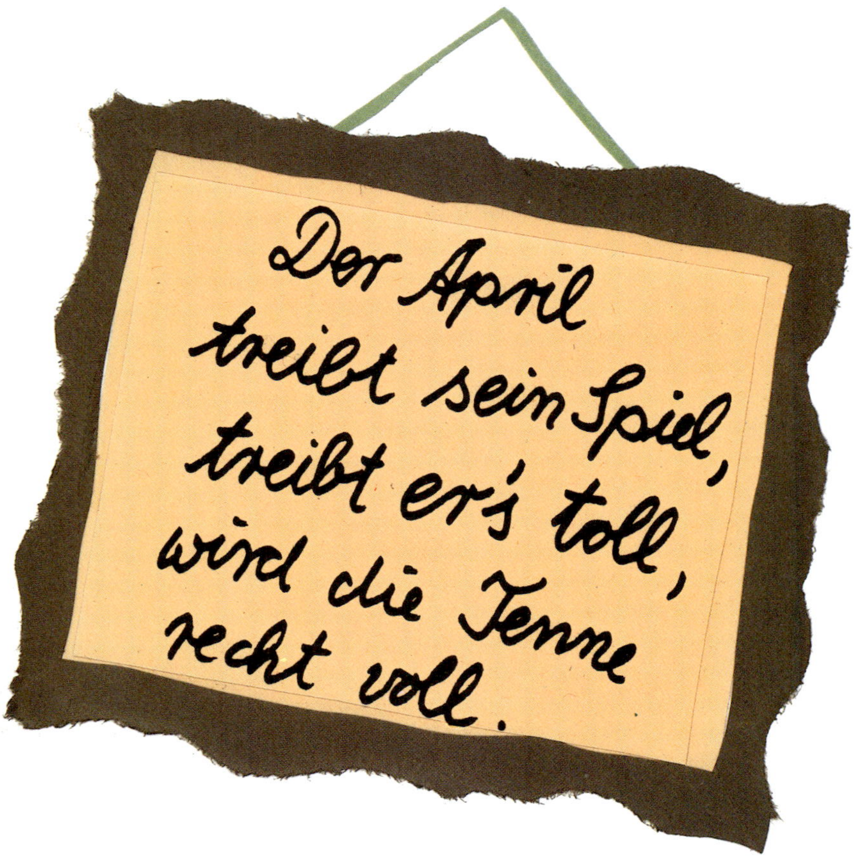

Basteln

Blumenstrauß

Blumenstrauß
Alter:
ab 5 Jahre
Teilnehmer:
allein oder in einer Gruppe
Material pro Tulpe:
1 grüner Knick-Trinkhalm
grünes Papier
Klebeband oder kleine Gummiringe
Wasserfarbe
Pinsel
Schere
Klebstoff
eventuell farbloser Lack
1 ausgeblasenes Ei

Tulpe

Jetzt ist die Zeit, in der Osterglocken zwar schon nahezu verblüht sind, die Tulpen aber ihre Blütenköpfe erst öffnen. Einen haltbaren Strauß aus beiden können wir uns mit einfachen Mitteln selbst basteln.

1. Eine geschlossene Tulpenblüte erinnert in ihrer Form an ein Ei. Deshalb nehmen wir für eine Blume ein rohes Ei und stechen ein so großes Loch in die untere Seite, daß ein Knick-Trinkhalm gerade hineinpaßt. In die obere Seite stechen wir ein zweites Loch und blasen das Ei aus.

2. Wir malen das Ei einfarbig an oder lassen es weiß, denn in der Natur gibt es ja auch weiße Tulpen. Wer mag, kann

es mit farblosem Lack überziehen. Dazu müssen wir die Gebrauchsanweisung auf dem Behälter genau befolgen. Farbe und Lack müssen gut trocknen.

3. Die Form der Blätter übertragen wir zweimal, oder wir zeichnen sie freihändig auf grünes Papier und schneiden sie aus. Wir brauchen zwei Streifen, je 3 bis 4 cm breit und 25 bis 30 cm lang, die wir dann an einer Seite spitz zuschneiden.

4. Jetzt legen wir ein Blatt mit seiner geraden Seite um das untere Ende des Trinkhalmes. Das andere wickeln wir so herum, daß es sich auf der gegenüberliegenden Seite befindet. Dabei achten wir darauf, daß die Blätter nicht auseinanderklappen, da sie sonst beim Befestigen einreißen können.

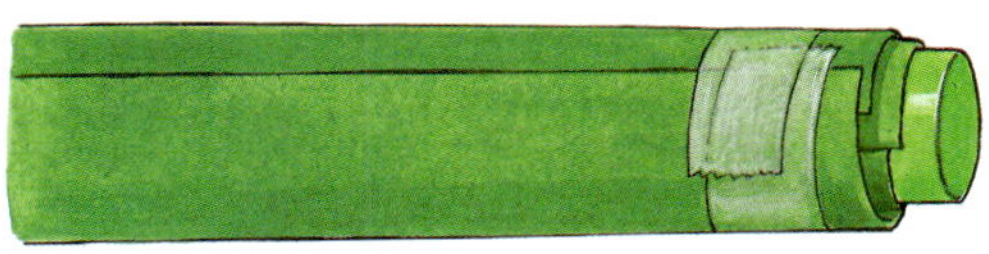

5. Nun wickeln wir entweder einen kleinen Gummiring mehrfach um das untere Ende des Blattansatzes, oder wir befestigen diesen mit Klebeband.

6. Wir stecken das bemalte und getrocknete Ei auf den Trinkhalm und biegen ihn an der Knickstelle ein wenig zur Seite. Ist das Loch im Ei etwas zu klein geraten, schneiden wir den Trinkhalm der Länge nach ein Stück weit ein. Er läßt sich dann zusammendrücken. Ist es zu groß, bestreichen wir die Öffnung mit etwas Klebstoff und setzen das Ei dann darauf.

Blumenstrauß

Material pro Osterglocke:
gelbes und grünes Papier
Pauspapier
Bleistift
Schere
Klebstoff
1 grüner Knick-Strohhalm

Osterglocke

Für die Blüte einer Osterglocke brauchen wir ein wenig mehr Ausdauer und Geschick als für die Tulpe. Den Stiel arbeiten wir genauso, während wir die Blüte aus gelbem Papier basteln.

1. Die Blüte übertragen wir vom Vorlagebogen: den inneren Trichter einmal, die äußeren Blätter sechsmal. Wir falten einen Streifen gelbes Papier, der etwas breiter ist als das Blütenblatt, ziehharmonikaartig zusammen. So können wir alle sechs Blätter auf einmal ausschneiden.

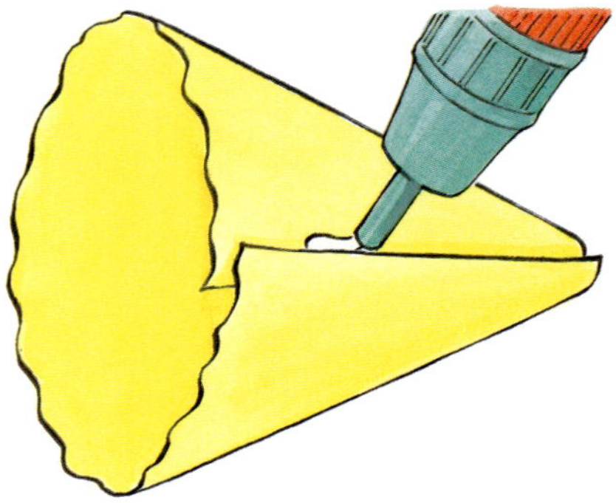

2. Das Innenteil der Blüte kleben wir zu einem Trichter zusammen, wobei die schmale Öffnung so groß sein sollte, daß gerade ein Trinkhalm hineinpaßt.

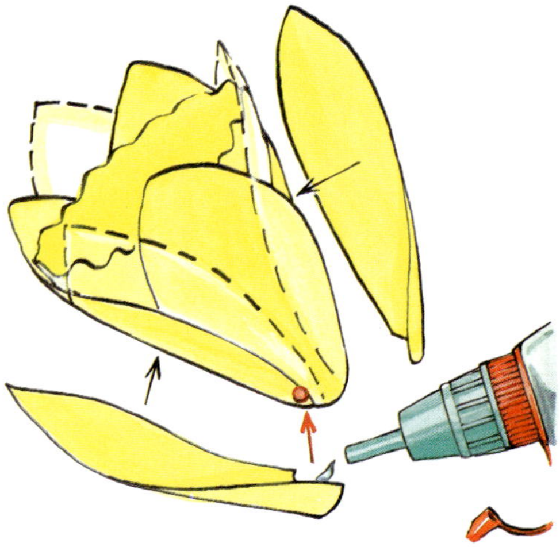

3. Wir befestigen drei Blütenblätter gleichmäßig versetzt so um den Trichter herum, daß sie glatt anliegen. Den Klebstoff dürfen wir nur am untersten Ansatz der Blätter auftragen. Wären sie auch an der breiten Seite des Trichters fixiert, könnten wir sie nachher nicht öffnen. Mit den anderen Blättern verfahren wir genauso und fixieren sie wiederum gleichmäßig versetzt. Ihre Spitzen kleben wir an den Stellen an, an denen die unteren Blätter einander überschneiden. Die geschlossene Blüte ist fertig.

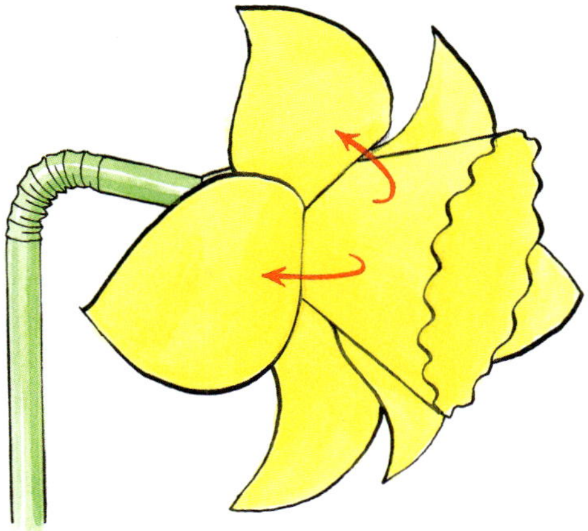

4. Bevor wir die Osterglocke aufblühen lassen, braucht der Klebstoff viel Zeit zum Trocknen, da sich die Blätter sonst leicht wieder lösen. Danach biegen wir erst die äußeren und dann die inneren Blätter vorsichtig nach außen und passen dabei auf, daß sie an den Seiten nicht einreißen.
Ob die Öffnung für den Trinkhalm weit genug ist, probieren wir aus, indem wir ihn von oben durch den Trichter hineinschieben. Wenn sie zu klein ist, schneiden wir sie ein wenig ein. Dann befestigen wir die fertige Blüte mit etwas Klebstoff am oberen Ende des Trinkhalmes und biegen sie an der Knickstelle zu einer Seite. Die Blätter der Osterglocke stellen wir genau so her wie die der Tulpe.

Gärtnern

Samen aus der Küche

Samen aus der Küche
Alter:
ab 4 Jahre
Teilnehmer:
allein oder zu zweit
Material:
verschiedene Samen
kleine Blumentöpfe,
Joghurtbecher oder
Saatscheiben
Untersetzer
Gießkännchen
Erde
Zeitung zum Unterlegen

Wo kommen die Pflanzen her? Wenn wir jetzt draußen die Erde betrachten, recken überall kleine Gewächse ihre Blätter empor, obwohl sie niemand eingesetzt hat. Viele Pflanzen entstehen aus Samen, die der Wind aus den Blüten herausstreut. Die Samen, die zunächst auf der Erdoberfläche liegen, spült der Regen in den Boden. Wenn es dann im Frühling wärmer wird, saugen sie Wasser aus der Erde auf, ihnen wachsen Wurzeln, und sie bekommen Blätter.

1. Wir brauchen aber gar nicht erst nach draußen zu gehen; schon in unserer Küche finden wir Samen, aus denen sich leicht Pflanzen ziehen lassen: getrocknete weiße Bohnen, Erbsen oder Linsen, Getreidekörner, Popcornmais oder auch Senfkörner aus dem Gewürzregal. Die Samen müssen allerdings auf jeden Fall ungeschält sein, da sie sonst nicht keimen.
Wir nehmen von jeder Sorte, die wir in der Küche finden, vier Körner und geben jeweils drei davon in ein Glas mit Wasser. Darin lassen wir sie am besten über Nacht liegen, damit sie aufquellen. So können sich die Samen schon jetzt richtig mit Wasser vollsaugen und müssen es nicht später aus der Erde nehmen. Zudem fangen sie schneller an zu keimen.

Während die Samen im Wasser quellen, bereiten wir kleine Blumentöpfe vor, und zwar für jede Art extra einen mit Untersetzer.
Neue Tontöpfe müssen etwa eine halbe Stunde lang im Wasser stehen, damit sie sich vollsaugen können. Andernfalls ziehen sie zuviel Feuchtigkeit aus der Erde.
Wir können aber auch kleine Töpfe aus Kunststoff oder Joghurtbecher verwenden. In deren Böden bohren wir mit einem Nagel ein Loch, damit dann später überflüssiges Wasser problemlos ablaufen kann.
Wer Saatscheiben kauft, legt sie in eine flache Schale und begießt sie mit Wasser. Dadurch werden sie zu kleinen Erdballen mit einer Vertiefung für das Saatgut. Wenn wir Saatscheiben nehmen, müssen wir die Gebrauchsanweisung auf der Verpackung genau befolgen.

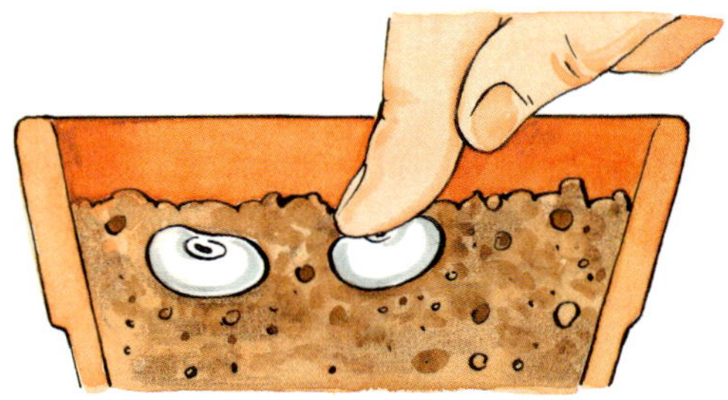

2. Nun füllen wir die Blumentöpfe oder die Joghurtbecher bis etwa 1 cm unterhalb des Randes mit Blumenerde. In jeden legen wir drei Körner von jeder Sorte nicht zu dicht nebeneinander und drücken sie ein wenig in die Erde. Sie sollten danach gerade bedeckt sein. Wir stellen die Töpfe in Untersetzern auf die Fensterbank und begießen die Blumenerde mit etwas Wasser.

3. Damit wir uns merken, welche Samen in welchem Topf sind, nehmen wir für jeden ein kleines Papierschild und kleben darauf das vierte Samenkorn. Dann spicken wir den Zettel auf einen Zahnstocher auf und stecken ihn in die Erde.

4. Es dauert nun einige Tage, bis die ersten hellgrünen Spitzen aus der Erde gucken. Sie kommen nicht alle gleichzeitig zum Vorschein, denn manche Arten brauchen etwas länger zum Keimen als andere. Und selbst innerhalb einer Sorte kann es Unterschiede geben.

5. Natürlich müssen wir zwischendurch immer wieder gießen. Wir achten darauf, daß die Erde zwar feucht, aber nicht zu naß ist.
Sind die Pflänzchen etwa 5 cm gewachsen, müssen wir die beiden kleineren herausrupfen. Nur so kann sich das kräftigste am besten weiterentwickeln.

Experimentieren

Getrocknete Erbsen

Wir füllen ein kleines Glas randvoll mit getrockneten Erbsen, stellen es auf einen Suppenteller und gießen nun bis oben hin Wasser hinzu. Schon nach einer Stunde können wir beobachten, wie sich ein kleiner Erbsenhügel über dem Glasrand gebildet hat. Zwei Stunden später kullern dann die ersten Erbsen auf den Suppenteller.
Wenn wir eine aufgequollene Erbse neben eine getrocknete legen, sehen wir, daß die gequollene viel dicker ist. Sie hat ja auch eine Menge Wasser aufgesogen. Da diese Erbsen mehr Platz brauchen als getrocknete, wird es im Wasserglas bald zu eng für alle, und die unteren Erbsen schieben die oberen hinaus.

Getrocknete Erbsen
Alter:
ab 4 Jahre
Teilnehmer:
allein oder in einer Gruppe
Material:
1 kleines Glas
getrocknete Erbsen
1 Suppenteller

Vorlesen

Felix und die weißen Bohnen

Iris Prey

Felix wurde von seiner Mutter losgeschickt, um eine Tüte weiße Bohnen zu kaufen. Sie hatte sie vergessen, und es sollte doch Eintopf geben.
Der Supermarkt war ganz nahe. Felix mußte nur durch einen kleinen Park gehen, und schon war er da.
Die Bohnen lagen in einem Regal neben getrockneten Erbsen und getrockneten Linsen. Der Junge nahm eine Tüte und bezahlte sie an der Kasse. Er bemerkte aber zuerst nicht, daß die Tüte ein kleines Loch hatte, sondern sah es erst, als einige der Bohnen auf dem Heimweg herunterfielen und an den Rand einer Pfütze rollten. Jetzt hielt Felix das Loch in der Tüte zu und ging weiter.
»Au«, sagten einige, »huch«, riefen andere weiße Bohnen. Dann rieben sie sich die Augen, gähnten und sahen einander verdutzt an. »Wie kommen wir denn hierher? Was machen wir hier?« fragten sie sich gegenseitig und waren plötzlich ganz aufgeregt. Sie sprachen durcheinander, so daß keine mehr die andere verstehen konnte. So ging es eine ganze Weile, bis sie auf einmal verstummten. Eine Taube kam auf sie zuspaziert, ein riesengroßer Vogel für so kleine Bohnen. Und zu ihrem Unglück fing sie nun an, eine Bohne nach der anderen aufzupicken und zu verspeisen.
Die übrigen liefen davon, so schnell sie nur konnten, und vergruben sich in der weichen Erde. Die Taube flog vor Schreck hoch, denn sie hatte noch nie laufende Bohnen gesehen.

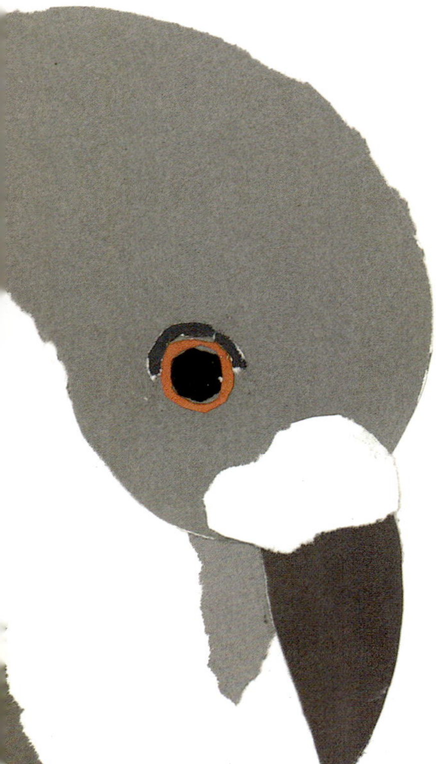

Unter der Erde wurde noch lange geflüstert und getuschelt, so lange, bis alle Bohnen in ihrem Versteck einschliefen. – So eine Aufregung macht ja auch sehr müde.

Die weißen Bohnen schliefen und schliefen, und eines Tages kamen an all den Stellen, wo sie sich vergraben hatten, grüne Blättchen aus dem Boden. Daraus wurden bald kleine Pflanzen. Sie wuchsen und wuchsen und fingen sogar an zu blühen. Dann aber fielen die Blüten ab, und es kamen kleine Hülsen zum Vorschein, die ganz flach und grün waren. Die Pflanze selbst hatte aufgehört zu wachsen. Jetzt wurden die Hülsen immer länger und dicker, und sie waren auch gar nicht mehr grün, sondern schon fast braun. Jede einzelne hatte so viele Bäuche, wie ein Mensch Finger an der Hand hat. Da wundert es nicht, daß die Hülsen allmählich platzten.

Zu dieser Zeit ging Felix wie so oft durch den kleinen Park, doch auf die Pflanzen am Wegrand hatte er bis dahin nie geachtet. Jetzt aber meinte er, ein Flüstern zu hören. Er blieb stehen, lauschte, ging auf die Pflanzen mit den Hülsen zu und sah etwas Weißes auf die Erde fallen. Es war eine Bohne.

Er nahm eine der aufgeplatzten Schoten in die Hand und entdeckte darin fünf weiße Bohnen. Da fiel ihm ein, er könnte sich einmal wieder Bohneneintopf zum Mittagessen wünschen.

Schokokußtiere

Schokokußtiere
Alter:
ab 6 Jahre
Teilnehmer:
allein oder in einer Gruppe
Zutaten:
Schokoküsse
heißes Wasser
Puderzucker
1 Frühstücksbeutel (oder fertige Zuckerschrift in Tuben)
Material:
dünner Karton
Pauspapier
Bleistift
Schere
Küchenmesser

Sie eignen sich ganz besonders als lustige Überraschung für einen Kindergeburtstag. Jedes Kind bekommt eines, das es später aufessen darf.

Ohren, Schnäbel, Schwänze, und die anderen Tierkörperteile übertragen wir vom Vorlagebogen auf weißen oder farbigen Karton und schneiden sie aus, um sie dann später in die Schokoküsse zu stecken.
Um die Augen, die Mäuler und die Nasen zu malen, nehmen wir Zuckerguß. Dann servieren wir die Schokokußtiere auf einem Tablett.

1. Wir müssen eine Tasse oder einen kleinen Topf mit heißem Wasser bereitstellen. Dahinein tauchen wir ein Küchenmesser. Mit seiner heißen Spitze schmelzen wir Schlitze in jeden Schokokuß, in die wir dann die Körperteile hineinstecken.

Würden wir ein Messer mit kalter Spitze nehmen, dann würde der Schokoladenüberzug splittern. Wir müssen es deshalb jedes Mal in das heiße Wasser tauchen, bevor wir einen Schlitz machen.

2. Zum Aufmalen der Gesichter brauchen wir Zuckerguß. Die Menge richtet sich nach der Anzahl und der Art der Schokokußtiere, die wir bemalen wollen. Wenn wir zwei bis drei Eßlöffel Puderzucker nehmen, wird das für den Anfang reichen. Wir können später immer noch mehr anrühren.

Wir geben den Puderzucker in eine kleine Schüssel, tröpfeln ganz wenig Wasser hinzu und verrühren beides so lange miteinander, bis eine glatte Masse – ohne Klümpchen – entsteht. Sie soll so dickflüssig wie Honig sein. Ist sie zu dünn, geben wir noch etwas Zukker hinzu, ist sie zu dick, dann brauchen wir noch wenige Tropfen Wasser.

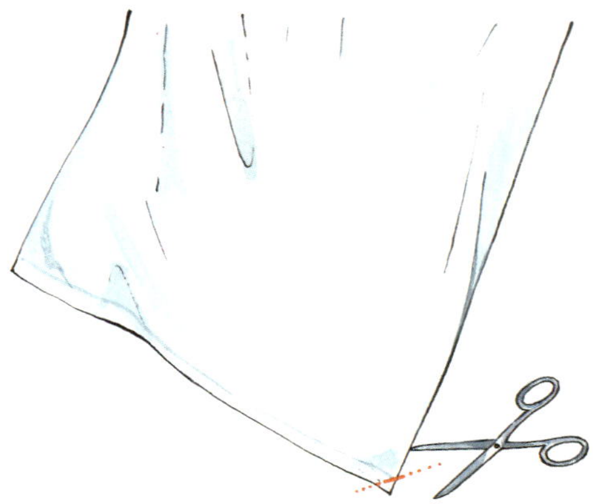

3. Den fertigen Zuckerguß füllen wir in eine Ecke eines Frühstücksbeutels und schneiden von ihm einen winzigen Zipfel ab, so daß ein sehr kleines Loch entsteht. Somit erhalten wir eine Tülle, und wenn wir den Beutel vorsichtig drücken, läuft der Guß in einem dünnen Faden heraus.

Bevor wir mit dem Bemalen der Schokoküsse für das Fest beginnen, sollten wir es an einem ausprobieren.

Ente
Das gelbe Schwänzchen schneiden wir dreimal ein, bevor wir es hineinstecken, der Schnabel wird orange, und die Augen sind wieder nur je ein Punkt.

Pinguin
Die Flügel schneiden wir aus schwarzem, den Schnabel aus orangefarbenem Karton aus. Als Augen malen wir jeweils nur einen Punkt.

Hase
Der Hase bekommt ockergelbe oder braune Ohren. Für Augen und Nase malen wir kleine Kreise und von der Nase ausgehend drei gerade Striche als Barthaare.

Affe
Wir nehmen braunen Karton. Mit Bleistift malen wir auf die runden Enden der Affenarme jeweils drei kleine Striche als Hand. Über die Augen spritzen wir eine umgekippte Drei, der Mund ist ein breiter Bogen.

Maus
Das Gesicht der Maus malen wir wie das des Hasen. Die Ohren schneiden wir aus grauem Karton aus.

Schwein
Das Schweinchen bekommt natürlich rosa Ohren. Dann malen wir zwei kleine, runde Nasenlöcher und als Nase ein größeres Oval. Die Augen sind zwei sehr kleine Punkte.

Teddy
Der Teddybär sieht dem Schweinchen ähnlich, nur daß er ockergelbe, runde Ohren bekommt und unterhalb der Nase eine lächelnde Schnauze hat.

Fisch
Das Fischmaul schneiden wir aus rotem Karton aus, für den Schwanz wählen wir eine beliebige Farbe. Das Auge malen wir groß und rund. Die Schuppen dürfen wir so bunt gestalten, wie wir es wollen.

Katze
Für die Katzenohren nehmen wir grauen, schwarzen oder ockergelben Karton. Die Augen malen wir als Kreise mit je einem senkrechten Strich. Der Schnurrbart sieht aus wie beim Hasen, darunter sitzt eine kleine Schnauze.

Elefant
Der Elefantenrüssel wird grau wie seine Ohren. Wir malen nur zwei Äuglein und das Maul.

Spielen

Geisterbahn

Ob wir einen Geburtstag feiern oder einfach nur zusammen mit Freunden spielen, ob drinnen oder draußen, wir können uns eine Geisterbahn mit einfachen Mitteln selbst bauen.

Geisterbahn
Alter:
ab 5 Jahre
(mitspielen früher)
Teilnehmer:
ab 4
Material:
Stühle, die zum Darunterdurchkriechen geeignet sind
(kleine Tische)
Luftschlangen
Wollfäden
Decken
Luftballons
Pappe
Finger- oder Wasserfarben
Pinsel
Schere
Bindfaden
Klebstoff
Für Geräusche:
leere Flasche
Kapselverschluß eines Kugelschreibers
Korken
Dose und getrocknete Erbsen oder Knöpfe
Luftballon

1. Wie lang unsere Geisterbahn wird, das hängt sowohl von der Anzahl der vorhandenen Stühle (oder der kleinen Tische) als auch von der Menge der Decken ab.
Wir reihen die Stühle so aneinander, daß ein Tunnel entsteht, der im Bogen verlaufen oder einen Knick machen kann. Letztendlich richtet sich der Aufbau nach der Räumlichkeit, die wir dafür zur Verfügung haben.
Jetzt probieren wir aus, ob man gut durch die Stühle hindurchkriechen kann. Andernfalls müssen wir noch ein bißchen umbauen.

2. Zwischen jeweils zwei Stühlen können wir auch einige Luftschlangen oder Wollfäden herunterhängen lassen. Sie kitzeln uns dann beim Durchkriechen im Gesicht. Bauen wir die Geisterbahn im Freien auf, darf auch mal die Wasserpistole zum Einsatz kommen.

3. Die Decken hängen wir so über die Stühle, daß sie den Boden berühren. So ist es innen zwar dunkel, aber wir können trotzdem noch genug sehen.

4. Als Dekoration brauchen wir Fratzen. Wir stellen sie aus aufgeblasenen Luftballons her, die wir mit finsteren Grimassen versehen, oder wir schneiden Gesichter aus Pappe aus, die wir mit Finger- oder Wasserfarbe anmalen. Die fertigen Ballons befestigen wir mit Bindfaden oder Klebeband am Eingang unserer Geisterbahn und verteilen sie auch innen.

5. Zu einer Geisterbahn gehören natürlich auch Geräusche: Wir können eine leere Flasche oder den Kapselverschluß eines Kugelschreibers nehmen und kräftig über die Öffnung pusten. Dadurch erzeugt man entweder einen ganz tiefen (Flasche) oder einen hohen Pfeifton (Kapsel). Wenn wir einen leicht angefeuchteten Korken an einer Flasche reiben, entsteht ein sehr hoher Quietschton. Ein ähnlich gespenstisches Geräusch können wir produzieren, wenn wir die Öffnung eines aufgeblasenen Luftballons auseinanderziehen. Auch die Flöte eines Wasserkessels eignet sich für ein Geisterkonzert. Das Klappern eines Skeletts machen wir so nach: Wir schütteln eine Dose, die wir mit getrockneten Erbsen oder einigen Knöpfen gefüllt haben.
Nicht zuletzt können wir auch unsere eigene Stimme einsetzen und mit einem gespenstischen »Huh huh« die Geisterbahnbesucher erschrecken.

Der Mai macht unsre
Welt erst schön.
Narzissen, Tulpen
kann man sehn.
Er zündet tausend
Lichter an –
goldgelb erblüht der
Löwenzahn.
Ist er verblüht,
so lernt er fliegen.
Die Schirmchen sich
im Winde wiegen.

MAI

Singen

Der Mai ist gekommen

Text: Emanuel Geibel
Melodie: J. Wilhelm Lyra

Der Mai ist gekommen
Alter:
ab 5 Jahre
Teilnehmer:
ab 4

Frisch auf drum, frisch auf drum im hellen Sonnenstrahl,
wohl über die Berge, wohl durch das tiefe Tal!
Die Quellen erklingen, die Bäume rauschen all;
mein Herz ist wie 'ne Lerche und stimmet ein mit Schall.

Rätsel

Der Wunderbaum

Jetzt ist die Zeit der Baumblüte. Da tragen die Obstbäume ein weißes oder rosa Kleid, und manchmal sieht es sogar so aus, als seien sie mit Schnee bedeckt.
Auch unser Apfelbaum steht in voller Blüte. Doch wenn wir ihn genauer betrachten, dann stellen wir fest, daß da etwas nicht stimmt. Wir lassen uns dabei genügend Zeit.

Sind das alles Apfelblüten? – Nein, denn zehn Blüten gehören nicht auf den Baum, sondern auf die Wiese oder ins Gartenbeet. Versuchen wir doch einmal herauszufinden, welche das sind.

Stiefmütterchen, Tulpe, Gänseblümchen, Schneeglöckchen, Heckenrose, Winde, Glockenblume, Butterblume, Veilchen, Kamille

Reime

Pusteblume

Pusteblume auf der Wiese.
Puste, puste, kleine Liese,
daß die weißen Segel fliegen,
sich im blauen Himmel wiegen.

Natur

Blumen fühlen

Blumen fühlen
Alter:
ab 3 Jahre
Teilnehmer:
ab 3
Material:
verschiedene Blumen
Vergrößerungsglas
Farben
Papier

Die Sonne scheint, da gehen wir nach draußen! Jetzt ist es überall richtig grün, und überall blüht es. Schauen wir uns doch einmal um!
Wir gehen in den Garten und pflücken einen Strauß von lauter verschiedenen Blumen. Oder wir machen einen Spaziergang und finden die verschiedensten Blumen am Rand von Wald oder Wiese. Aber Achtung: Einige Pflanzen stehen unter Naturschutz. Die dürfen wir auf keinen Fall pflücken!
Zu Hause stellen wir unseren Strauß gleich in eine Vase mit Wasser. Nun können wir uns die verschiedenen Blüten in aller Ruhe ansehen und herausfinden, wie vielfältig sie sind und wie sie sich in ihren Formen und in den Farben voneinander unterscheiden.
Wir schnuppern an den Blumen und stellen dabei fest, daß einige duften, andere nicht und manche können für unser Empfinden sogar etwas unangenehm riechen.
Wir befühlen Blüten und Blätter vorsichtig und entdecken dabei, daß manche samtig weich sind, andere hingegen rauh oder daß sie an den Fingern kitzeln. Dann legen wir sie unter ein Vergrößerungsglas, und wir erkennen nun die zarten Adern oder die winzigen Härchen.
Nachdem wir unsere Blumen jetzt lange genug betrachtet, befühlt und beschnuppert haben, sollten wir Buntstifte oder Wasserfarben nehmen und einzelne Blumen oder vielleicht auch nur ihre Farben nachmalen.

Experimentieren

Blumen färben

Blumen färben
Alter:
ab 3 Jahre
Teilnehmer:
allein oder in einer Gruppe
Material:
1 Glas mit Tinte
1 Glas mit Wasser
1 weiße Blume

Wenn wir eine weiße Blume in ein Tintenglas stellen, färbt sich ihre Blüte allmählich blau. Wir können dabei ganz genau beobachten, wie die Tinte in die feinen Äderchen der Blätter fließt. Auch hierbei lohnt es sich, die Blume durch ein Vergrößerungsglas zu betrachten. Noch aufregender zu beobachten ist es, wie sich nur eine Blütenhälfte blau färbt. Vorher muß uns allerdings ein Erwachsener helfen und den Blumenstengel mit einem scharfen Messer längs halbieren.
Wir stellen nun den einen Teil des Stengels in das Glas mit Tinte, den anderen in ein etwa gleich hohes Gefäß mit Wasser. Da die Tinte nur von einer Blumenhälfte aufgesogen wird, färbt sich auch nur diese blau.

Singen

Wir tanzen im grünen Gras

überliefert

Wir tanzen im grünen Gras
Alter:
ab 4 Jahre
Teilnehmer:
ab 4

Die Kinder stehen sich zu Paaren im Kreis gegenüber, fassen sich an beiden Händen an und hüpfen seitwärts. Bei »eins, zwei, drei« klatschen sie in die Hände. Bei »wir sind vergnügt«, hüpfen sie zurück und stampfen bei »eins, ...« mit den Füßen. Bei »ich drehe mich«, drehen sich die im Innenkreis stehenden Kinder, während die anderen im Takt dazu in die Hände klatschen.

Bei »dann hüpfen wir im Kreis herum«, hüpfen sie umeinander herum und halten sich dabei an den Händen.

Bei »drehst du dich«, drehen sich die im Außenkreis stehenden Kinder einmal herum, während die anderen in die Hände klatschen.

Bei »so geht es lustig, dideldum«, hüpfen die Kinder umeinander herum und halten sich dabei an den Händen.

Sandkuchen mit Verzierung

Sandkuchen mit Verzierung
Alter:
ab 1 Jahr
Teilnehmer:
allein oder in einer Gruppe
Material:
1 Blumenuntersetzer aus Kunststoff oder 1 Sandkuchenform
Sand
Gänseblümchen
eventuell kleine Steine

Vorm Muttertag geht es in vielen Kinderzimmern geheimnisvoll zu. Da wird gemalt und gebastelt, damit die Mutti ein ganz besonders schönes Geschenk bekommt.
Wer ein kleines Geschwisterchen hat, geht mit ihm in den Sandkasten, um einen schönen »Sandkuchen zu backen«. Wir nehmen einen Untersetzer für Blumentöpfe oder eine kleine Kuchenform, füllen sie mit Sand und drücken ihn gut fest.
Bestimmt wachsen Gänseblümchen in der Umgebung. Wir pflücken einige und verzieren nun unseren Kuchen damit. Zusätzlich können wir Steinchen sammeln, die wir dazwischensetzen. Damit die Blumen nicht so schnell verwelken, begießen wir den Sand mit Wasser.

Geschenkkatze

Geschenkkatze
Alter:
ab 5 Jahre
Teilnehmer:
allein oder zu zweit
Material:
dünner Karton
Schere
Pauspapier
Bleistift
1 dicker und 1 dünner schwarzer Filzstift

Diese Katze ist als Überbringer eines Fotos oder eines selbstgemachten Bildes gedacht.

1. Wir nehmen dünnen, farbigen Karton, auf den wir die Katze vom Vorlagebogen übertragen. Dann schneiden wir sie aus. Außerdem schneiden wir entlang der gepunkteten Linie vorsichtig zwei Halbkreise in den Karton. Das sind die Pfoten der Katze.

Mit einem dicken Filzstift malen wir Augen, Nase, Mund und außerdem jeweils drei kleine Linien auf die Pfoten. Die Schnurrbarthaare zeichnen wir mit einem dünnen Filzstift.

2. Ein Foto oder Bildchen, das die Katze halten soll, müssen wir so zuschneiden, daß es zwischen die beiden Pfoten paßt.

Herzblatt

Über dieses kleine Geschenk freut die Mutti sich bestimmt.
Wir brauchen dazu ein Lindenblatt, etwas rote Farbe und ein Geschenkbändchen. Da es ein paar Tage dauert, bis das Blatt in einem Buch getrocknet ist, müssen wir das Geschenk rechtzeitig vorbereiten.
Wo finden wir Lindenblätter und wie sehen sie aus? Vielleicht steht in unserer Straße ein Linde. Wir erkennen sie an ihren herzförmigen Blättern. Wenn es in unmittelbarer Nähe keine gibt, machen wir einen schönen Spaziergang, bei dem wir uns alle Bäume genau betrachten. Jeder hat eine andere Gestalt und andere Blätter. Häufig ähneln sie der Form des Baumes. Auch in der Farbe unterscheiden sich die Bäume voneinander. Im allgemeinen sind ihre Kronen grün, aber es gibt helle oder dunkle Töne, rötliches Laub oder Blätter, die im Sonnenlicht silbern glänzen. Die größte Vielfalt finden wir in einem Mischwald oder in einem Park.
Auf unserem Spaziergang sammeln wir von allen Baumarten je ein Blatt. Wir pflücken sie mit dem Stiel ab und geben sie in eine Tüte oder in eine Schachtel.
Zu Hause betrachten wir alle Blätter noch einmal ganz genau und finden sicherlich auch das herzförmige Lindenblatt. Nun pressen wir die Blätter wie auf Seite 102 beschrieben und müssen uns nun einige Tage gedulden, bis sie getrocknet sind.

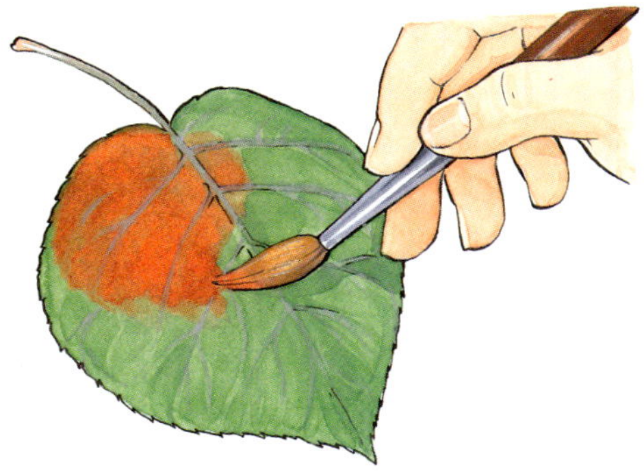

Das Lindenblatt malen wir mit Wasserfarbe rot an und legen es nach dem Trocknen noch einen Tag lang in das Buch zwischen Löschpapier. Da das Blatt beim Bemalen wieder Feuchtigkeit aufnimmt, würde es sich nämlich wellen, wenn wir es nicht nachpressen.

Wir binden ein Schleifchen um den Stiel, und fertig ist ein Geschenk, das von Herzen kommt.
Die anderen Blätter legen wir in eine flache Schachtel oder kleben sie auf ein Blatt Papier. Damit ausgerüstet, wiederholen wir unseren Spaziergang und versuchen, die entsprechenden Bäume wiederzufinden.

Herzblatt
Alter:
ab 3 Jahre
Teilnehmer:
allein oder in einer Gruppe
Material:
1 Lindenblatt für das Geschenk
andere Blätter zum Sammeln
rote Farbe
Pinsel
Löschpapier
1 dickes Buch
Geschenkbändchen

Spielen

Knopfhüpfen

Dieses Spiel können wir auf dem Fußboden oder am Tisch durchführen. Doch zuvor müssen wir dafür ein Spielbrett herstellen und die Spielsteine bekleben.

Knopfhüpfen
Alter:
ab 5 Jahre
Teilnehmer:
2 bis 6
Material:
1 Plakatkarton
2 Bleistifte
Faden
Lineal
Farbe
Pinsel
12 gleich große Knöpfe
Buntpapierreste
Schere

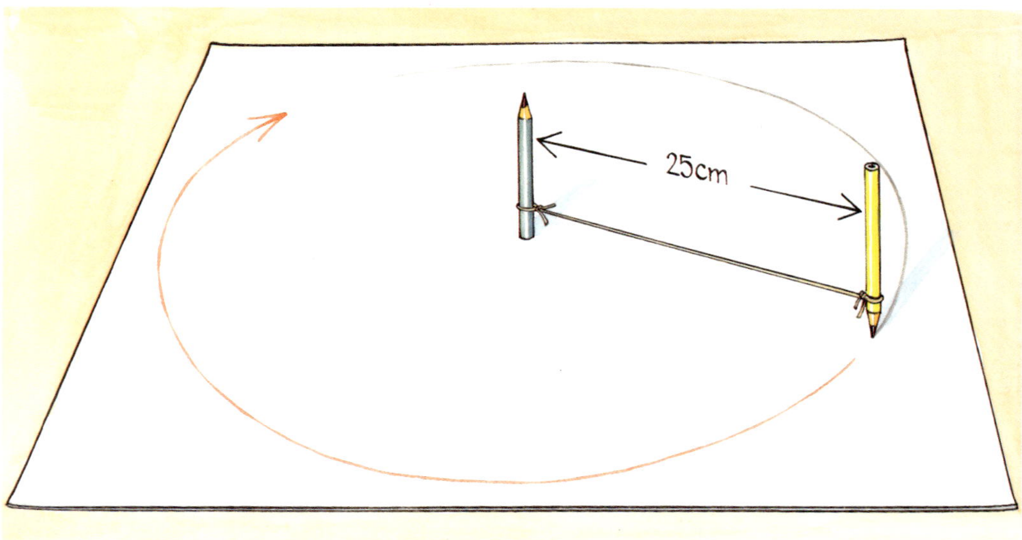

1. An einen Bleistift binden wir einen Faden, den wir auf etwa 30 cm abmessen und dann abschneiden. An das andere Fadenende binden wir einen zweiten Bleistift. Der Abstand zwischen beiden sollte jetzt etwa 25 cm betragen. Nun suchen wir mit dem Lineal die Mitte des Plakatkartons und markieren sie mit einem Punkt. Dann hält ein Kind einen der Bleistifte mit der stumpfen Seite auf dem Markierungspunkt fest, während das andere mit dem zweiten Bleistift einen Kreis zeichnet. Achtung: Der Faden muß dabei immer gespannt bleiben.

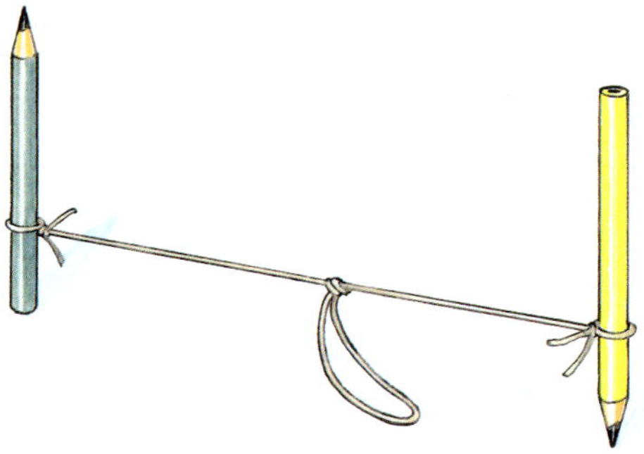

2. Wir verkürzen den Faden um etwa 7 cm, indem wir eine Schlaufe knoten. In derselben Weise wie zuvor zeichnen wir einen zweiten Kreis. Das wiederholen wir noch zweimal, so daß der kleinste der vier Kreise ungefähr 8 cm Durchmesser hat.

3. Die so entstandenen Ringe malen wir mit Wasserfarbe verschieden bunt an. Wer will, beschriftet jeden Ring mit einer gewissen Punktzahl, wobei der innere die höchste Zahl, der äußerste die niedrigste erhält.

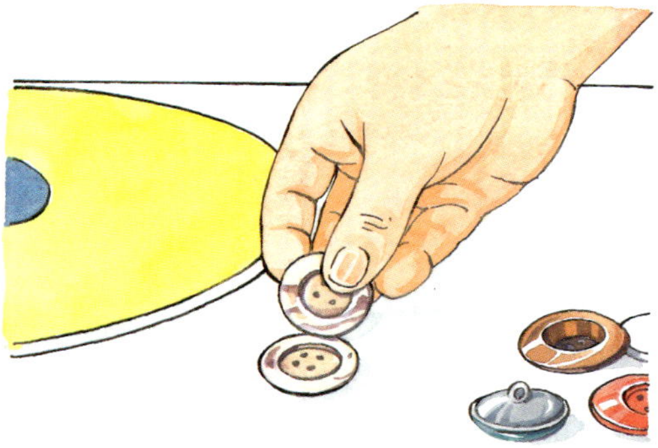

4. Während die Farbe trocknet, suchen wir uns zwölf gleichförmige Knöpfe von 1,5 – 2 cm Durchmesser, die hüpfen können. Dazu halten wir einen Knopf zwischen den Fingerspitzen fest und drücken damit auf den Rand des zweiten. Wenn dieser weghüpft, haben wir die richtigen Knöpfe ausgesucht.

5. Nun schneiden wir aus Buntpapier zwölf kleine Dreiecke oder Kreise aus, die auf die Knöpfe passen müssen. Wir brauchen jeweils zweimal dieselbe Farbe, also: zweimal Gelb, zweimal Grün und so weiter. Wir bekleben jeden Knopf mit einem Buntpapierzeichen. Und schon sind unsere Spielsteine fertig. Wenn inzwischen auch das Brett getrocknet ist, können wir gleich mit dem Knopfhüpfen beginnen.

Spielregeln

Jeder Spieler erhält ein gleichfarbiges Knopfpaar. Zum Start legen wir einen Knopf an den äußeren Rand des großen Kreises. Gehüpft wird, wie oben beschrieben. Das Hauptziel ist der innere Ring. Wer ihn nicht trifft, erhält aber trotzdem noch Punkte, wenn der Knopf auf einem der äußeren landet. Gespielt wird reihum im Uhrzeigersinn, und jeder Teilnehmer läßt seinen Knopf pro Runde einmal hüpfen.
Fällt dabei ein Knopf aufs »Gesicht«, so muß man einmal aussetzen. Entweder verabreden wir die Zeit der Spieldauer und rechnen dann die Punkte aus, oder wir legen eine bestimmte Zahl fest. Wer sie als erster erreicht, ist Sieger.

Basteln

Ordner für Kochrezepte

Ordner für Kochrezepte
Alter:
ab 3 Jahre
Teilnehmer:
allein oder in einer Gruppe
Material:
Pauspapier
Bleistift
Papier
Klebstoff
Schere
Filzreste
1 einfarbiger Ringordner

Ein schöner Ordner für Kochrezepte ist ein tolles Geschenk für diejenigen, die diese sammeln. Oder wir behalten ihn für uns selbst und »heften« unsere Lieblingsspeisen ab.

1. Wir pausen die verschiedenen Motive aus der Küchenwelt auf Papier ab und schneiden sie so aus, daß ein kleiner Rand um die einzelnen Zeichnungen herum stehenbleibt.

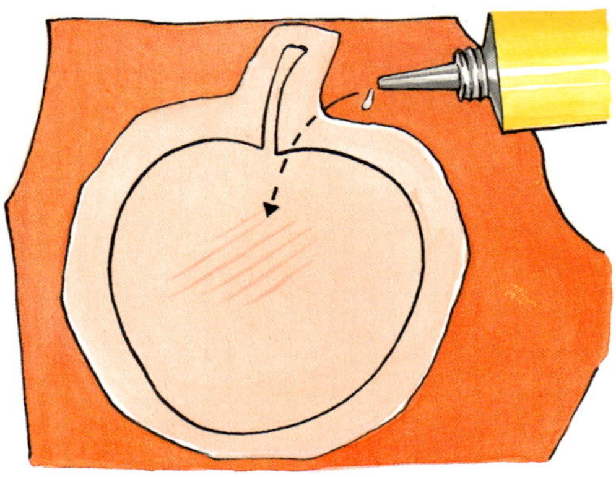

2. Nun befestigen wir sie mit ganz wenig Klebstoff auf Filzresten in den entsprechenden Farben: Gelb für eine Zitrone, Rot für Erdbeere und Tomate, Grün für Stiele und Blätter. Für Kochtopf, Eierbecher oder Fisch wählen wir eine beliebige Farbe.

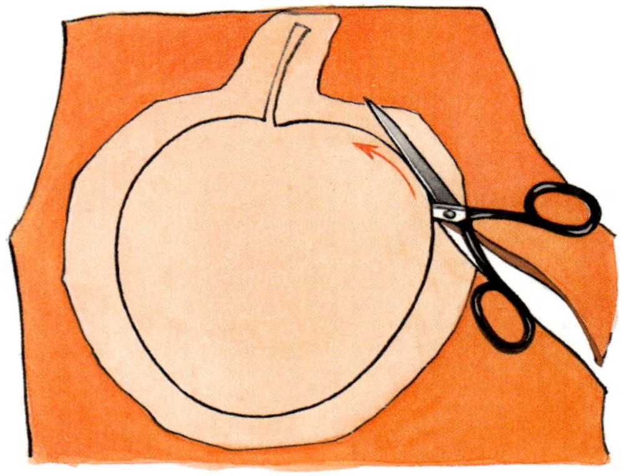

3. Jetzt schneiden wir den Filz zusammen mit dem Papier genau entlang der gezeichneten Linie aus und ziehen das Papier ab.
Wir legen alle Motive erst einmal auf den Deckel eines Ringordners und rükken sie so lange zurecht, bis uns die Zusammenstellung gut gefällt. Erst danach kleben wir ein Teil nach dem anderen auf.

Rezepte

Erdbeeren mit Zwieback

Wenn der Mai sehr viel Sonnenschein gebracht hat, dann können wir jetzt schon Erdbeeren ernten, die ersten reifen Früchte in heimischen Gärten. Hier zwei einfache, aber leckere Rezepte.

Den Zwieback bröckeln wir in die eine Schüssel. In die andere legen wir die gewaschenen und entstielten Erdbeeren, die wir mit einer Gabel zu Mus zerdrücken.
Wir schneiden eine Zitrone in der Mitte durch, pressen eine Hälfte aus und geben 1 Eßlöffel voll zum Erdbeermus. Dann fügen wir Zucker und Zimt hinzu, rühren das Mus gut durch und füllen es in die Schüssel mit den Zwiebackbröckchen.
Jetzt müssen wir uns 30 Minuten gedulden, damit das Ganze gut durchziehen kann. Danach füllen wir unsere Erdbeerspeise in die kleinen Schüsseln und sagen »guten Appetit«.

Erdbeermilch

Wir geben die Erdbeeren in ein Sieb und waschen sie gründlich unter fließendem Wasser.
Vier schöne Beeren legen wir beiseite, von den anderen zupfen wir die Stiele ab. Dann geben wir die Erdbeeren in eine Schüssel und streuen den Zucker darüber.
Jetzt zerdrücken wir die Früchte mit einer Gabel zu feinem Mus, geben ½ Glas Milch hinzu und verrühren das Ganze.
Diese Masse geben wir in einen großen Mixbecher, gießen die restliche Milch dazu und rühren alles noch einmal kräftig durch.
Die fertige Erdbeermilch füllen wir in vier Gläser. Als Garnierung stecken wir jeweils eine Erdbeere auf einen Schaschlikspieß, den wir quer über den Glasrand legen.

Erdbeeren mit Zwieback
Alter:
ab 4 Jahre
Teilnehmer:
2 bis 4
Zutaten für 4 Personen:
8 Scheiben Zwieback
1 kg Erdbeeren
4 EL Zucker
2 TL Zimt
1 EL Zitronensaft
Geräte:
Sieb
2 große Schüsseln
4 kleine Schüsseln
Gabel
Messer
Zitronenpresse

Erdbeermilch
Alter:
ab 4 Jahre
Teilnehmer:
2 bis 4
Zutaten für 4 Personen:
1 l Milch oder Sauermilch
250 g Erdbeeren
1 EL Zucker
Geräte:
Sieb
Schüssel
Gabel
Mixbecher
4 Gläser
4 Schaschlikspieße aus Holz

Einladungskarte

Einladungskarte
Alter:
ab 4 Jahre
Teilnehmer:
allein oder zu zweit
Material:
1 dünner roter Karton: etwa 22 cm lang und 10 cm hoch
1 dünner, grüner Kartonrest
Pauspapier
Bleistift
Schere
Klebstoff
Filzstift

Wenn wir ein kleines Erdbeerfest mit Freunden feiern wollen, dann laden wir sie mit einer selbstgebastelten Karte zum Schmaus ein. Dafür brauchen wir die Erdbeere und die Blätter von unserem Vorlagebogen.
Wir falten den roten Karton auf die halbe Länge zusammen (11 x 10 cm) und übertragen darauf die Erdbeere, so daß die gestrichelte Linie genau am Falz liegt. Für den Stiel mit seinen Blättern nehmen wir den grünen Karton.

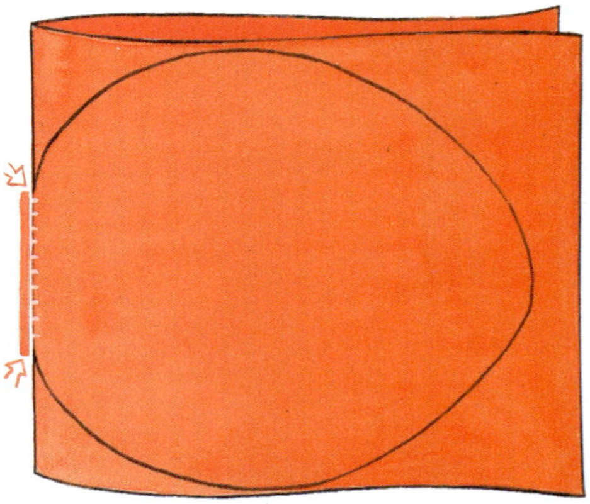

Dann schneiden wir beides aus. Bei der Erdbeere achten wir darauf, daß der Falz 2 cm lang bleiben muß, sonst fällt die Karte auseinander und läßt sich nicht mehr klappen.

Wir legen die Karte mit dem Falz nach links vor uns hin. Die Blätter kleben wir auf den oberen Rand. Dabei sollten die oberen Spitzen ungefähr $1/2$ cm über die Erdbeere hinausragen.

Mit einem dünnen schwarzen Filzstift malen wir lauter kleine »v« auf die rote Fläche, um das »Muster« einer Erdbeere anzudeuten.
Beim Schreiben der Einladung auf der Karteninnenseite hilft nun ein größeres Kind oder ein Erwachsener.

Erdbeerballons

Dicke Riesenerdbeeren als Dekoration geben die richtige Stimmung für das Erdbeerfest.

Wir blasen rote Luftballons auf, verknoten die Öffnung und malen mit dem schwarzen Filzstift kleine »v« auf die gesamte Fläche auf. Dabei halten wir den Ballon so, daß der Knoten nach oben zeigt.

Aus grünem Kreppapier schneiden wir pro Luftballon drei Streifen von 2 cm Breite zu, deren Enden spitz zulaufen sollen. Wir falten die Streifen auf halbe Länge zusammen und befestigen sie mit Klebeband nahe am Knoten (entweder so wie auf der Zeichnung oder wie auf dem Foto zu sehen).
Mit einer Heftzwecke können wir ein Kreppblatt an der Wand oder an der Decke anbringen. Oder wir binden einen Faden am Knoten des Luftballons fest und hängen diesen auf.

Erdbeerballons
Alter:
ab 4 Jahre
Teilnehmer:
allein oder in einer Gruppe
Material:
rote Luftballons
1 schwarzer Filzstift
grünes Kreppapier
Klebeband
Heftzwecken oder Faden

Erdbeerbommel

Erdbeerbommel
Alter:
ab 4 Jahre
Teilnehmer:
allein oder in einer Gruppe
Material:
rote und grüne Wolle
dünne Pappe
Bleistift
Schere
Stopfnadel

Diese Erdbeeren, die wir nicht essen, basteln wir aus roter und grüner Wolle und aus Pappe. Jeder Gast darf diese Tischdekoration behalten und mit nach Hause nehmen.

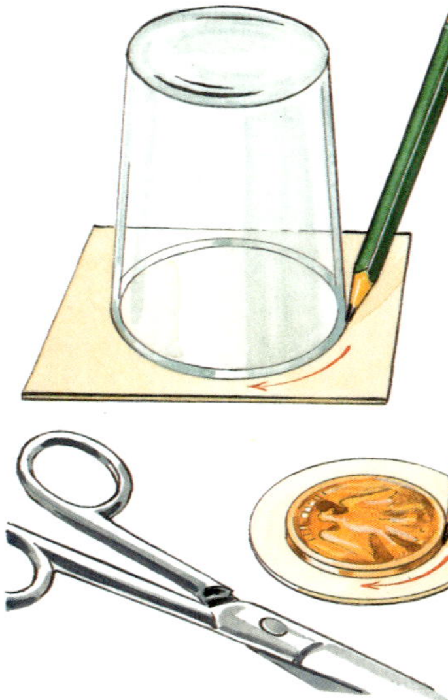

1. Mit Hilfe eines Trinkglases (oder einer Tasse) zeichnen wir zwei Kreise von etwa 6 cm Durchmesser auf dünne Pappe. Dann schneiden wir sie aus. In die Mitte legen wir jetzt ein 5-Mark-Stück, ziehen eine Linie drumherum und schneiden diesen Innenkreis aus. So erhalten wir zwei Pappringe.

2. Wir legen die beiden Ringe aufeinander und fädeln einen langen, roten Wollfaden so in eine Stopfnadel ein, daß er doppelt liegt. Nun beginnen wir die Ringe mit der Wolle zu umwickeln, wie es auf der Zeichnung zu sehen ist.

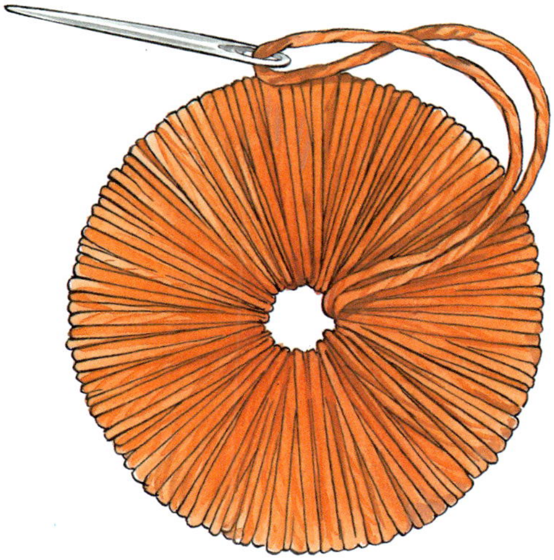

3. Wir umwickeln die Ringe dicht an dicht mit der Wolle. Ist der Faden aufgebraucht, nehmen wir einen neuen. Allmählich verkleinert sich das innere Loch, aber es dauert eine Weile, bis es ganz ausgefüllt ist.

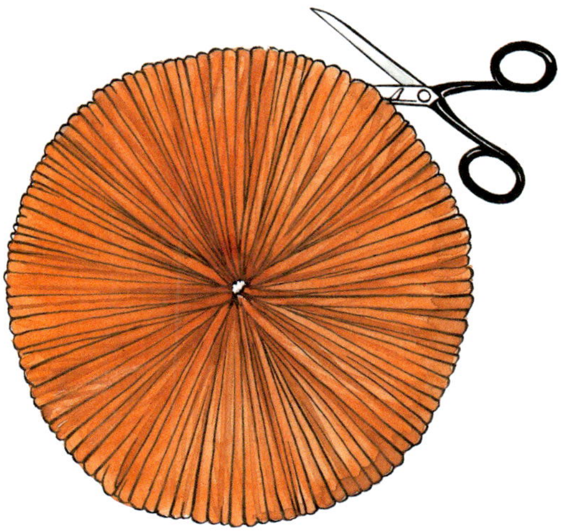

4. Sind wir mit dem Umwickeln fertig, schneiden wir mit einer spitzen Schere die Wolle am Außenrand entlang auf. Die einzelnen Wollfäden gehen dabei zu einem Bommel auseinander.

5. Wir legen einen vierfachen grünen Wollfaden zwischen die beiden Ringe und ziehen ihn zu einem Knoten zusammen. Die Pappe schneiden wir auf und ziehen sie anschließend vom Bommel ab.

6. Von der grünen Wolle bleibt eine lange Schlinge als Aufhänger bestehen. Die anderen binden wir nun zu zwei kleinen Schleifen, das sind die Erdbeerblätter.
Dann schneiden wir die untere Hälfte der Wollbommel so zurecht, daß eine abgerundete Spitze entsteht und die gesamte Form einer Erdbeere ähnelt.

Vorlesen

Die drei Schmetterlinge

nacherzählt von Ursula Barff

Es waren einmal drei Schmetterlinge: ein weißer, ein gelber und ein roter. An einem schönen Frühlingstag tanzten und spielten sie über der großen Wiese und versteckten sich in den Büschen. Sie waren so in ihr Spiel vertieft, daß sie gar nicht merkten, wie dunkle Wolken aufzogen und die Sonne verdunkelten. Plötzlich blitzte und donnerte es, und die ersten Regentropfen fielen.
Die drei Schmetterlinge mußten schnell Schutz vor dem Regen suchen. Sie flogen zu einer weißen Tulpe und sagten: »Laß uns bitte in deine Blüte, sonst werden wir ganz naß!« Die Tulpe antwortete: »Den weißen Schmetterling will ich gerne aufnehmen. Aber den roten und den gelben nicht.« Da sagte der weiße Schmetterling: »Ohne meine Freunde will ich auch nicht bei dir bleiben.« Und zusammen flogen sie weiter.

Sie kamen zu einer gelben Tulpe und fragten sie: »Willst du uns bei dir aufnehmen?« Die Tulpe antwortete: »Den gelben Schmetterling, der so aussieht wie ich, nehme ich gerne auf. Aber den weißen und den roten mag ich nicht.« Da wollte der gelbe auch nicht bleiben, und sie flogen zusammen weiter.
Inzwischen regnete es schon stärker und die Schmetterlinge konnten kaum noch fliegen. Da sahen sie eine rote Tulpe und fragten sie: »Willst du uns bei dir aufnehmen?« Die antwortete: »Den roten Schmetterling nehme ich gerne auf. Aber für den weißen und den gelben habe ich keinen Platz.« Da sagten die Schmetterlinge: »Dann wollen wir lieber zusammen naß werden!«
Das hörte die Sonne hinter den Wolken. Ihr taten die drei Freunde, die so fest zusammenhielten, leid. Sie schickte ihre Strahlen aus, die die Wolken durchbrachen und den drei Schmetterlingen ganz schnell die Flügel trockneten.
Vor Freude tanzten die drei für die Sonne ihren schönsten Schmetterlingstanz.

Gärtnern

Minigarten

Minigarten
Alter:
ab 4 Jahre
Teilnehmer:
ab 2
Material:
Pflanzenstecklinge (eventuell selbst gezogen)
Knoblauchzehe
Schalottenzwiebel
Obstkiste
Kunststoffolie
Erde
Schere
kleine Schaufel
Gießkanne

Etwa Mitte Mai, wenn es nachts keinen Frost mehr gibt, ist die richtige Zeit, um sich ein Beet anzulegen. Haben unsere Eltern einen Garten, so bekommen wir sicher ein kleines Fleckchen, das wir selbst bepflanzen dürfen. Aber auch auf einem Balkon können wir einen Minigarten anlegen.

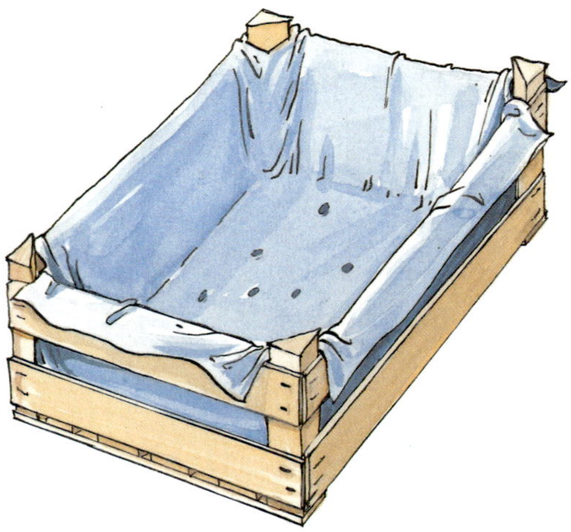

1. Wir brauchen eine hohe, stabile Obstkiste, die wir mit Kunststoffolie ausschlagen. Das kann eine dickere oder doppelt gelegte Abdeckfolie sein, die wir beim Malerei- und Tapezierbedarf bekommen. Oder wir schneiden einen festen Müllbeutel an einer Seite und am Boden auf und erhalten dadurch eine ausreichend große Folie. Diese legen wir so in die Obstkiste, daß ihre Ränder an allen vier Seiten etwas überstehen, so daß sie sich nach außen schlagen lassen. Dann befestigen wir sie mit einigen Heftzwecken.
In den Boden der Folie müssen wir eine Reihe Löcher bohren, damit überschüssiges Wasser ablaufen kann. Jetzt füllen wir die Kiste mit soviel Blumenerde, daß sie bis zwei oder drei Fingerbreit unterhalb des Randes reicht.

2. Bevor wir nun unser Beet oder unseren Miniaturgarten bepflanzen, sollten wir einen Wochenmarkt besuchen. Hier können wir Stecklinge kaufen. So heißen die Pflanzen, wenn sie noch ganz klein sind. Es gibt zum Beispiel verschiedene Sorten Salat, die wir auch einzeln bekommen. Für den Garten können wir drei Stecklinge nehmen, für die Obstkiste aber nur einen oder zwei, denn eine Salatpflanze wächst nach einer Weile zu einem beachtlichen Kopf heran. Wenn wir zu viele Stecklinge einsetzen oder sie zu dicht nebeneinander pflanzen, nehmen sie sich bald gegenseitig den Platz weg.
Außerdem bekommen wir fast jedes Gemüse und sehr viele Blumen als Stecklinge auf dem Markt. Es hängt nun von uns ab, ob wir vielleicht einen Kohlrabi ernten möchten oder lieber eine Tomatenpflanze oder ob wir uns für Blumen entscheiden.
Am besten fragen wir den Händler, was er uns für einen Miniaturgarten empfiehlt. Er kann uns auch sagen, in welchem Abstand die verschiedenen Pflanzen eingesetzt werden müssen, wieviel Wasser sie brauchen und ob sie einen sonnigen oder einen schattigen Platz besser vertragen.

3. Zum Pflanzen der Stecklinge graben wir ein kleines Loch in die Erde. Dort hinein gießen wir erst einmal Wasser. Dann halten wir das Pflänzchen mit einer Hand gerade so, daß die Wurzeln bis zum Ansatz des Blattwerkes in das Loch hineinreichen. Dieses füllen wir mit Erde auf und drücken sie rund um den Steckling an. So bekommt er Halt und fällt nicht wieder um. Zum Anfassen der Pflanze ist die Stelle in der Mitte gut geeignet, wo Wurzeln und Blätter zusammenhängen.

Wahrscheinlich lassen jetzt die neugepflanzten Stecklinge erstmal ihre Blätter hängen. Aber keine Sorge, bis zum folgenden Morgen haben sie sich mit genügend Nährstoffen aus der Erde gestärkt.

Haben wir Samen selbst gezogen, setzen wir die Pflänzchen jetzt auch nach draußen. Hier können sie besser weiterwachsen als drinnen im Topf. Und vielleicht bekommen sie ja Blüten und später auch noch Früchte, die wir ernten können.

In unserer Küche finden wir vermutlich auch Knoblauchzehen, Schalotten oder kleine Zwiebeln. Mit einem Stöckchen bohren wir ein Loch in die Erde, stecken nun eine Knoblauchzehe, eine Schalotte oder eine möglichst kleine Zwiebel hinein und füllen das Loch wieder mit Erde. Je nachdem wie das Wetter ist, dauert es einige Tage oder eine Woche, bis die ersten grünen Spitzen aus der Erde kommen. Sie wachsen zu länglichen Blättern heran, die wir kleingeschnitten wie Schnittlauch auf dem Butterbrot essen können.

Natürlich dürfen wir nicht vergessen, unser Beet oder unseren Miniaturgarten auf dem Balkon zu gießen. Wenn es sehr warm ist, haben auch die Pflanzen jeden Tag Durst und brauchen Wasser.

Wer viel gärtnert, erlebt es immer wieder einmal, daß eine Pflanze nicht anwächst oder daß sie verwelkt. Das soll uns aber nicht entmutigen, denn auch bei der sorgfältigsten Pflege kann das sogar dem erfahrensten Gärtner passieren.

In einem Gartenbeet können wir sogar für die Vögel eine kleine Tränke bauen. Wir graben einen ausgedienten Suppenteller oder einen großen Blumenuntersetzer bis zum Rand ein und legen einen Stein in die Mitte, auf dem ein Vogel sitzen kann. Dann füllen wir Wasser hinein.

Indianerdorf

Indianerdorf
Alter:
ab 2 Jahre
Teilnehmer:
ab 2
Material:
Zweige
Gummiringe

Indianer spielen ist immer eine feine Sache, die Mädchen und Jungen gleichermaßen Spaß macht.
Die kleinen Sandkastenindianer können sich aus einfachen Zweigen ein ganzes Dorf errichten und die Bewohner und die Tiere aus Korken basteln.
Unter jedem Baum liegen genügend abgebrochene Zweige, die sich für ein Indianerzelt eignen. Wir brauchen also keine abzureißen.
Pro Zelt sammeln wir nun fünf gerade Zweige von 25 – 30 cm Länge. Wir halten sie so zusammen, daß die Enden auf einer Seite gleich lang sind. Um die andere Seite wickeln wir einen Gummiring so oft herum, daß die Zweige nicht mehr auseinanderrutschen können.
Zum Aufstellen im Sand oder auf der Wiese ziehen wir die unteren Enden so auseinander, daß sie etwa einen Kreis bilden.

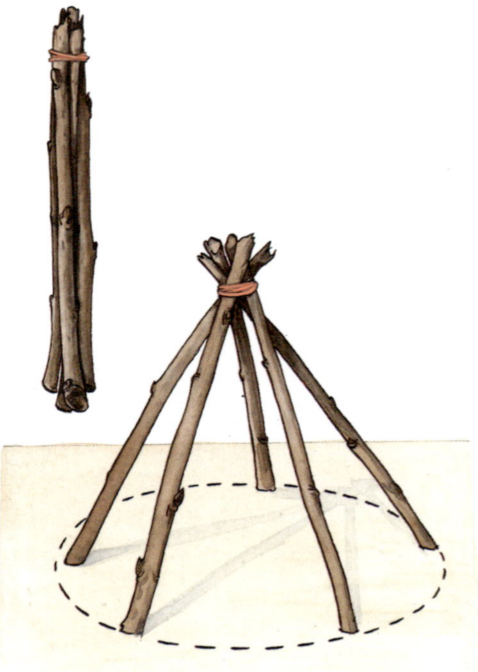

Indianer und Pferde

1. Für einen Indianer schneiden wir zwei Scheiben von etwa 1 cm Dicke von einem Korken ab.
Wir brechen drei Zahnstocher in der Mitte durch, stecken jeweils das eine Ende davon in den Rand der Korkscheibe, und das andere in die obere Seite eines ganzen Korkens. So haben wir Körper und Kopf miteinander verbunden.
Wenn wir es nicht schaffen, die stumpfe Seite des Zahnstochers in den Korken zu stecken, sollten wir ein Loch mit einer dicken Stopfnadel vorbohren.
Als Beine stecken wir zwei Zahnstocherhälften in die untere Seite des Korkens und nehmen als Fuß die zweite abgeschnittene Korkscheibe.
Jetzt fehlen nur noch die Arme. Dafür stecken wir je einen halben Zahnstocher links und rechts schräg in den Oberkörper hinein.
Indianerkinder stellen wir auf dieselbe Weise her, nur daß wir für den Körper einen kürzeren Korken nehmen oder aber ein Stück von einem längeren abschneiden.

2. Für ein Pferd brauchen wir wieder drei in der Mitte durchgebrochene Zahnstocher, einen ganzen Korken und ein etwa 2 cm langes Korkstück. Vier Zahnstocherhälften stecken wir als Beine etwas schräg in die Längsseite des Korkens. Einen halben Zahnstocher schieben wir als Schwanz schräg nach unten in die hintere runde Seite und eine weitere Hälfte schräg nach oben als Hals. Darauf setzen wir den Kopf des Pferdes.

3. Wenn wir ein Pferd mit Reiter anfertigen wollen, dann bekommt dieser einen etwas kürzeren Körper als ein stehender Indianer und schräg nach außen gestellte Beine. Wir befestigen ihn mit einem kurzen Zahnstocherstück auf dem Pferderücken.

Indianer und Pferde
Alter:
ab 4 Jahre
Teilnehmer:
allein oder in einer Gruppe
Material:
Korken
Küchenmesser
Zahnstocher
Küchenbrett als Arbeitsunterlage
dicke Stopfnadel

Basteln

Schiff und Schwimmtiere

Schiff und Schwimmtiere
Alter:
ab 4 Jahre
Teilnehmer:
allein oder in einer Gruppe
Material für Schiff und Ente:
je 1 Stück weißes und gelbes Papier
Schere
Lineal
Bleistift
2 Zahnstocher
2 Korken
2 Schrauben
Pauspapier
Küchenmesser
Küchenbrett als Arbeitsunterlage

Schiff

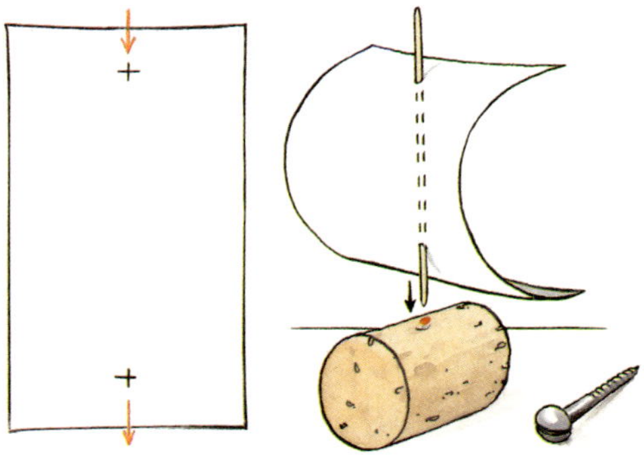

Für das Segel des Schiffes schneiden wir aus weißem Papier ein Rechteck von 5 x 9 cm aus. Jeweils etwa 1 cm vom schmaleren Rand entfernt stechen wir mit einem Zahnstocher ein Loch in das Papier, das wir so auf den Zahnstocher aufziehen, daß es einen Bogen bildet. Diesen Schiffsmast befestigen wir in der Mitte eines Korkens. Damit das Schiff nicht umkippen kann, drehen wir eine Schraube in die Unterseite ein.

Ente

Wir übertragen die Ente vom Vorlagebogen auf gelbes Papier und schneiden sie aus. Mit dem Küchenmesser kerben wir die Längsseite eines Korkens etwa 1 cm tief ein. Da hinein stecken wir die Ente bis zur gestrichelten Linie. Damit sie auf dem Wasser nicht umkippt, drehen wir in die Unterseite des Korkens eine Schraube als Gegengewicht so weit ein, daß sie gerade gut festsitzt. Kippt die Ente dennoch um, nehmen wir eine größere Schraube.

Wasserschlange

1. Für den Körper der Wasserschlange brauchen wir acht bis zehn Korken, für den Kopf benötigen wir einen Sektkorken.
Mit einem Küchenmesser schneiden wir in jeden Korken vier Kerben, die einander jeweils gegenüberliegen.

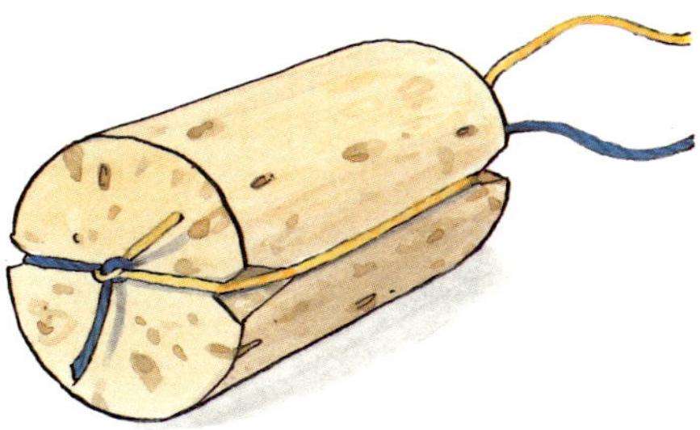

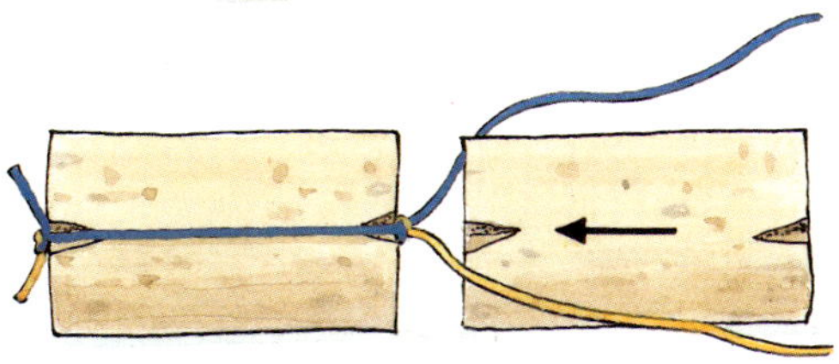

2. Nun knoten wir zwei lange, verschiedenfarbige Wollfäden an einem Ende zusammen und legen sie so um den ersten Korken herum, daß der Knoten sich in der Mitte einer runden Seite befindet.

Dann führen wir die Fäden durch die Kerben um den Korken herum. So können sie nicht abrutschen. Auf der gegenüberliegenden runden Seite machen wir wieder einen Knoten. An diesen halten wir den zweiten Korken, führen die Wollfäden durch seine Kerben bis zur gegenüberliegenden runden Seite und knoten die Fäden erneut zusammen.

3. Wenn wir alle Korken für den Körper in dieser Weise miteinander verbunden haben, bringen wir den Sektkorken als Kopf an. Wir knoten die Fäden ein letztes Mal zusammen und schneiden die überstehenden Enden ab. An der Wolle befestigen wir einen längeren Nylonfaden als Zugschnur. Bewegen wir die Schlange damit durchs Wasser, dann sieht es so aus, als würde sie von allein schwimmen.

Wasserschlange
Material:
8 bis 10 Weinkorken
1 Sektkorken
Küchenmesser
Küchenbrett als Arbeitsunterlage
Wollfäden
1 langer Nylonfaden als Zugschnur

Sommerfest in Kaspershausen
Alter:
Spieler ab 6 Jahre
Zuschauer ab 3 Jahre
Teilnehmer:
1 Puppenspieler für den 1. bis 4. Akt
1 weiterer Puppenspieler für den 5. Akt
für eine große Zuschauerzahl geeignet
Material:
1 Luftballon pro Zuschauer zum Verschenken

Spielfiguren:
Kasper
Polizist
Gretel
Räuber

Requisiten:
4. Akt: 1 Karton
5. Akt: 1 Karton einige unaufgeblasene Luftballons und einige nicht zu groß aufgeblasene an einer Schnur je 1 Nagel rechts und links vom oberen Bühnenrand

Hintergrundbilder:
1. Akt: geschlossener Vorhang
2. Akt: geschlossener Vorhang oder Dorf
3. Akt: Dorf
4. Akt: Wald
5. Akt: Dorf

Spielhinweise:
Alle wichtigen Spielhinweise finden wir als Regieanweisungen im Text

Theaterspielen

Sommerfest in Kaspershausen

gekürzte Fassung
Ursula Lietz

1. Akt

Kasper: Hallo Kinder, guten Tag! Habt ihr schon gehört? Heute ist Sommerfest bei uns in Kaspershausen. Dazu sind alle Leute aus dem Dorf eingeladen. Es gibt Wettspiele, Kuchen, Würstchen, aber was erzähl' ich denn? Ich habe doch gar keine Zeit, denn ich muß mit der Gretel und dem Seppel noch den ganzen Dorfplatz schmücken. Herr Neunmalschlau, der Bürgermeister, hat extra 1000 bunte Luftballons bestellt. Eine große Kiste voll. Die müssen alle noch aufgeblasen und aufgehängt werden. Bis zwei Uhr soll alles fertig sein. Tschüß Kinder, bis gleich! *(Während er abgeht:)* Ich muß noch nachsehen, ob Großmutters Erdbeerkuchen fertig ist.

2. Akt

Polizist: *(läuft die ganze Zeit beim Sprechen hin und her, gestikuliert wild mit den Armen, bringt die Worte vor lauter Aufregung kaum heraus)* Oje, oje, so was aber auch! So eine Unverschämtheit! Unser schönes Fest, um zwei Uhr sollte es losgehen. Jetzt fällt sicher alles ins Wasser!

Gretel: *(kommt von der anderen Seite)* Aber, aber, was hat Ihnen denn die Petersilie verhagelt? So eine Laune zum Sommerfest!

Polizist: Sommerfest? Aber das ist es ja gerade!

Gretel: Was? Wie? Das verstehe ich nicht. Ihr, Kinder? Was ist denn los?

Polizist: Die Kiste ist weg!

Gretel: Welche Kiste? Nun reden Sie schon, ich bin mit Kasper und Seppel am Dorfplatz verabredet. Wir müssen schmücken!

Polizist: *(schlägt die Hände vors Gesicht)* Oje, das ist es ja!

Gretel: *(ungeduldig)* Was denn schon wieder? Ich verstehe kein Wort.

Polizist: Die Kiste mit den Luftballons ist weg! Sie ist gestohlen worden. *(Er setzt sich erschöpft und keuchend hin.)*

Gretel: Was? Das ist ja entsetzlich! Wer tut denn so was? Das muß ich sofort dem Kasper erzählen. Sagen Sie inzwischen dem Bürgermeister Bescheid. *(Sie laufen in entgegengesetzte Richtungen weg. Schon hinter der Bühne, hört man Gretel noch.)* Was machen wir denn jetzt bloß?

3. Akt

Kasper: Was erzählst du da? Ein Sommerfest ohne Luftballons? Nicht möglich!

Gretel: Wer kann die Kiste nur haben? Kinder, habt ihr vielleicht eine Idee?

Kasper: Tja, alle Dorfbewohner sind eingeladen. Davon war es bestimmt keiner. Halt, ich hab's! Der Räuber Pfefferkopf! Der ist sicher beleidigt, weil ihn keiner eingeladen hat, und jetzt will er sich an uns rächen. Natürlich! Ich werde gleich mal zu ihm gehen und gucken, ob ich recht habe. Vielleicht kann ich noch etwas retten.

Gretel: Meinst du, das nützt was? Wenn er sie wirklich hat, gibt er sie niemals freiwillig wieder heraus!

Kasper: Abwarten! Ich hab' da so eine Idee. Bis gleich! *(Er geht winkend ab.)*

Gretel: *(geht langsam ab, währenddessen kopfschüttelnd)* Ich bin ja mal gespannt. Um zwei kommen schon die ersten Gäste.

4. Akt

Kasper: So, hier ist das Revier des Räubers. Eigentlich müßte er gleich auftauchen. Mal sehen, ob ich ihn hereinlegen kann.

Räuber: *(kommt von der anderen Seite, sieht den Kasper, versteckt einen Karton hinter seinem Rücken und fragt drohend:)* Was willst du hier?

Kasper: Hallo Pfefferkopf! Ich wollte dich zu unserem Sommerfest heute nachmittag einladen.

Räuber: *(brummig)* Was hab' ich damit zu schaffen? Sonst wollt ihr mich ja auch nicht dabeihaben.

Kasper: Ich dachte nur, du wolltest vielleicht den wertvollen Preis gewinnen.

Räuber: *(nervöse Gesten)* Preis? Welchen Preis?

Kasper: Ja hast du denn nichts davon gehört? Wer um zwei Uhr die meisten Luftballons zum Dorfplatz bringt, aufbläst und aufhängt, der bekommt den Preis! Aber wenn du keine Lust hast . . .

Räuber: *(leise sich umguckend)* Luftballons, Preis? Aber da könnte ich ja – hahaha *(dreht sich zu seinem Karton um)*, tschüß Kasper! *(stammelnd)* Ich habe eine Idee, äh, ich meine, ich habe jetzt gar keine Zeit mehr, weil ich noch was Wichtiges vorhab'! *(Er geht mit dem Karton ab.)*

Kasper: Hahaha! Kinder, habt ihr auch gesehen, was der Pfefferkopf da versteckt hat? Wetten, daß in dem Karton die Ballons waren? Aber den haben wir schön drangekriegt. Der kommt bestimmt gleich Punkt zwei Uhr zum Dorfplatz, haha. Und die Arbeit mit dem Schmücken haben wir auch nicht mehr, haha! Auf das Gesicht bin ich mal gespannt! *(Er geht ab.)*

5. Akt

Gretel: Hallo Kasper, da bist du ja wieder! Ohne Luftballons?

Kasper: Die werden um zwei Uhr eintrudeln.

Gretel: Aber das ist zu spät! Wir müssen sie doch noch alle aufblasen und aufhängen. Und wer soll sie überhaupt bringen?

Kasper: Laß dich nur überraschen.

Gretel: *(schüttelt den Kopf)* Das verstehe ich nicht.

Kasper: *(zeigt auf den Räuber, der mit dem Karton die Bühne betritt)* Da schau, da kommen die Luftballons – und sogar noch zu früh!

Räuber: *(hastet zur Mitte, stellt den Karton ab, tut so, als würde er die Luftballons aufblasen, indem er sich jedesmal unter den Bühnenrand bückt und pustet. Er keucht und stöhnt immer mehr. Zum Schluß befestigt er die schon vorher an eine Schnur gebundenen Ballons an zwei Nägeln oberhalb der Bühne.)* So, fertig!

Kasper: *(hat, während der Räuber arbeitete, mit der Gretel geflüstert und geht nun auf ihn zu)* So, nun wissen wir, daß du die Luftballons gestohlen hast! Weil du uns aber so schön beim Schmücken geholfen hast, wirst du nicht bestraft und darfst sogar mitfeiern, wenn du willst.

Räuber: Was soll das heißen? Ich bekomme keinen Preis? Du hast mich also reingelegt! Belogen und betrogen, du Schuft, du gemeiner! *(während er abgeht)* Oh bin ich dumm! So ein Schurke! Ich hätte es mir denken können . . .

Kasper: Jetzt ist ja alles wieder in Ordnung, und das Fest kann losgehen. Wollt ihr mitfeiern, Kinder? Dann darf sich jeder bei uns einen Luftballon abholen. Der Pfefferkopf hat genug aufgeblasen. Dann mal los.

Im Juni fängt der Sommer an,
und jeder endlich baden kann.
Ob Strandbad oder Baggersee:
hinein ins Naß mit viel Juchhe! –
Wer will, zieht feste Schuhe an
und wandert durch den dunklen Tann.

Malen

Kartoffeldruck Marienkäfer

Kartoffeldruck Marienkäfer
Alter:
ab 5 Jahre
Teilnehmer:
allein oder zu zweit
Material:
Kartoffeln
Küchenmesser
Pinsel
für Karten oder für Geschenkbänder:
rote Wasserfarbe
schwarzer Filzstift
dünner weißer Karton
Schere
für T-Shirts:
rote Stoffarbe
schwarzer Wäsche- oder Stoffmalstift
weißer Stofflappen
Papierbogen
weiße T-Shirts

Ein Marienkäferchen landet auf der Hand, erklimmt mit kitzelnden Beinchen einen emporgestreckten Finger und fliegt dann davon. Wir haben aber noch seinen roten Körper mit den markanten schwarzen Punkten ganz genau vor Augen.
Wir wollen nun Karten, Geschenkbänder und lustige T-Shirts mit Marienkäfermotiven bedrucken.

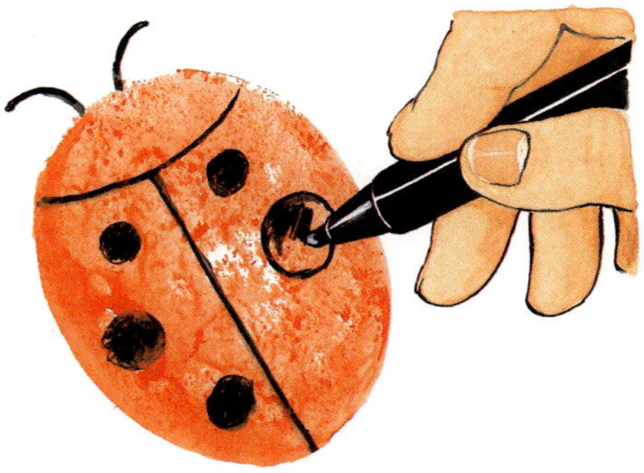

Karten
Wir nehmen eine ovale, möglichst ebenmäßig gewachsene Kartoffel und schneiden sie der Länge nach in der Mitte durch. Mit einem dicken Pinsel tragen wir rote Wasserfarbe gleichmäßig auf die Schnittfläche auf und drükken das Oval auf dünnen weißen Karton. Für jeden Käfer pinseln wir erneut Farbe auf die Kartoffel.

Wenn die Farbe richtig durchgetrocknet ist, malen wir mit einem schwarzen Filzstift eine gebogene Linie für den Kopf und eine senkrechte als Körpermitte. Zudem zeichnen wir zwei kleine Fühler sowie auf jeden Flügel zwei oder drei Punkte.
Wir schneiden den Karton mit den fertigen Käfern als kleine Geschenk- oder Tischkarten zu.

Geschenkbänder

Breites Geschenkband aus Stoff läßt sich ebenfalls gut bedrucken. Wir brauchen dafür entweder eine sehr kleine Kartoffel, oder wir schneiden von einer größeren eine Kappe ab.
Das bedruckte Band können wir für eine Geschenkverpackung nehmen, es aber auch als Haarschleife oder als Halsschmuck für ein Stofftier oder für eine Puppe verwenden.
Gewaschen werden darf das Band aber nur, wenn wir für den Druck Stoffarbe benutzt haben.

T-Shirts

Wir brauchen weiße T-Shirts – sie müssen nicht neu sein –, die wir mit roter Stoffarbe bedrucken. Diese läßt sich genauso verarbeiten wie Wasserfarbe, nur müssen wir sie nach dem Trocknen überbügeln, damit sie später nicht herausgewaschen wird. – Auf jeden Fall lesen wir zuvor die Gebrauchsanweisung auf der Verpackung durch.
Da Stoff die Farbe anders annimmt als Papier, müssen wir unbedingt einen Probedruck auf einem weißen Lappen machen. Erst wenn wir mit dem Ergebnis zufrieden sind, beginnen wir mit dem T-Shirt.

Wir legen das T-Shirt glatt auf die Arbeitsfläche und schieben unter die Stellen, die wir bedrucken wollen, einen Bogen Papier. Das ist wichtig, denn sonst würde sich auch das Rückenteil verfärben.
Wir können die Käfer in einer Reihe oder kreuz und quer über das T-Shirt »laufen« lassen. Besonders reizvoll wirkt es, wenn wir mit einer großen und mit einer kleinen Kartoffel drucken, denn so entsteht eine Käferfamilie.
Anschließend nehmen wir den Papierbogen vorsichtig ab, und wir hängen das T-Shirt auf. Die Farbe muß sehr gut getrocknet sein, bevor wir mit dem Wäschestift Punkte und Linien aufmalen. Dabei dürfen wir nur ganz leicht aufdrücken, da sich der Stoff sonst verschiebt. Auch hierfür legen wir wieder Papier zwischen Vorder- und Rückenteil des T-Shirts, damit das Rückenteil sich nicht verfärbt.

Postkartentrick

Postkartentrick
Alter:
ab 5 Jahre
Teilnehmer:
allein oder zu zweit
Material:
1 Postkarte
Schere

Wer seine Freunde mit einem Zaubertrick verblüffen will, der braucht dazu eine Postkarte und eine Schere; und er muß sich gut merken, wie geschnitten wird.
Wir zeigen die Postkarte und behaupten, daß wir den Kopf hindurchstecken können. – Das wird uns niemand glauben, der diesen Trick nicht kennt.
Nun falten wir die Karte auf halbe Breite zusammen und schneiden sie so ein, wie es oben zu sehen ist.
Beim vorsichtigen Auseinanderziehen erhalten wir einen zusammenhängenden Zickzackstreifen, der selbst über den dicksten Kopf paßt.

Das Köfferchen

Das Köfferchen
Alter:
ab 4 Jahre
Teilnehmer:
allein, mit viel Publikum
Material:
1 Köfferchen

Das kürzeste Theaterstück der Welt kann auch schon der kleinste Schauspieler aufführen. Für dieses Solo ist nur ein Köfferchen notwendig.
Das Kind betritt die »Bühne« mit dem Koffer in der Hand, setzt ihn ab, verbeugt sich und beginnt so:

»Das Köfferchen. Vorgetragen von ... *(Name des Kindes)*
Das Köfferchen ... äh ... Das ...«
Das Kind tut so, als hätte es den Text vergessen und ist verlegen. Aber plötzlich fängt es an zu strahlen, nimmt das Köfferchen in die Hand und sagt:
»Das Köfferchen. Weggetragen von ... *(Name)*«
und geht ab.

Singen

Vöglein fliegen aus dem Busch

mündlich überliefert
Noten: Ursula Barff

Vöglein fliegen aus dem Busch
Alter:
ab 3 Jahre
Teilnehmer:
ab 3

2. Mäuslein klopfen in dem Loch.
Poch, poch, poch, poch, poch, poch.
Mäuslein klopfen in dem Loch.
Poch, poch, poch, poch, poch, poch.

3. Und wir Kinder tanzen froh.
So, so, so, so, so, so.
Und wir Kinder tanzen froh.
So, so, so, so, so, so.

Alle Kinder bewegen sich frei im Raum oder auf der Wiese und singen das Lied. Während der ersten Strophe ahmen wir mit Händen und Armen den Vogelflug nach: Wir flattern und fliegen herum, wobei wir darauf achten, daß wir einander nicht umwerfen; Vögel sind nämlich sehr geschickt und können einen Zusammenstoß auch noch im letzten Augenblick verhindern.
Wenn wir in der zweiten Strophe die Mäuse sind, kauern wir uns zusammen und klopfen mit den Knöcheln der Zeigefinger auf den Boden.
Zur dritten Strophe tollen und hüpfen wir als Kinder herum.

Basteln

Kino für Kinder

Kino für Kinder
Alter:
ab 2 Jahre
Teilnehmer:
ab 3 oder in einer Gruppe
Material:
5 – 10 gleich große Papierbogen
Buntstifte
durchsichtiges Klebeband
Plakatkarton
Papiermesser
Lineal
Schere
1 Pappkarton

Vielleicht kommen wir von einem Besuch im Zoo oder von einem Ausflug zurück und wollen unsere Eindrücke malen. Damit wir unsere Bilder – etwa fünf bis zehn – später problemlos als »Film« aneinanderreihen können, müssen wir sie gleich groß im Querformat zeichnen.

1. Wir legen zwei Bilder mit den schmalen Kanten aneinander. Dann beschweren wir sie mit einem Gegenstand, damit sie nicht verrutschen können, und kleben sie mit einem langen Streifen Klebeband zusammen. Die überstehenden Enden fixieren wir anschließend auf der Rückseite. Genauso befestigen wir die übrigen Bilder an den beiden ersten.

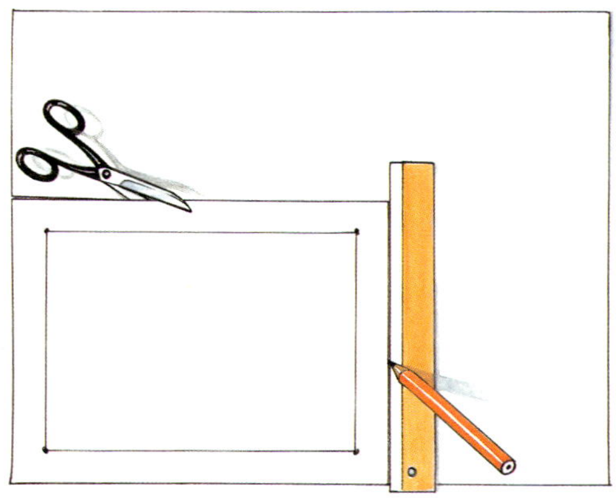

2. Jetzt fertigen wir den Bildschirm an. Dazu legen wir ein einzelnes Blatt Papier so auf die Rückseite des Plakatkartons, daß jeweils ein Abstand von 4 bis 5 cm am linken und am unteren Kartonrand entsteht.
Denselben Abstand messen wir vom oberen und vom rechten Rand des Papiers ab und markieren ihn mit Bleistiftstrichen. Ebenso kennzeichnen wir die vier Eckpunkte des Blattes auf dem Karton.

3. Wir nehmen das Papier vom Karton und verbinden zuerst die äußeren und dann die inneren Markierungspunkte so miteinander, daß jeweils ein Rechteck entsteht. Das große schneiden wir jetzt aus.

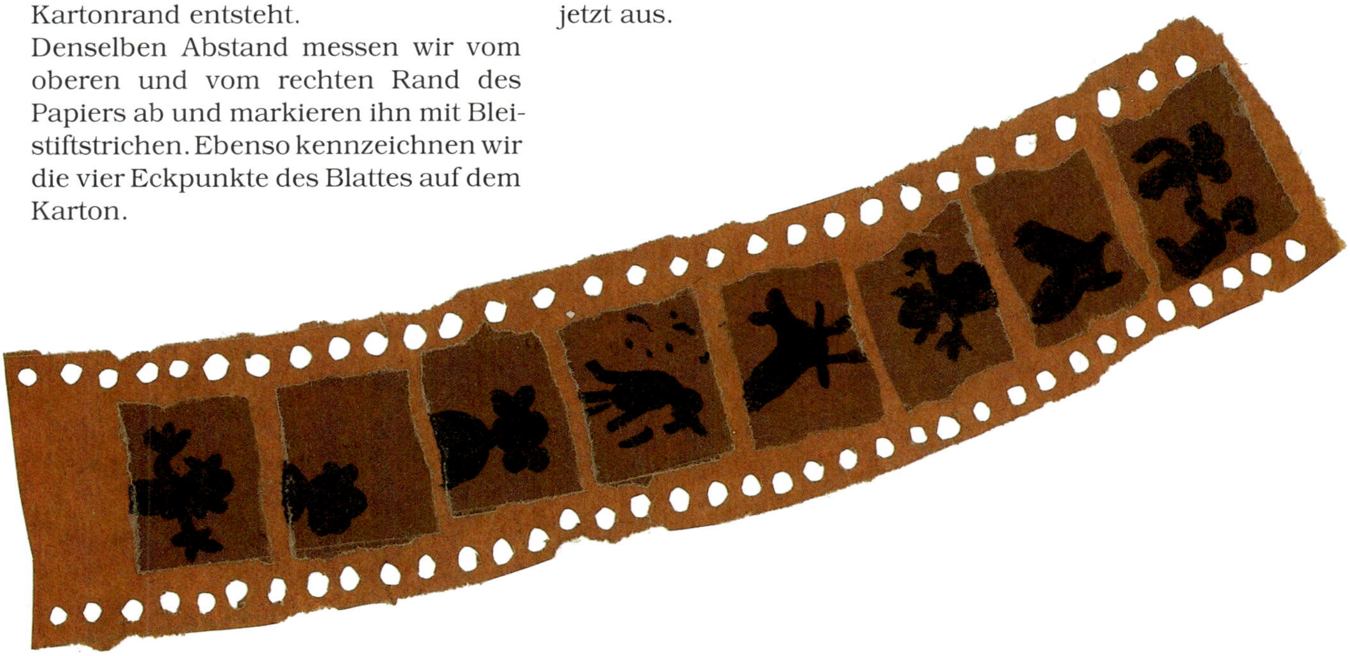

4. Im Abstand von jeweils 3 mm zeichnen wir links und rechts, und zwar außerhalb des kleinen Rechtecks, je eine parallele Linie.
Dann schneiden wir die vier senkrechten Linien vorsichtig mit der Schere (oder dem Papiermesser) ein, so daß zwei schmale Streifen entstehen. Wir knipsen sie nun mit der Scherenspitze heraus und erhalten dadurch zwei Schlitze.

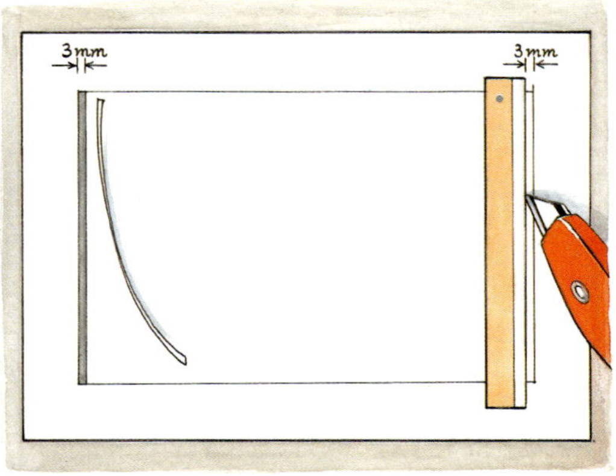

5. Wenn wir nun unseren Bilderstreifen erst von hinten durch den rechten Schlitz und dann von vorn durch den linken schieben, können wir ihn in seiner ganzen Länge durch den Bildschirm ziehen und so unser selbstgemaltes Kinderprogramm betrachten.

6. Um dem Bildschirm einen besseren Halt zu geben, sollten wir ihn mit Klebeband an einem Pappkarton oder an einer glatten Fläche, zum Beispiel an einem Schrank befestigen.

Rätsel

Was ist das?

Du siehst es stets bei Sonnenschein.
Am Mittag ist es kurz und klein.
Es wächst beim Sonnenuntergang
und wird gar wie ein Baum so lang.
(Schatten)

Ich weiß ein buntbemaltes Haus,
ein Tier mit Hörnern schaut heraus.
Das nimmt bei jedem Schritt und Tritt
sein Häuslein auf dem Rücken mit.
Doch rührt man an die Hörner sein,
so zieht es sich ins Haus hinein.
Was für ein Häuschen mag das sein?
(Schneckenhäuschen)

Singen

Buntstift

Buntstift
Alter:
ab 4 Jahre
Teilnehmer:
ab 2

2. Lustig ist ein kleines Schwein,
schöner ist ein Osterlamm,
denn es will kein Ferkel sein,
und es wälzt sich nicht im Schlamm.

3. Wie die liebe Sonne strahlt,
wie der Mond am Himmel steht:
alles dies der Buntstift malt,
nur nicht, wie die Welt sich dreht.

4. Diese Welt ist groß und rund
und bewohnt von Mensch und Tier.
Unser Farbstift, der ist bunt,
und das Bunte malen wir.

Wurfball

Wurfball
Alter:
herstellen ab 4 Jahre
spielen ab 3 Monate
Teilnehmer:
ab 4
Material pro Ball:
Wollknäuelrest
1 ausgediente Socke (Strumpf)
Bindfaden
Schere
Eimer oder Schüssel aus Kunststoff in 3 verschiedenen Größen
6 leere, saubere Konservendosen

Ganz rund werden unsere Bälle zwar nicht, aber dafür sind sie so schön weich, daß auch die Allerkleinsten damit spielen mögen. Für die etwas größeren Kinder eignen sie sich besonders gut zum Zielwerfen.

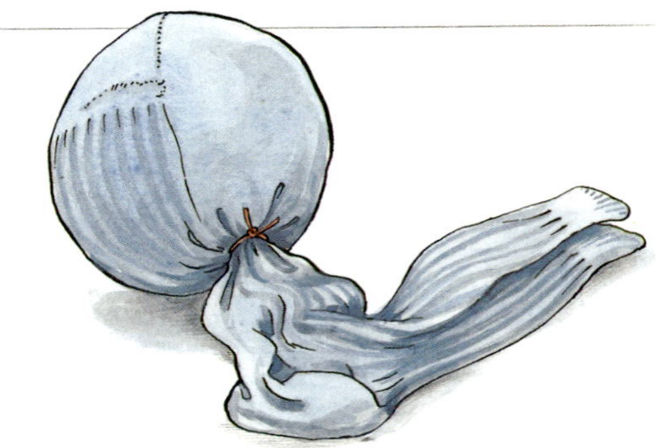

1. Wir stopfen einen Wollknäuelrest in die Sockenspitze, die wir danach mit einem Faden abbinden. Den Rest schneiden wir ab.

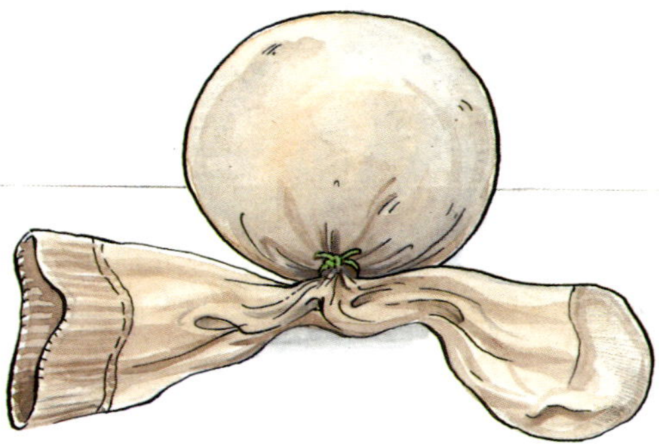

2. Verwenden wir einen Nylonstrumpf, dann können wir das Knäuel an jeder beliebigen Stelle abbinden, da Nylon sehr dehnbar ist.

Das Eimerspiel
Hierfür stellen wir die Eimer (oder Schüsseln) in einer Reihe nebeneinander auf. Sollten wir aber nur gleich große Gefäße haben, so plazieren wir sie hintereinander.
Wir stecken eine Linie von etwa 1 m ab. Von da aus versucht nun jeder den Ball erst in den größten (oder den vorderen) Eimer zu werden, dann in den mittleren und schließlich in den kleinsten (oder hinteren).
Bei einem Fehlwurf kommt sofort der nächste Teilnehmer an die Reihe. Wer als erster in alle Eimer getroffen hat, ist Sieger. Die anderen spielen noch um die Plätze zwei bis vier.

Das Büchsenspiel
Dieses Spiel eignet sich nur für draußen, da wir in der Wohnung allzuleicht etwas kaputtmachen könnten.
Wir stellen die Konservendosen an der Hinterkante eines Tisches pyramidenförmig auf, also drei Dosen in einer Reihe nebeneinander, darauf zwei und eine einzelne obenauf.
Bei diesem Spiel sollten wir drei Bälle haben, da jeder Teilnehmer dreimal hintereinander versuchen darf, alle Dosen umzuwerfen.
Auch hier spielen die anderen noch um die Plätze zwei bis vier.

Wettlauf nach Art der Tiere

Tiere bewegen sich auf unterschiedliche Weise fort: Ein Hund läuft auf seinen vier Beinen, ein Pferd galoppiert oder trabt. Ein Frosch macht weite Sprünge, und manch ein Vogel hüpft auf seinen zwei Füßchen daher. Ein Storch hingegen schreitet langbeinig durchs Gras, und manchmal bleibt er auf einem Bein stehen. Ein Krebs geht seitlich seinen Weg.
Versuchen wir doch einmal, diese Bewegungen nachzumachen:
Wir gehen – wie ein Hund – auf Händen und Füßen.
Wir bilden zu zweit ein Pferd. Dabei läuft ein Kind – als Kopf und Vorderbeine – aufrecht, und das andere bückt sich dahinter als Rücken und Hinterbeine.
In der Hocke springen wir wie ein Frosch.
Aufrecht, mit geschlossenen Beinen, ahmen wir die Hüpfer eines Vogels nach.
Wir gehen mit langen Schritten wie ein Storch.
Wir bewegen uns in der Hocke seitlich wie ein Krebs.
Wir kriechen wie ein Wurm.
Nachdem wir jede Gangart einmal ausprobiert haben, legen wir Start- und Ziellinie für das »Wettrennen« fest, und dann heißt es: alle Frösche auf die Plätze – fertig – los!

Wettlauf nach Art der Tiere
Alter:
ab 3 Jahre
Teilnehmer:
2 bis 4

Rezepte

Es ist Beerenzeit

Es ist Beerenzeit
Alter:
ab 4 Jahre
Teilnehmer:
ab 2

Die Erdbeerzeit ist fast zu Ende, da reifen Himbeeren und Johannisbeeren an den Sträuchern heran, und manche Kirschbäume tragen die ersten Früchte.
Wir können köstliche Leckereien aus all diesen Obstsorten zubereiten.

Kleine Obstkuchen
Zutaten:
1 – 2 kleine Biskuittörtchen pro Person
verschiedene Beerensorten und andere Früchte
roter Tortenguß
Schlagsahne
2 EL Zucker
Geräte:
Löffel
Meßbecher
Topf mit Wasser

Vorbereitung der Früchte

Gewaschen werden alle Sorten mit Stielen, da die Früchte sonst zuviel Saft verlieren. Wir geben sie in ein Sieb, das wir unter fließendes Wasser halten. Dann lassen wir sie über einer Schüssel oder über der Spüle abtropfen.
Von Erdbeeren und Himbeeren brauchen wir nur den Stiel und die ihn umgebenden Blättchen abzupfen.

Johannisbeeren halten wir über eine Schüssel und »kämmen« die Beeren mit der Gabel ab.
Von Kirschen zupfen wir den Stiel ab. Dadurch entsteht an der Stelle ein kleines Loch. Mit dieser Seite nach unten legen wir die Kirschen auf das runde Teil eines Entkerners und drücken das spitze Teil darauf. Der Kern fällt unten durch.

Kleine Obstkuchen

Wir nehmen fertig gekaufte, kleine Biskuittortenböden, die wir mit verschiedenen Beerensorten belegen. Am besten beginnen wir damit am äußeren Rand. Wir legen zum Beispiel eine Reihe Kirschen, eine Reihe Himbeeren, und in die Mitte eine Erdbeere oder ein Häufchen Johannisbeeren. Das hängt natürlich ganz von den jeweiligen Früchten ab, die wir verwenden.
Als Überzug kochen wir einen Tortenguß. Das Pulver wird in Rot und in Weiß in kleinen Tüten angeboten. Für unsere Beerentörtchen nehmen wir roten Guß und bereiten ihn nach den Angaben auf der Packung zu.
Wenn der Tortenguß fertig ist, stellen wir ihn beiseite und lassen ihn einige Minuten abkühlen. Um den Guß gleichmäßig auf einem Obsttörtchen zu verteilen, träufeln wir ihn von der Mitte aus zum Rand darüber.
Jetzt müssen wir so lange warten, bis der Guß fest geworden ist. Ob wir unsere Törtchen dann mit oder ohne Sahne servieren, das hängt ganz davon ab, wie wir und unsere Gäste sie lieber essen mögen.

Rote Grütze
Zutaten für 4 bis 6 Personen:
1 kg gemischte und geputzte Beeren (auch Kirschen)
1 Tasse Zucker
2 gehäufte EL Speisestärke
1/2 l Wasser
1 Tasse voll Beeren
kalte Milch oder flüssige Sahne
Geräte:
1 Kochtopf
1 Kochlöffel
1 große Schüssel oder 4 bis 6 kleine Schalen

Rote Grütze

Beeren, Wasser und Zucker geben wir zusammen in den Topf und bringen alles auf großer Flamme zum Kochen. Dabei müssen wir unbedingt gelegentlich umrühren.
Dann stellen wir den Topf beiseite und verrühren die Speisestärke mit etwas Wasser zu einer gleichmäßigen Masse. Diese gießen wir in den Topf mit den gekochten Früchten, rühren das Ganze kräftig durch und lassen es noch einmal aufkochen.
Nun nehmen wir den Topf vom Herd und fügen die restlichen frischen Beeren zur Grütze hinzu. Jetzt füllen wir sie entweder in kleine Schälchen oder in eine große Schüssel und lassen sie auskühlen.
Ob wir die Grütze mit kalter Milch oder mit flüssiger Sahne essen, das ist reine Geschmackssache.

Beerenmarmelade

Als Überraschung für ein Sonntagsfrühstück können wir Marmelade kochen. Es ist ganz einfach, wenn wir kleine Mengen nehmen.
Wir mischen die Beeren (Erdbeeren kleinschneiden) in einem Kochtopf mit dem Gelierzucker. Dann bringen wir das Ganze zum Kochen und rühren dabei gelegentlich um. Wenn es sprudelnd kocht, stellen wir die Küchenuhr auf vier Minuten ein, rühren kräftig weiter und nehmen dann den Topf vom Herd.
Die noch heiße Marmelade füllen wir mit einer kleinen Saucenkelle in ein Glas mit Schraubverschluß oder in eine Schüssel mit Deckel und lassen sie abkühlen.

Beerenmarmelade
Zutaten:
250 g Beeren
250 g Gelierzucker
Geräte:
1 Kochtopf
1 Kochlöffel
Küchenuhr
Saucenkelle
Schraubglas mit Deckel

Gärtnern

Ableger ziehen

Ableger ziehen
Alter:
ab 5 Jahre
Teilnehmer:
allein oder in einer Gruppe
Material:
Glas
Schere oder scharfes Küchenmesser
Blumentopf mit Erde

Aus vielen Blumenstauden und sogar aus Sträuchern lassen sich leicht Ableger ziehen, die wir nachher in Töpfe oder direkt in die Erde pflanzen können. Gut geeignet sind zum Beispiel die in sehr vielen Farben blühenden Fleißigen Lieschen, die Fuchsien oder die Geranien. Aber Achtung: Das klappt nicht bei allen Pflanzen, die gerade blühen.

1. Die Pflanze, von der wir einen Ableger nehmen wollen, muß selbst schon kräftig gewachsen sein. Schräg unter einem Blattansatz schneiden wir einen Seitenzweig ab. Diesen stellen wir in ein Glas mit Wasser.

2. Nun müssen wir mehrere Tage oder eine Woche und manchmal auch länger warten. Währenddessen können wir beobachten, wie sich ganz allmählich immer mehr kleine, weiße Wurzeln bilden.
Wir dürfen nicht vergessen, immer wieder frisches Wasser nachzufüllen.
Auch von Sträuchern können wir Ableger ziehen. Wenn wir einen kleinen Zweig abschneiden, müssen wir genau darauf achten, daß er nicht holzig, sondern noch ganz grün ist. Dann können wir ihn wie andere Ableger auch ins Wasser stellen, damit ihm Wurzeln wachsen.

3. Haben unsere »Pflanzenkinder« ein Büschel Wurzeln entwickelt, dann setzen wir jeden Ableger in einen kleinen Blumentopf, den wir zunächst nur zur Hälfte mit Erde füllen. In die Mitte halten wir das Pflänzchen, so daß der Wurzelansatz etwa zwei Fingerbreit unter dem Topfrand liegt.
Dann fügen wir soviel Erde hinzu, daß sie bis etwa 1 cm unterhalb des Randes reicht, und drücken sie rundherum vorsichtig an.
Würden wir den Topf bis zum Rand mit Erde ausfüllen, dann würde das Gießwasser überlaufen.

4. Den bepflanzten Blumentopf, den wir auf einen Untersetzer stellen, begießen wir gut mit Wasser. Während der ersten Tage soll er auf keinen Fall in der prallen Sonne stehen, denn das würde die Pflanze noch nicht vertragen. Sie läßt dann womöglich die Blätter hängen.
Erst wenn wir feststellen, daß sie neue Blätter bildet, dürfen wir sie der Sonne aussetzen.
Wenn jemand ein Gartenbeet hat, kann seine selbstgezogene Pflanze auch dort einen Platz finden. Sie sollte dann aber schon etwas größer sein.

Spielen

Irrgarten

Irrgarten
Alter:
ab 3 Jahre
Teilnehmer:
ab 3
Material:
Papier
Pauspapier
Bleistift
Holzstöckchen
Steine
Muscheln
1 Korken
Schnur

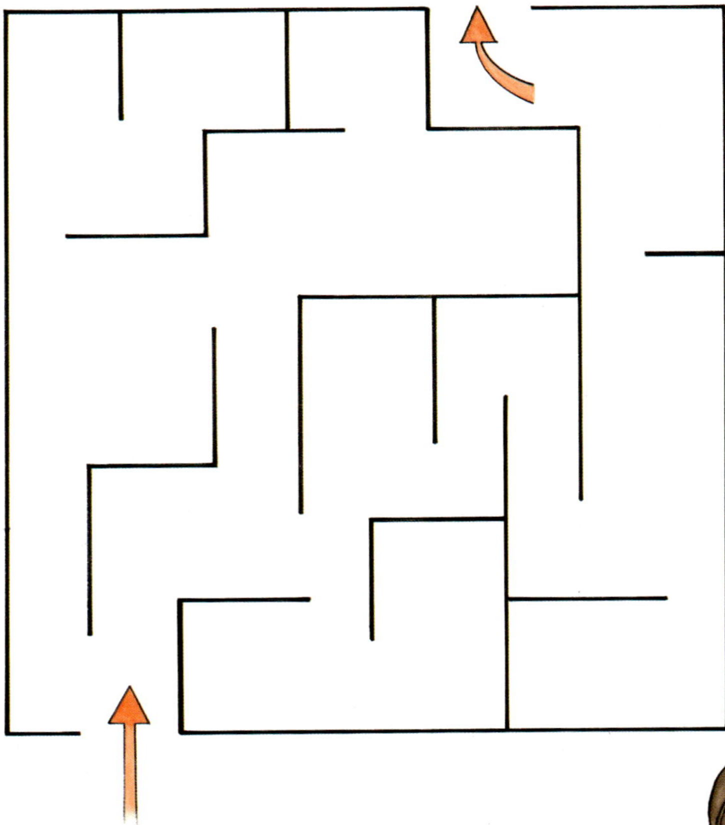

Einen Irrgarten kennen wir bestimmt von einer Rätselseite. Aber durch einen größeren aus Hecken oder aus Holzwänden sind wir vielleicht noch nicht gelaufen.

Wir können uns selbst einen anlegen und zusammen mit unseren Freunden ein Wettspiel veranstalten.

Zuerst pausen wir die Zeichnung oben auf ein Blatt Papier ab und nehmen es mit nach draußen.

Die Größe des Irrgartens hängt davon ab, wo wir ihn bauen wollen und wieviel Material wir für seine »Wände« sammeln: am Boden liegende Zweige, Gräser und kleine Steine oder, wenn wir am Strand sind, auch Muscheln.

Als nächstes legen wir ein Quadrat fest. Das läßt sich durch eine gleiche Anzahl von Schritten auf allen vier Seiten abmessen. Die Eckpunkte markieren wir mit jeweils einem Stein oder einer Muschel. Wir legen zuerst den äußeren Umriß und bauen dann von außen nach innen. Die Wege sollen so lang und breit sein, daß wir sie bequem begehen können, ohne bei jedem Schritt gegen eine »Wand« zu laufen.

Wenn der Irrgarten ein wenig schief oder krumm wird, macht das überhaupt nichts, wichtig ist, daß alle Wege klar gekennzeichnet sind und keine Lücken entstehen, die man mit einem Weg verwechseln könnte. Ist er fertig, dann machen wir einen Probegang, ob auch alles stimmt.

Dann binden wir einen Korken (es kann auch ein Stein oder eine Muschel sein) an eine Schnur: Das ist unsere Maus, die wir hinter uns her durch die Gänge ziehen, um mit ihr – möglichst ohne Umwege – zum »Käse« zu kommen. Dieser kann eine kleine Überraschung sein, die jedes Kind mit nach Hause nehmen oder gleich aufessen darf.

Etwas spannender wird das Käsesuchen, wenn die zuschauenden Kinder laut mitzählen, wie lange jeder einzelne für seinen Weg durch den Irrgarten braucht. Wer es in der kürzesten Zeit schafft, ist die »schnellste Maus des Tages«.

Spiele mit einem Seil

Ein einfaches, stabiles Seil können wir in einer Eisenwarenhandlung, im Baumarkt oder in einem Geschäft für Bootszubehör als Meterware kaufen.

Spiele mit einem Seil
Alter:
ab 5 Jahre
Teilnehmer:
ab 3
Material:
1 Seil: etwa 3 m lang

Affenschaukel
Wenn wir im Wald, im Park oder im Garten sind, suchen wir uns für die Affenschaukel einen dicken, erreichbaren Ast, über den wir ein Seilende werfen. Dann ziehen wir die beiden Enden auf gleiche Länge und verknoten sie noch miteinander.

Jetzt können wir Äffchen spielen, indem wir an dem Seil schaukeln oder daran hochklettern.

Spiele mit einem Seil

Seilspringen

Seilspringen macht am meisten Spaß, wenn wir drei oder mehr Kinder sind. Notfalls klappt es aber auch zu zweit, wenn wir ein Seilende irgendwo in etwa 1 m Höhe anbinden können.

Zwei Teilnehmer halten je ein Ende fest und schwingen das Seil in großen Bögen herum. Da hindurch versuchen die anderen Kinder zu laufen, ohne dabei das Seil zu bremsen. Wer das nicht schafft, übernimmt von einem Kind das Seilende.

Oder wir laufen in den Bogen hinein: Jedesmal, wenn das Seil in Fußbodennähe kommt, springen wir darüber. Dabei versuchen wir auf einem Bein zu hüpfen oder abwechselnd auf einem und dann auf beiden Beinen. Allmählich wird das Tempo des Seilschwungs gesteigert. Und wieder gilt: Wer hängenbleibt, der übernimmt ein Seilende.

Seilkreisen

Hierfür brauchen wir recht viel Platz, denn wir schwingen das Seil knapp über dem Boden im Kreis herum. Dazu hält ein Kind ein Seilende fest und dreht sich damit immer um sich selbst. Die anderen Kinder laufen in den so entstehenden Kreis hinein und springen über das äußere Seilende. Das Kind in der Mitte dreht sich allmählich schneller und hebt dabei das Seil immer etwas höher. Wer zuerst hängenbleibt, geht in die Mitte.

Tauziehen

Am besten gehen wir dazu auf eine Wiese, denn wenn wir am Ende umfallen, dann tut der »Hosenboden« nicht so weh. Im Sand läßt es sich nicht spielen, denn da haben unsere Füße zuwenig Halt. Wir bilden zwei Gruppen mit derselben Teilnehmerzahl, wobei man darauf achten sollte, daß die kräftigeren und die schwächeren Kinder gleichmäßig auf beide Mannschaften verteilt sind.

Jede faßt nun ein Seilende an, und auf »los« ziehen alle so fest daran, wie sie nur können. Das dauert so lange, bis eine Gruppe umfällt.

Hochsprung

Dazu brauchen wir einen großen Sandkasten mit einem möglichst niedrigen Rand. Zwei Kinder stellen sich davor und halten das Seil an je einem Ende gespannt, aber trotzdem locker in den Händen.

Wir beginnen zunächst in Kniehöhe, und bei jeder neuen Sprungrunde halten wir das Seil etwa 5 – 10 cm höher. Wer hängenbleibt, scheidet aus. Die beiden Kinder, die am höchsten gesprungen sind, halten in der folgenden Runde das Seil.

Basteln

Fächer

Fächer
Alter:
ab 4 Jahre
Teilnehmer:
allein oder in einer Gruppe
Material pro Fächer:
1 Bogen farbiges, weißes, bemaltes oder buntes Geschenkpapier: ca. 30 – 35 x 40 – 45 cm
1 großer Teller
Bleistift
Schere
Klebstoff
Wollfaden
Klebeband

An heißen Tagen pusten wir uns gelegentlich mit vorgeschobener Unterlippe etwas Wind über die Nase, oder wir fächeln uns Luft mit der Hand zu. Wir können uns aber auch anders Abkühlung verschaffen, wenn wir einen selbstgebastelten Fächer verwenden.

1. Wir nehmen das Papierrechteck, das aber nicht dicker sein darf als ein Schreibmaschinenbogen, da es sich sonst schlecht falten läßt.

Mit der flachen Seite nach unten legen wir einen großen Teller so auf den Bogen, wie es die Abbildung zeigt. Dann zeichnen wir einen Viertelkreis am Tellerrand entlang. Dasselbe wiederholen wir nun auf der anderen Seite. Wir haben jetzt einen gleichmäßigen Kreisbogen. Den oben überstehenden Papierrand schneiden wir ab.

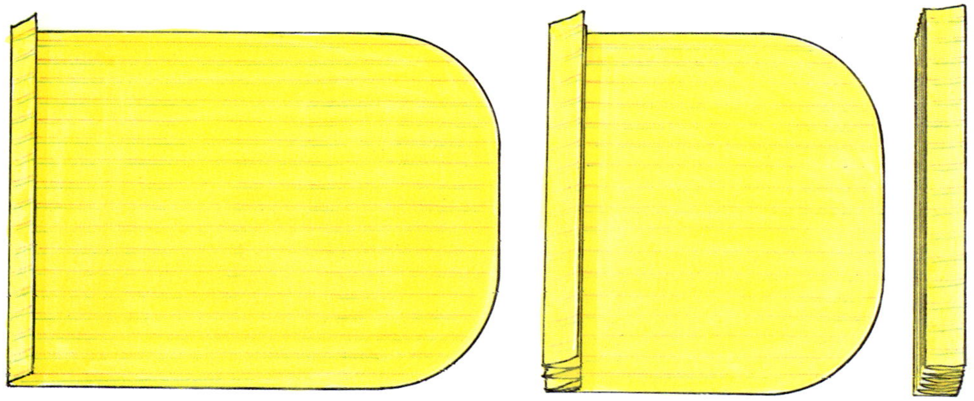

2. Nun falten wir das Papier wie eine Ziehharmonika: Dazu knicken wir es – und zwar im Wechsel auf Vorder- und Rückseite – immer 1,5 – 2 cm breit nach hinten, bis der ganze Bogen fertiggefalzt vor uns liegt.

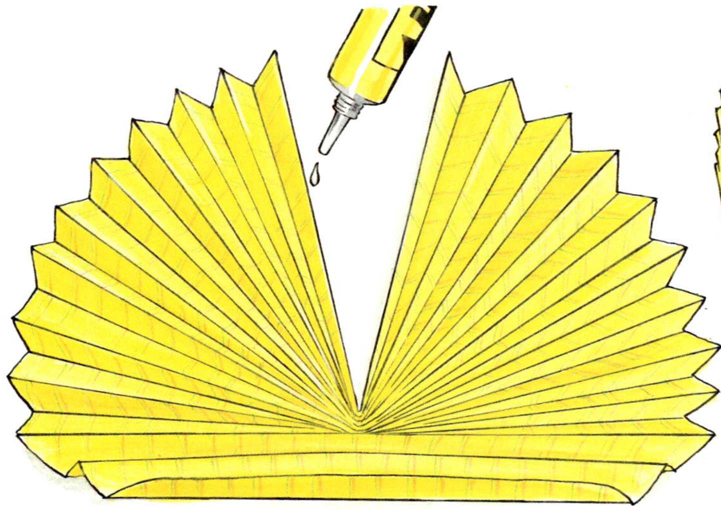

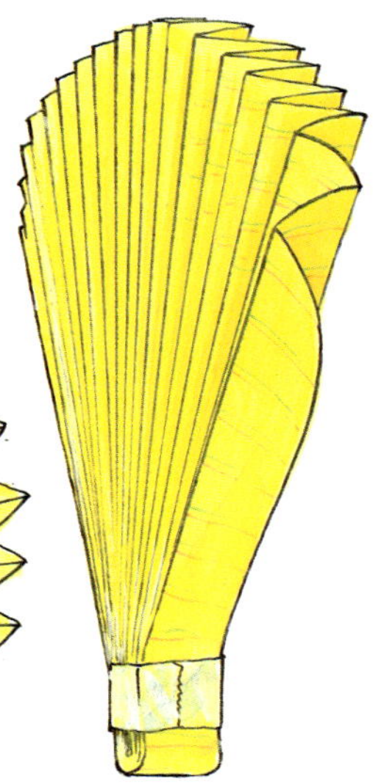

3. Wir haben jetzt eine Art Papierstange, die wir einmal so in der Mitte falten, daß die Kreisbogenhälften an den Außenseiten liegen und die geraden Seiten oben in der Mitte gleichmäßig abschließen. Die beiden aneinanderstoßenden Falten kleben wir zusammen. An der unteren Knickstelle ist nun ein Loch entstanden. Da hindurch ziehen wir einen doppelten Wollfaden, den wir verknoten. An ihm können wir dann den Fächer als Raumdekoration aufhängen.

4. Damit wir für den Fächer einen Griff erhalten, drücken wir die offenen Papierhälften zusammen und umwikkeln sie zweimal mit durchsichtigem Klebeband.

Basteln

Tierschirme

Wenn das Sonnenlicht allzu gleißend ist, halten wir schützend eine Hand vor die Augen. Viel besser hilft jedoch ein Tierschirm wie der, den wir jetzt basteln.

Tierschirme
Alter:
ab 5 Jahre
Teilnehmer:
allein oder in einer Gruppe
Material:
dünner, farbiger Karton
Pauspapier
Bleistift
Schere
Buntpapier oder Buntstifte
Filzstift
1 dicke Nadel
Hutgummi

1. Wir übertragen die Form vom Vorlagebogen auf den Karton und schneiden sie aus.
Mit einem schwarzen Filzstift zeichnen wir ein lustiges Tiergesicht auf den Kopf und vielleicht noch einen Tierkörper auf den Schirm. Dann bekleben wir ihn mit Buntpapierresten oder bemalen ihn.

Den Kopf knicken wir an der Halslinie so um, daß er mit dem Gesicht nach vorn steht.

2. In jeden markierten Punkt stechen wir mit einer dicken Nadel ein Loch. Dann messen wir ein passendes Stück Hutgummi ab, fädeln es durch die Löcher und verknoten die Enden auf der Unterseite des Schirms.

Malen

Knäuelbilder

Knäuelbilder
Alter:
ab 3 Jahre
Teilnehmer:
allein oder in einer Gruppe
Material:
farbiges Papier
1 weißer Papierbogen
Klebstoff

Auch der Juni bringt mal einen Regentag, an dem wir lieber drinnen bleiben und basteln oder malen, statt draußen zu spielen. Die bunten Knäuelbilder können auch schon die Kleinsten gestalten.
Wir brauchen möglichst dünne Papierreste oder farbige Seiten aus Illustrierten und reißen sie in kleine Stücke. Dann knüllen wir diese zu kleinen Kugeln zusammen. Nun nehmen wir einen Bogen weißes Papier, bestreichen die Papierknäuelchen mit etwas Klebstoff und arrangieren sie zu einem Bild. Wir können uns dafür ein Motiv ausdenken und zum Beispiel ein Tier oder eine Blume kleben, oder einfach nur ein »kunterbuntes Knäuelgetümmel« anfertigen, bei dem wir unserer Phantasie freien Lauf lassen.

Vorlesen

Warum die Kinder in der Nase bohren

Dušan Radović
Aus dem Serbischen von Peter Urban

Kleine Kinder – ihr müßt schon entschuldigen – bohren in der Nase, als ob es in dieser kleinen Nase etwas sehr, sehr Wichtiges gäbe.

Als ob ihnen jemand, als sie geboren wurden, ins Ohr geflüstert hätte: »Paßt auf eure Nase auf, Kinder, paßt gut auf eure Nase auf, ihr werdet sie noch einmal brauchen, eure Nase!«

Einmal hat ein kleiner Junge aus dem fernen Lande Ilindija aus seiner Nase ein Kamel gezogen. Das ist wahr!

Er hatte sich gelangweilt, wie alle kleinen Kinder, und darum wandte er sich an seine Nase. Und die Nase hatte Mitleid mit dem kleinen Jungen und schenkte ihm ein Kamel.

Der kleine Junge spielte zwei Tage lang mit diesem Kamel, aber dann stopfte er sein ungewöhnliches Spielzeug unter das Bett. Und wieder langweilte er sich. Er wandte sich wieder an seine kleine Nase. Und bat sie um ein neues Geschenk.

Die Zaubernase hatte noch einmal Mitleid mit dem kleinen Jungen und schenkte ihm eine große Gazelle. Gazellen sind liebe und schöne Tiere, mit ihnen kann man sehr schön spielen.

Aber dieser kleine Junge konnte mit der Gazelle nicht länger als zwei Tage spielen, dann stopfte er auch sie unters Bett. Und wieder war es ihm langweilig.

Er hatte eine Zaubernase, und darum hatte er es leicht.
Aber eine Nase ist eine Nase, auch wenn es eine Zaubernase ist. Und jede Nase, auch eine Zaubernase, kann einmal kaputtgehen. Und wenn sie einmal kaputt ist, ist auch mit dem Zaubern Schluß.
So ist auch diese Nase kaputtgegangen. Und war auf einmal keine Zaubernase mehr. Und konnte dem kleinen Jungen kein Spielzeug mehr schenken.
Ja, so war das. So weit kennen wir die Geschichte. Der kleine Junge hat sie bestimmt den anderen Kindern erzählt, und dann hat bestimmt die ganze Welt davon gehört. Und darum bohren heute alle kleinen Kinder, sobald sie geboren werden und sie sich langweilen, in ihren kleinen Nasen.
Wir wissen nicht, ob noch einmal eine Nase zur Zaubernase werden wird. Aber: Wer Geduld hat, hat vielleicht Erfolg.
Ein Kamel wird sich höchstwahrscheinlich niemand mehr aus der Nase ziehen, denn Kamele sind heutzutage äußerst selten. Sie sind unbarmherzig ausgerottet worden.
Aber dafür gibt es heute andere interessante Sachen: Wippen, Traktoren, Telefone, Hämmer, Zangen, Fahrräder, Roller. Nur: Es ist immer gut, wenn man sich ein Taschentuch vor die Nase hält, damit keines dieser wertvollen Dinge auf den Boden fällt und kaputtgeht.

Basteln

Nasengesicht

Nasengesicht
Alter:
ab 5 Jahre
Teilnehmer:
allein oder zu zweit
Material:
Pauspapier
Bleistift
dünner, weißer Karton in Postkartengröße
schwarzer Filzstift
1 dünnes Kettenstück: 6 cm lang (Bastelgeschäft)
Nähnadel
Faden

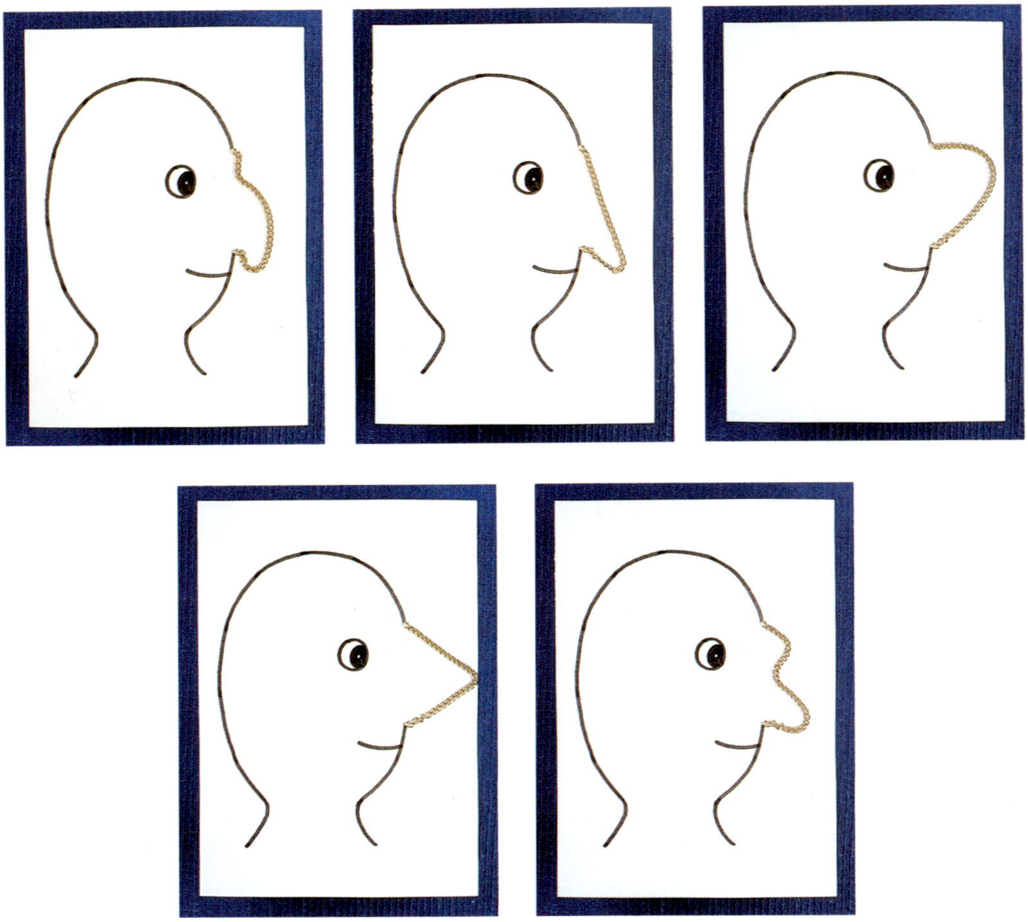

Nachdem wir uns bei der vorangegangenen Geschichte ausgiebig mit der Nase beschäftigt haben, basteln wir jetzt ein Nasengesicht, über das wir uns sicherlich köstlich amüsieren.

1. Wir übertragen das Gesicht ohne Nase vom Vorlagebogen auf den Karton und zeichnen die Linien mit einem schwarzen Filzstift nach.

2. An den markierten Punkten stechen wir mit der Nähnadel jeweils ein kleines Loch ein. Dann ziehen wir Nadel und Faden von hinten durch das erste Loch sowie durch das äußere Glied der Kette und stechen durch dasselbe Loch wieder zurück. Das andere Kettenende befestigen wir mit demselben Faden im zweiten Loch.

3. Wir verknoten die beiden Fadenenden auf der Rückseite miteinander. Damit ist unser Nasengesicht fertig. Wenn wir es nun waagerecht halten und leicht schütteln oder die Kette mit den Fingern bewegen, formen sich viele verschiedene, lustige Nasen.

JULI

Im Juli wird es richtig warm.
Wir packen unsre Sachen
und fahrn hinaus zum Bauernhof,
zu sehn, was die da machen.
Wir haben Spaß, da geht's uns gut,
bei all dem Muh und Mecker.
Kein Auto- und kein Straßenlärm
gehn uns hier auf den Wecker.

Singen

Alle meine Fingerlein

traditionell
Noten: Ursula Barff

Alle meine Fingerlein
Alter: ab 3 Jahre
Teilnehmer: ab 4

2. Zeigefinger ist die bunte Kuh.
Sie macht immer muh, muh, muh.
Mittelfinger ist das stolze Pferd
von den Menschen hoch geehrt.

3. Goldfinger ist der Ziegenbock
mit dem langen Zottelrock.
Und das kleine Fingerlein
soll mein liebes Schäfchen sein.

4. Tiere laufen im Galopp.
Laufen immer hopp, hopp, hopp.
Laufen in den Stall hinein,
denn es wird bald Abend sein.

5. Hm, hm, hm, hm, hm, hm, hm.
Hm, hm, hm, hm, hm, hm, hm.
Laufen in den Stall hinein,
denn es wird bald Abend sein.

Für die Strophen 1 bis 3 nehmen wir – dem Text folgend – die Finger, die benannt werden.
Wenn danach, in Strophe 4, alle Tiere im Galopp laufen, machen wir das Auf und Ab mit den Händen nach.
Der Anfang von Strophe 5 wird nur gesummt. Dabei legen wir die Handflächen aneinander und an eine Wange. So deuten wir das Schlafen der Tiere an.
Die beiden letzten Zeilen singen wir nur noch ganz leise wie ein Schlummerlied.

Kniereiter

Hopp, hopp, ho

Hopp, hopp ho.
Das Pferdchen frißt kein Stroh.
Muß dem Pferdchen Hafer kaufen,
daß es kann im Trabe laufen.
Hopp, hopp, ho.
Das Pferdchen frißt kein Stroh.

Dieser Kinderreim gehört zu den sogenannten Kniereitern. Das bedeutet, daß ein Erwachsener das Kind auf seine Knie nimmt und es im Rhythmus des Gedichtes wippen läßt: mal schneller, mal langsamer, mal sacht, dann wieder kräftig.

Natürlich wird das Kind dabei festgehalten, so daß es nie Angst haben muß, herunterzufallen.
Mit kleinen Kindern, die gerade sitzen gelernt haben, können wir ein solches Spiel schon vorsichtig ausprobieren. Bei den Ein- bis Dreijährigen stehen die Kniereiter ganz oben auf der Beliebtheitsskala.
Und im Kindergartenalter? Da stehen die Kinder manchmal Schlange und wachen eifersüchtig darüber, daß auch alle der Reihe nach drankommen.
Es ist aber nicht nur die mehr oder weniger wilde Bewegung, die die Kinder fasziniert, sondern auch das Schmusen, das in den Arm genommen und das Festgehalten werden sowie die Sicherheit, so daß sich das Kind angenommen und geborgen fühlt.

Hopp, hopp, ho
Alter:
ab 1 Jahr

Spielen

Die Kuh macht muh

Dieses lustige Spiel können wir sowohl im Freien als auch im Zimmer durchführen.
Der Spielleiter flüstert jedem Kind den Namen eines Tieres ins Ohr. Dabei gibt er – je nach Größe der Gruppe – immer zwei oder drei Spielern denselben Namen, den die Kinder aber nicht verraten dürfen.

Auf ein Zeichen des Spielleiters hin bewegen sich dann alle Teilnehmer kreuz und quer im Raum (oder draußen) herum. Dabei ahmen sie den Laut ihres Tieres nach, um so ihren Artgenossen zu finden.
Haben einige Kinder das geschafft, dann fassen sie einander an den Händen und suchen weiter. Das Spiel dauert so lange, bis kein Teilnehmer mehr allein ist.
Erschwert wird das Spiel, wenn die Kinder mit geschlossenen oder verbundenen Augen auf die Suche gehen müssen.

Die Kuh macht muh
Alter:
ab 3 Jahre
Teilnehmer:
ab 6 Spieler, aber auch für größere Gruppen geeignet

Basteln

Tiere aus Korken

Tiere aus Korken
Dackel
Alter:
ab 5 Jahre
Teilnehmer:
allein oder in einer Gruppe
Material für 1 Tier:
2 Korken
Küchenmesser
Küchenbrett
Klebstoff
Filzreste
Schere

Dackel

Diese Korkentierchen herzustellen ist nicht schwer. Wir müssen nur mit dem Messer vorsichtig umgehen und etwas Geduld aufbringen, bis die Teile fest aneinanderkleben.

1. Der eine Korken, der Körper unseres Dackels, muß nicht bearbeitet werden. Den anderen legen wir auf das Küchenbrett und schneiden ihn in der Mitte quer durch.
Die eine Hälfte wird zum Kopf. Aus der anderen fertigen wir die kurzen Dackelbeine. Wir stellen das Korkenstück dazu hochkant und schneiden es senkrecht in der Mitte durch. Jedes der beiden Teile halbieren wir ebenfalls und erhalten somit vier Viertelkorken für die Beine.

2. Den Kopf kleben wir nun so an den Körper, daß er ungefähr zur Hälfte vorsteht. Die Beine fixieren wir etwa auf halber Körperhöhe.

3. Während die Teile gut antrocknen, fertigen wir aus dem Filzrest zwei Schlappohren, zwei kleine Kreise als Augen, eine Zunge und ein Schwänzchen an.
Damit der Dackel auch richtig hecheln kann, schneiden wir für das Maul ein keilförmiges Stück aus dem Kopf heraus. Dahinein kleben wir nun die Zunge und fixieren dann noch Augen und Ohren am Kopf.
Wir machen jetzt in den Rücken einen Schnitt und befestigen das Schwänzchen darin.
Unser Dackel ist fertig und würde sich sehr über eine Freundin freuen.

Pony

1. Drei Korken können wir unbearbeitet verwenden: Wir kleben – der Zeichnung entsprechend – als erstes Körper und Hals des Ponys zusammen und drücken beide einige Sekunden lang fest aneinander. Dann wird der dritte Korken als Kopf angeklebt und ebenfalls fest angedrückt.
Während wir den Klebstoff trocknen lassen, fertigen wir die Beine an. Dazu nehmen wir den vierten Korken, ein Küchenmesser und das Küchenbrett und stellen die Beine so her, wie wir es schon beim Dackel gemacht haben. Beim Fixieren achten wir darauf, daß alle gleich hoch angebracht werden.

2. Wir nehmen nun einen etwa 6 cm langen und 3 cm breiten Filzrest für die Mähne und schneiden Fransen an einer Längsseite ein. Die andere fixieren wir am Hals des Ponys entlang, am Hinterkopf und ein Stück an der Stirn. Auch jetzt müssen wir etwas Geduld haben, bis der Filz festklebt. Erst danach können wir die Stirnmähne etwas kürzer schneiden.
Für die Ohren nehmen wir die dünne Korkscheibe, von der wir zwei Achtelstücke für die Ohren benötigen. Diese beiden kleben wir rechts und links der Mähne an den Kopf.
Als Augen fixieren wir zwei kleine Filzkreise etwa in Höhe der Ohren auf der Korkenrundung.
Es fehlt jetzt nur noch der Schwanz des Ponys. Wir schneiden mehrere schmale Streifen Filz zu und kleben sie am Hinterteil fest.

Pony
Alter:
ab 6 Jahre
Teilnehmer:
allein oder in einer Gruppe
Material für 1 Tier:
4 gleich große Korken
Klebstoff
Küchenmesser
Küchenbrett
Filzreste
Schere
1 dünne Korkscheibe

Das spuckende Lama
Alter:
ab 3 Jahre
Teilnehmer:
ab 2
Material:
1 Sprühflasche
Wasser

Spielen

Das spuckende Lama

Dies ist ein Spiel für einen warmen, sonnigen Sommertag, an dem die Kinder nackt oder im Badeanzug herumlaufen. Wir brauchen eine Sprühflasche, wie sie für Wäsche oder Blumen benützt wird, und füllen sie mit Wasser.

Ein Kind ist das Lama und legt sich mit der gefüllten Sprühflasche in der Hand auf den Rasen. Die anderen Kinder nähern sich und wollen das Lama ärgern, zum Beispiel indem sie es mit Gras bestreuen, es kitzeln oder ihm Grimassen schneiden. Irgendwann reicht es dem Lama. Es springt auf und »spuckt« aus seiner Sprühflasche alle Kinder naß, die es erreichen kann. Hat es mindestens eines getroffen, dann wird ein neues Lama ausgewählt.

Räuber im Wald
Alter:
ab 4 Jahre
Teilnehmer:
ab 5

Räuber im Wald

Eines der Kinder spielt den Räuber, eines den Kuckuck und alle anderen sind Bäume. Sie stellen sich so auf, daß der Räuber bequem zwischen ihnen hindurchgehen kann. Es ist Nacht. Alle Bäume und der Kuckuck schlafen, das heißt, die Kinder haben die Augen geschlossen. Der Räuber will von einem Ende des Waldes zum anderen gelangen. Aber der Kuckuck paßt gut auf. Wenn er den Räuber hört, ruft er laut »kuckuck« und weckt damit den ganzen Wald. Alle Bäume beginnen zu rauschen. Dazu heben die Kinder die Arme, bewegen sie hin und her und ahmen das Rauschen des Windes nach.

Der ertappte Räuber muß zurück zum Waldrand und versucht sein Glück noch einmal. Gelingt es dem Kind dieses Mal, unentdeckt durch den Wald zu kommen, so wählt es den nächsten Räuber und den nächsten Kuckuck aus. Wird es wieder entdeckt, bestimmt der Kuckuck seinen Nachfolger und den des Räubers.

Singen

Räuberwald

Text: Ursula Barff
Melodie: traditionell

Räuberwald
Alter:
ab 4 Jahre
Teilnehmer:
ab 5

Die Kinder stellen sich verteilt auf, und eines, der Spaziergänger, verläßt den Raum. Nun wird ein anderes als Räuber ausgewählt. Die anderen sind die Büsche und die Bäume im Wald. Alle bleiben auf ihren Plätzen stehen.
Jetzt rufen wir das Kind, das draußen ist, wieder herein. Es geht zwischen den Bäumen, den Büschen und dem Räuber spazieren, und alle singen das Lied. Bei »so schnell ich kann« muß das Kind aufpassen. Denn der ihm unbekannte Räuber läuft nun los und versucht es zu fangen. Gelingt ihm das, verläßt er als nächster das Zimmer und er wird der Spaziergänger. Den Räuber darf das gefangene Kind bestimmen.

Spielen

Hindernislauf

Hindernislauf
Alter:
ab 2 Jahre
Teilnehmer:
beliebig viele

Um dieses Spiel durchführen zu können, müssen wir sowohl das Gelände als auch die körperlichen Fähigkeiten der Teilnehmer kennen. Danach richten wir den Schwierigkeitsgrad dieses Laufspiels aus, bei dem alle sehr viel Spaß haben.

Wir zeigen und erklären den Kindern genau Start, Route und Ziel. Über Hindernisse wie einen Baumstamm können wir springen, oder die Teilnehmer balancieren auf ihm von einem Ende bis zum anderen. Ein Bach läßt sich durchwaten, oder man hüpft von Stein zu Stein. Einen Hang kullern wir hinunter, einen alleinstehenden Baum umkreisen wir zweimal. Sind die Kinder vom Alter her unterschiedlich, so sollten die Großen einen Teil der Strecke auf einem Bein hüpfend zurücklegen.

Schnecke im
Schneckenhaus
Alter:
ab 4 Jahre
Teilnehmer:
ab 6
Material pro Kind:
2 Wäscheklammern

Schnecke im Schneckenhaus

Je größer die Kinder sind, die bei diesem Spiel mitmachen, desto eher können sie auf einen Erwachsenen verzichten, der lediglich die Funktion hat, die Kinder in zwei gleich große Gruppen zu teilen und das Spiel zu überwachen.

Die eine Mannschaft, die Schnecken, legt sich bäuchlings ins Gras und schließt die Augen. Die anderen, die Fänger, erhalten je zwei Wäscheklammern, und jeder nähert sich vorsichtig einer Schnecke, um ihr die Klammern anzustecken. Merkt die Schnecke das, so zieht sie sich in ihr Haus zurück: Das Kind kauert sich zusammen. Es streckt sich erst wieder aus, wenn sich der Fänger mit der Wäscheklammer entfernt hat. Er muß nun sein Glück bei einer anderen Schnecke versuchen.

Wenn alle Schnecken gefangen sind, wechseln die Gruppen. Dauert das Spiel zu lange, ohne daß es gelingt, die Schnecken zu überlisten, so sollten ebenfalls die Rollen getauscht werden.

Singen

Schneckenzug

traditionell
Noten: Ursula Barff

Schneckenzug
Alter:
ab 3 Jahre
Teilnehmer:
für eine große Gruppe geeignet

Für dieses Singspiel stehen wir im Kreis und fassen einander an den Händen an. Dann singen wir den ersten Teil der Melodie.
Ein Kind ist der Kopf unserer Schnecke und bewegt sich wie in einer Spirale zur Mitte des Kreises hin. Die anderen Kinder gehen langsam hinterher. Das Lied wird so lange weitergesungen, bis ein »richtiges« Schneckenhaus entstanden ist.
Nun folgt der zweite Teil des Spiels: Die Schnecke kommt aus ihrem Haus heraus, und dazu singen wir:

Ohne daß die Kinder einander loslassen, kommt nun der Schneckenkopf zwischen den Armen hindurch und zieht die anderen Kinder hinter sich her, bis alle wieder im Kreis stehen.

Basteln

Dosenstelzen

Dosenstelzen
Alter:
herstellen ab 6 Jahre
laufen ab 4 Jahre
Teilnehmer:
ab 2
Material pro Kind:
2 leere Konservendosen
1 Dorn (zum Stanzen der Löcher)
2 Stück Schnur à 1 m
Schere

Bevor wir die Stelzen herstellen, überzeugen wir uns davon, daß die Ränder der Dosen glatt sind, denn sonst kann man sich verletzen.

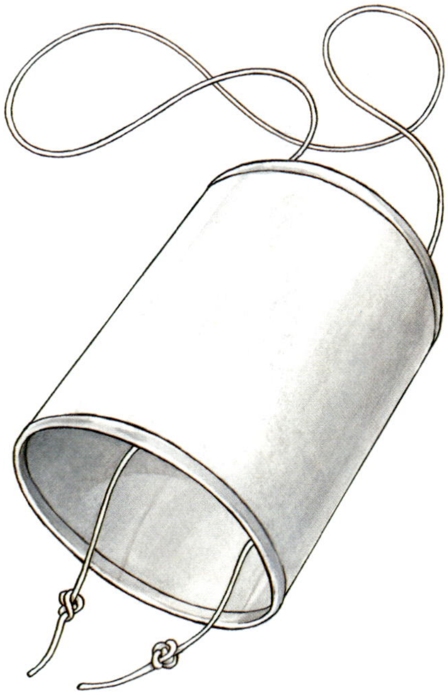

1. Mit der Öffnung nach unten stellen wir die Dose auf einen festen Untergrund und stanzen zwei sich genau gegenüberliegende Löcher in ihren Boden.

2. Durch jedes Loch ziehen wir – wie auf der Zeichnung zu sehen – die Schnurenden hindurch, die wir jeweils mit einem so dicken Knoten versehen, daß er nicht durch das Loch rutschen kann. Die zweite Stelze fertigen wir genauso an.

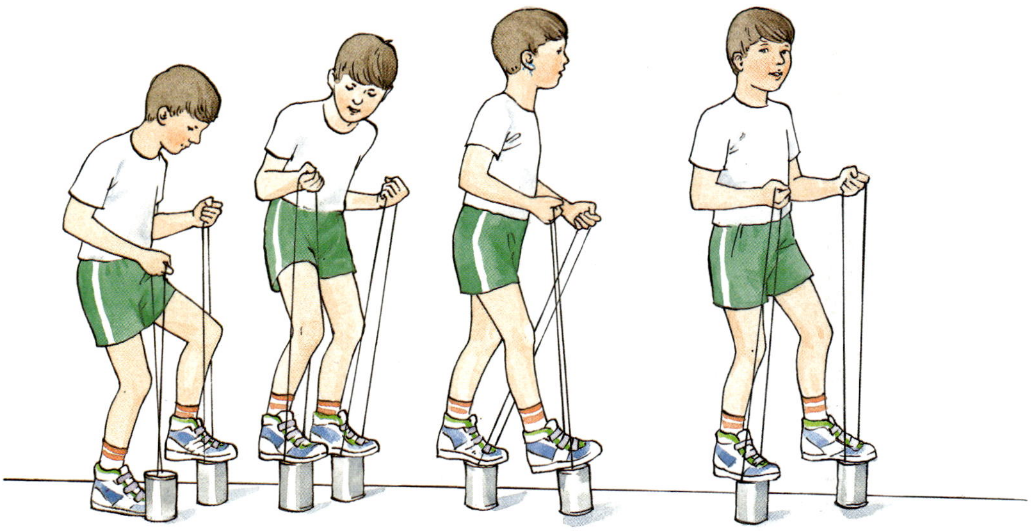

3. Nun können wir das Laufen üben. Dazu stellen wir die beiden Dosen nebeneinander und halten jede Schnur mit einer Hand straff.

4. Dann stellen wir uns auf die Dosen und beginnen langsam und vorsichtig zu gehen (siehe Zeichnung). Die meisten Kinder schaffen das auf Anhieb.

Malen

Malspiel mit Musik

Wir befestigen das Papier mit Kreppband auf dem Fußboden und legen Malkreide und Stifte für alle gut erreichbar dazu. Ein größeres Kind oder ein Erwachsener steht mit dem Recorder ein wenig abseits und beobachtet die malenden Kinder.
Nach einigen Minuten wird die Musik angestellt. Das bedeutet, daß nun alle ihre Stifte hinlegen und um das große Malpapier herumgehen. Hört die Musik dann plötzlich auf, so malt jeder an dem Bild weiter, vor dem er gerade steht. Nach einigen Minuten setzt die Musik erneut ein, und alle müssen nun weiterwandern.
Derjenige, der den Recorder bedient, sollte darauf achten, daß die Kinder immer wieder vor einem fremden Bild stehenbleiben, an dem sie dann weiterarbeiten. Auf diese Weise können die lustigsten Werke entstehen, an denen nicht nur die Kinder ihre Freude haben werden.

Malspiel mit Musik
Alter:
ab 5 Jahre
Teilnehmer:
ab 4
Material:
1 großes Stück Papier (am besten Tapete)
Kreppband
Malkreide oder Stifte
Musikkassette
Recorder

Spielen

Wege legen

Die Papierstreifen, die wir bei diesem Spiel verwenden, müssen nicht sonderlich schön sein. Wir schneiden sie zum Beispiel aus Zeitschriften, Schachteln oder Reiseprospekten zurecht.
Wir wählen für dieses Spiel einen Ausgangspunkt. Bleiben wir im Haus, so kann es das Kinderzimmer sein, im Freien eignet sich ein bestimmter Baum oder die Terrassentür. Von da aus darf jedes Kind seinen Weg auslegen. Wohin und über welche Hindernisse er führt, wie viele Biegungen er macht und ob er vielleicht in der Badewanne endet – das alles bleibt dem Kind überlassen. Er muß nur an einem erkennbaren Ziel aufhören. Dann verfolgen wir die Wege gemeinsam.
Große Kinder können das Spiel schwieriger gestalten. Kein Teilnehmer darf mitbekommen, wo derjenige hingeht, der die Streifen auslegt. Zudem sollte er deren Abstände so groß halten, daß der Weg nicht so leicht zu finden ist. Auf ein Startzeichen hin beginnen die anderen Kinder Weg und Ziel zu suchen.

Wege legen
Alter:
ab 3 Jahre
Teilnehmer:
ab 2
Material pro Kind:
10 bis 20 feste Papier- oder Pappestreifen oder Bierdeckel

Basteln

Hampelfrosch

Hampelfrosch
Alter:
ab 5 Jahre
Teilnehmer:
allein oder in einer kleinen Gruppe
Material:
grüner Fotokarton
Pauspapier
Bleistift
Schere
Klebstoff
je 1 Stück schwarzer und weißer Papierrest
2-Pfennig-Münze
Lochzange
4 Musterklammern
Nadel
festes Garn (25 cm)
schwarzer Filzstift
1 selbstklebender Bilderhalter

Bei Regenwetter freut sich einer ganz sicher: der Frosch. Froh hüpft er durch die nassen Wiesen. Einen solchen glücklichen Frosch können wir uns auch basteln.
Vom Vorlagebogen pausen wir alle Teile auf den grünen Fotokarton ab: den großen Kreis, den Körper, mit den vier Markierungen je einmal, das kurze Vorderbein und das gebogene Hinterbein mit den Kreisen und den Punkten je zweimal und den kleinen Augenkreis ebenfalls zweimal. Nun schneiden wir alle Teile sorgfältig aus.

1. Die Augenkreise bestreichen wir etwa zur Hälfte mit Klebstoff und drükken sie auf den Rand des großen Kreises. Damit der Frosch auch richtig gukken kann, fertigen wir zweimal die Iris an. Dazu nehmen wir den schwarzen Papierrest, auf den wir die 2-Pfennig-Münze legen. Wir umfahren sie mit dem Bleistift und schneiden den Kreis aus. Dann fixieren wir ihn auf dem Augenkreis. Ebenso verfahren wir bei der zweiten Iris. Als Pupillen kleben wir je einen weißen Papierkreis aus der Lochzange auf.

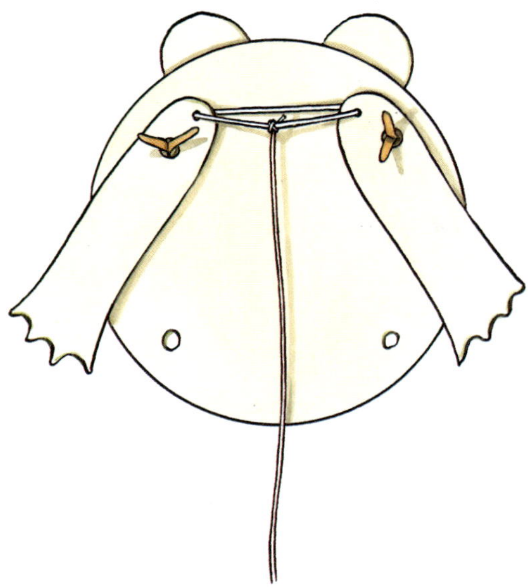

2. Mit der Lochzange stanzen wir die vier Stellen des Froschkörpers, die mit einem Kreis gekennzeichnet sind, und

jedes Bein. In diese stechen wir zusätzlich mit einer Nadel kleine Löcher in die abgepausten Punkte.
Wir fädeln das Garn in eine Nadel und führen es dann nacheinander durch jedes Loch in den Vorderbeinen. Diese legen wir dann – in der richtigen Höhe – auf die Rückseite des Froschkörpers. Jetzt schieben wir je eine Musterklammer von unten (von der Vorderseite) durch das große Loch des Körpers und des Beines. Danach öffnen wir die Klammern etwas.
Dann verknoten wir das Garn so, daß die Vorderbeine ganz schlaff nach unten hängen. Das Garnende lassen wir lang herabbaumeln.

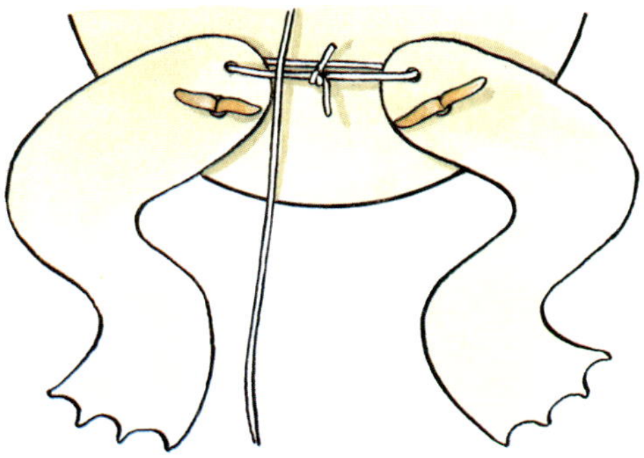

3. Genauso verfahren wir mit den Hinterbeinen.
Auch hier achten wir darauf, daß sie lose nach unten hängen. Das Garnende wird jedoch abgeschnitten.

Jetzt biegen wir alle Musterklammern auseinander, damit sich die Beine leicht bewegen lassen.

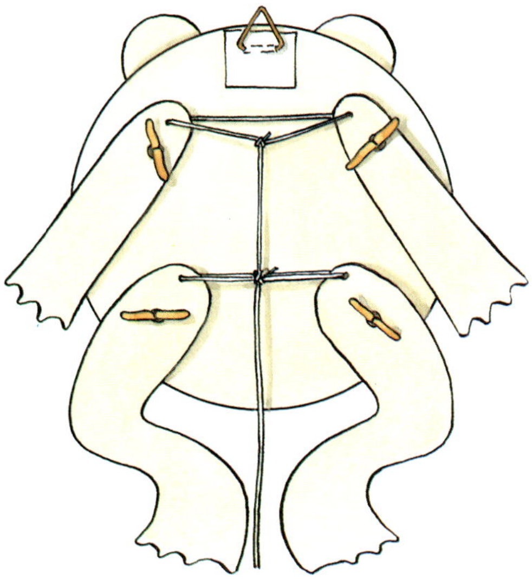

4. Das Garnende der Vorderbeine knoten wir an der Verbindung der Hinterbeine fest. Wenn wir es nun als Zug betätigen, streckt der Frosch alle Beine in die Höhe.
Als Aufhängung kleben wir jetzt noch einen Bilderhalter auf die Rückseite des Tieres.

Kniereiter

So reiten die Damen

So reiten die Damen
Alter:
ab 1 Jahr

So reiten die Damen,
So reiten die Damen.
So reiten die Herren,
So reiten die Herren.
So reitet der Bauer,
So reitet der Bauer.
Und so alle Kinder,
Und so alle Kinder,
Hopp, hopp, hopp, hopp,
So alle Kinder.

Nicht nur kleine Kinder lieben Kniereiter, sondern auch große lassen sich gern auf den Schoß nehmen und einmal kräftig durchschütteln.
Für den Vers »So reiten die Damen« nimmt ein Erwachsener das Kind auf den Schoß und beginnt mit den Knien zu wippen. Erst ganz vorsichtig, weil ja die Damen reiten. Dann etwas kräftiger bei den Herren. Den Bauern schüttelt und rüttelt das Pferd kräftig hin und her. Wenn aber die Kinder reiten, dann wird die Bewegung so schnell und wild, daß der Reiter manchmal von seinem Pferd herunterfällt.

Schicke, schacke, Rillchen

Schicke, schacke, Rillchen
Alter:
ab 1 Jahr

Schicke, schacke, Rillchen.
Wir reiten mit dem Füllchen.
Wenn wir größer werden,
Reiten wir auf Pferden;
Macht das Pferdchen tripp und trapp,
Wirft den kleinen Reiter ab.

Auch dieser Vers beinhaltet eine Steigerung: vom vorsichtigen Laufen des Füllens über den Trab des Pferdes bis hin zu dessen wildem Galopp.

Spielen

Das Faden-such-Spiel

Dieses Spiel können wir sowohl im Freien als auch im Zimmer durchführen. Die Anzahl der zu suchenden Fäden richtet sich nach dem Alter der Kinder.
Wir erklären, wie wir die Fäden verstekken: nicht in Taschen, Schubladen, Spielkisten oder -fächern, sondern wir legen sie sichtbar auf die Kleidung der im Kreis sitzenden Kinder. Um ihnen diese Spielregel zu verdeutlichen, legen wir zum Beispiel einen weißen Faden auf einen weißen Ärmel. Der Faden ist zwar eigentlich gar nicht versteckt, aber trotzdem kaum sichtbar.
Das Kind, das suchen muß, entfernt sich nun von den anderen. Dann verteilen wir die Fäden auf den farblich passenden Kleidungsstücken. Der Sucher muß nun die Fäden durch genaues Hingucken finden und sie einsammeln.
Spielen wir mit einer großen Gruppe, so sollten zwei Sucher bestimmt werden. Für die folgende Runde wählen Sie die nächsten beiden Kinder aus sowie eines, das die Fäden versteckt.

Das Faden-such-Spiel
Alter:
ab 4 Jahre
Teilnehmer:
ab 5, aber auch für größere Gruppen geeignet
Material:
je 2 bis 5 Fäden in den Farbtönen, die denen der Bekleidung der mitspielenden Kinder entsprechen

Fußball zu zweit

Dieses Spiel braucht kaum Vorbereitungen und macht drinnen genausoviel Spaß wie im Freien.
Spielen wir im Zimmer, so zeichnen wir den Spielplan auf das Papier auf. Im Freien malen wir ihn mit Kreide oder mit einem Stöckchen auf den Boden. Unser Spielplan sieht wie eine liegende Leiter aus und hat 21 Abschnitte. Auf das Mittelfeld legen wir den Spielstein.
Es wird immer abwechselnd gewürfelt. Kind A beginnt und rückt den Spielstein um so viele Felder auf die Torlinie von Kind B zu, wie es Augen gewürfelt hat.
Nun kommt Kind B an die Reihe und zieht denselben Spielstein in Richtung Torlinie A. Wer die gegnerische Linie überwindet, hat ein Tor geschossen.
Dann legt man den Spielstein zum Anstoß zurück auf das Mittelfeld, und der Verlierer darf als erster würfeln.

Fußball zu zweit
Alter:
ab 5 Jahre
Teilnehmer:
zu zweit
Material:
Papier (DIN A3)
Bleistift (Kreide oder Stöckchen)
1 Spielstein (Knopf, Steinchen)
1 Würfel

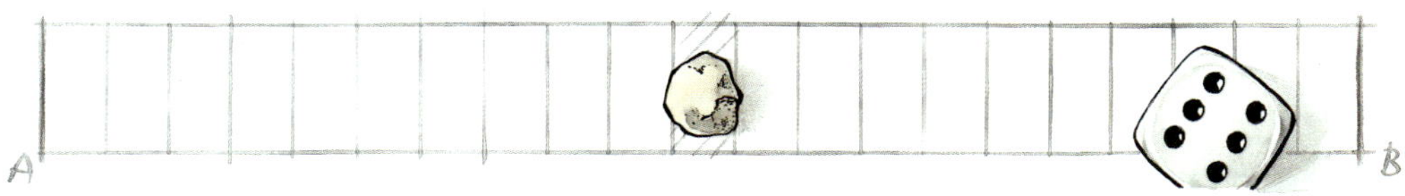

Zirkustiere

Die Kinder sitzen im Kreis und der Spielleiter steht in der Mitte. Je zwei Kinder erhalten oder wählen denselben Tiernamen.
Alle Zirkustiere warten nun darauf, daß der Dompteur zwei Namen aufruft. Diese Tiere müssen so schnell wie möglich ihre Plätze tauschen, denn einen davon will auch der Dompteur ergattern. Gelingt es ihm, so muß das Kind ohne Stuhl in die Kreismitte gehen und nun versuchen, wieder an einen Sitz zu gelangen.
Das Spiel kann so lange fortgeführt werden, wie die Kinder Spaß daran haben.

Zirkustiere
Alter:
ab 4 Jahre
Teilnehmer:
ab 6, aber auch für größere Gruppen geeignet
Material:
Stühle/Sitzgelegenheiten für jedes Kind

Singen

Es war einmal eine Ziege

Text und Melodie:
Johannes Kuhnen

Es war einmal eine Ziege
Alter:
ab 4 Jahre
Teilnehmer:
ab 5

Es war einmal ein Karnickel,
das hatte am Po einen Pickel.
Doch wollt's dem Karnickel nicht
glücken,
den Pickel am Po auszudrücken.

Es war einmal eine Otter,
die mochte vom Ei nur den Dotter.
Das Ei sagte: »Was soll das heißen!
Was mache ich dann mit dem Weißen?«

Es war einmal ein Gockel,
der stellte sich auf einen Sockel.
Dort stand er als Denkmal und döste
und dachte, er wäre der Größte.

Es war einmal eine Wachtel,
die brütete in einer Schachtel.
Sie meinte, das Brüten in Nestern
sei nur noch für Wachteln von gestern.

Es war einmal eine Hummel,
die fand 'nen Zigarrenstummel.
Sie wollte ihn gerne gebrauchen,
doch konnte sie leider nicht rauchen.

Es war einmal eine Biene,
die kam unter eine Lawine.
Sie dachte voll wärmstem Vertrauen:
»Im Frühling, da wird es ja tauen.«

Es waren einmal zwei Wanzen,
die gingen zum Schützenfest tanzen.
Doch kamen sie ganz ungebeten
und wurden dazu noch zertreten.

Es war einmal eine Kröte,
die spielte voll Leidenschaft Flöte.
Der Kröterich klagte und fragte,
warum sie nicht doch lieber quakte.

Reime

Die Ziege

Die Ziege mit dem spitzen Bart
ruft ihrem Kind meck, meck.
Mein Böcklein, bleib schön hier bei mir
und spring nicht zu weit weg.

Basteln

Schwein mit Ringelschwanz

Schwein mit Ringelschwanz
Alter:
ab 5 Jahre
Teilnehmer:
allein oder in einer Gruppe
Material pro Papierschwein:
1 rosa Papierquadrat von 15 x 15 cm
Schere
1 Filzstift

Dieses Schwein läßt sich recht leicht falten. Deshalb können wir gleich mehrere anfertigen, die wir dann auf etwas Stroh stellen. Und schon sieht es so aus wie auf einem Bauernhof.

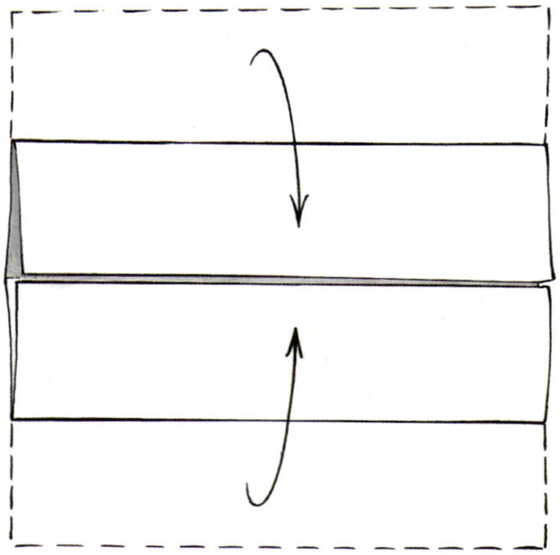

1. Wir falten das Papier einmal waagerecht in der Mitte und öffnen es wieder. An diesen Knick legen wir nacheinander die obere und die untere Längsseite, so daß sie einander gerade berühren, sich aber nicht überlappen. Nun streichen wir die Faltungen glatt.

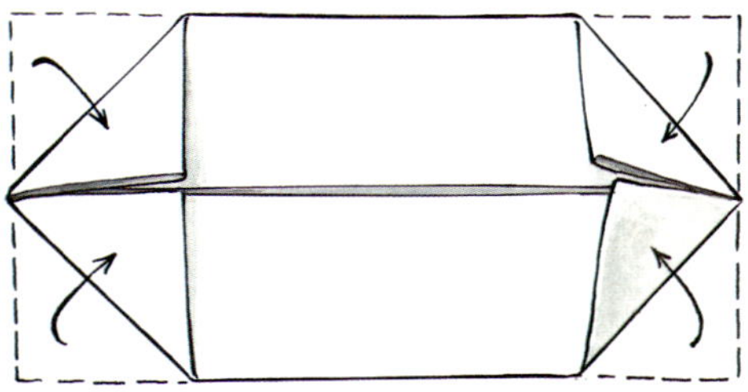

2. Wir knicken nun nacheinander die vier Ecken zur Mittellinie.

3. Die Faltungen öffnen wir wieder. Wie es auf der Zeichnung zu sehen ist, schieben wir nun einen Finger in das Dreieck und klappen die obere Ecke auf das Papier, das wir danach glattstreichen.

4. Das vor uns liegende Papier knicken wir einmal nach hinten. Auf jeder Seite hat unsere Faltung nun je zwei nach außen und zwei nach innen zeigende Spitzen. Aus den letzteren falten wir die Beine.

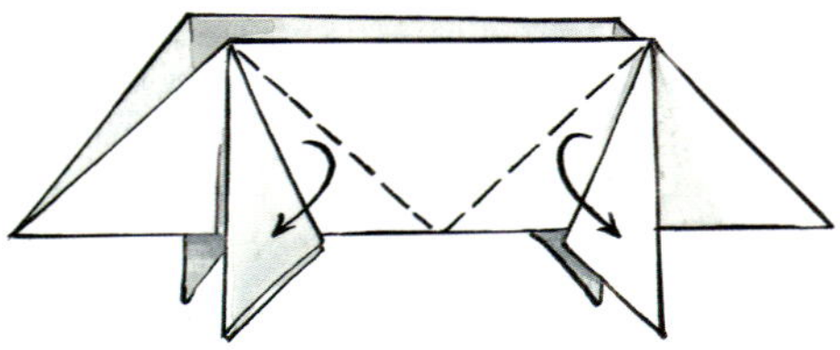

5. Wir nehmen eine Spitze und klappen sie so um, daß ihre Längsseite auf dem Knick liegt. Das gleiche machen wir mit den drei anderen Spitzen.

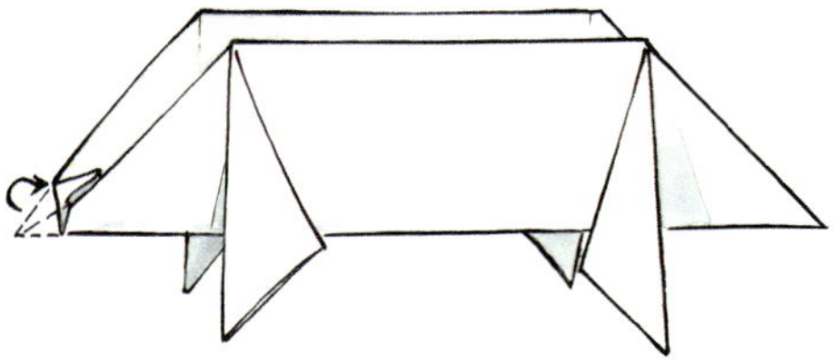

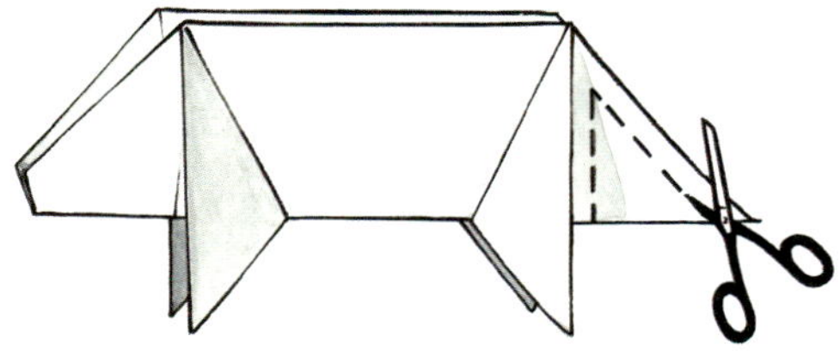

6. Nun entscheiden wir, welche der äußeren Spitzen der Schwanz und welche der Rüssel sein soll. Für diesen klappen wir ein kleines Stück nach hinten. Danach öffnen wir das Schwein am Rücken entlang und schieben die Rüsselspitze nach innen.

7. Die gestrichelten Linien auf der Abbildung oben zeigen, wie wir nun ausschneiden müssen, damit das Schwänzchen entsteht. Wir drehen es danach vorsichtig, so daß es sich ringelt. Nun malen wir mit einem Filzstift Augen und Nasenlöcher auf.

Singen

Eisenbahn, Eisenbahn

Eisenbahn, Eisenbahn
Alter:
ab 3 Jahre
Teilnehmer:
ab 5, aber auch für größere Gruppen geeignet

Die Bewegungen dieses Spielliedes werden durch den Text vorgegeben. Ein Lokführer fährt mit zwei Kindern als Waggons los. Ist die Gruppe größer als angegeben, dann hängen sich alle weiteren Kinder an, bis auf die beiden, die die Brücke bilden. Nachdem die Eisenbahn darunter durchgerattert ist, koppeln sich diese beiden Kinder ebenfalls hinten an.
Die Eisenbahn ändert ihr Tempo dem Text entsprechend und hält am Hauptbahnhof an. Ist die Spielgruppe sehr groß, so können zwei Züge gebildet werden, die sich begegnen und aneinander vorbeifahren.

Text und Melodie: W. Hering und B. Meyerholz

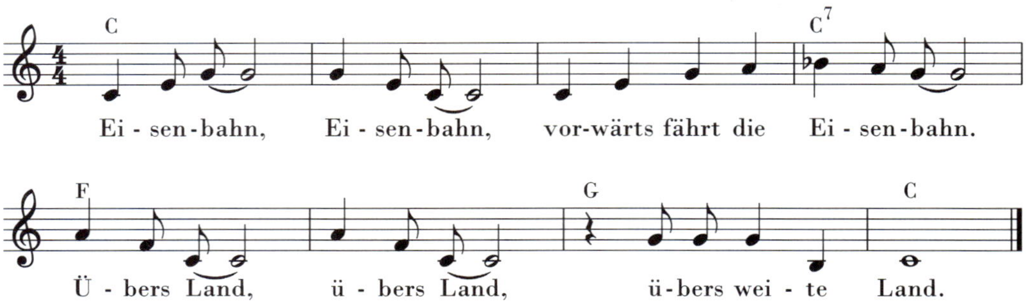

Wagen dran, Wagen dran,
hängt noch ein paar Wagen dran,
Türen zu! Türen zu!
Türen lieber zu.

Refrain: Eisenbahn, Eisenbahn ...

Brücke kommt, Brücke kommt,
Achtung eine Brücke kommt.
Unten durch! Unten durch!
Wir fahrn unten durch.

Refrain

Bummelzug, Bummelzug,
wir fahrn mit dem Bummelzug.
Langsam gehts! Langsam gehts!
Langsam gehts voran.

Refrain

Kurve fahrn, Kurve fahrn,
ganz schräg in die Kurve fahrn.
Kurve fahrn! Kurve fahrn!
Mit der Eisenbahn.

Refrain

Schneller fahrn, schneller fahrn,
schneller fährt die Eisenbahn.
Hundertachtzig fahrn!
Hundertachtzig fahrn!
Mit der Eisenbahn.

Refrain

Hauptbahnhof, Hauptbahnhof,
Zug fährt in den Hauptbahnhof.
Bis er steht! Bis er steht!
Bis er endlich steht.

Spielen

Wohin geht die Reise?

Die Kinder sitzen im Kreis um den Spielleiter herum, der keinen Stuhl hat. Er und alle anderen überlegen sich jeweils einen Städtenamen, den sie dann nacheinander nennen.
Die Regeln lassen sich am besten durch einige »Probefahrten« erklären.
Der Spielleiter ruft zum Beispiel: »Wir reisen von Berlin nach München – los!« Die Kinder mit den entsprechenden Städtenamen wechseln auf »los« die Plätze. Dann erklärt der Spielleiter, daß er jetzt auch mitmachen möchte. Also aufgepaßt: Er will einen Sitz ergattern! Gelingt es ihm, so muß das Kind, das ihn verloren hat, die nächste Reiseroute ansagen und nun seinerseits versuchen, einen Platz zu bekommen.
Sind die Mitspieler schon älter, so können wir die Reiseregeln erschweren: »Wir fahren von Hamburg über Göttingen und Kassel nach Berlin – los!« Alle aufgerufenen Kinder müssen auf »los« die Plätze tauschen.
Kann ein Kind einige Male hintereinander keinen Sitz erwischen, so darf es rufen: »Alles umsteigen!« Nun müssen alle die Plätze wechseln.

Wohin geht die Reise?
Alter:
ab 4 Jahre
Teilnehmer:
ab 5, aber auch für größere Gruppen geeignet
Material:
Stühle, oder andere Sitzgelegenheiten für jedes Kind

Spielen

Erinnerungskassette

Erinnerungskassette
Alter:
ab 5 Jahre
Teilnehmer:
2 bis 4
Material:
Recorder mit Mikrophon
1 Kassette

Diese Beschäftigung kann mit einer Überraschung beginnen. Wir schenken den Kindern eine Kassette. Wenn nun die Kinder neugierig sind und hören möchten, ob da Lieder oder Geschichten drauf sind, so erklären wir, daß sie unbespielt ist. Wir wollen sie nämlich mit in die Ferien nehmen und alle möglichen Geräusche als Erinnerung aufnehmen. Zum Beispiel Stimmen von Kindern, die wir im Urlaub als Freunde gewonnen haben, von der Bäuerin und vom Bauern oder Tierlaute, aber auch das Plätschern eines Baches, das Rattern eines Traktors und den Wind in den Zweigen. Bestimmt fällt jedem etwas ein, was er gern festhalten möchte: Vielleicht erzählt jemand eine lustige Geschichte, oder alle singen ein Lied.
Beim späteren Anhören der Kassette überlegen wir uns, wer das Geräusch gemacht hat und wo und wann es aufgenommen wurde. Auf diese Weise werden viele schöne Urlaubserinnerungen lebendig und bleiben noch lange erhalten.
Eine solche Kassette eignet sich auch als Mitbringsel für liebe Verwandte. In diesem Fall kann das Kind Erklärungen zu allem Aufgenommenen mit auf das Band sprechen.

Besuch auf dem
Bauernhof
Alter:
ab 5 Jahre und mehrere
Erwachsene
Teilnehmer:
ab 16

Besuch auf dem Bauernhof

Dieses Rollenspiel sollten wir in einer großen Runde veranstalten. Es eignet sich zum Beispiel für den Kindergarten, für eine Geburtstagsfeier oder für einen Spielnachmittag, zu dem auch Erwachsene eingeladen werden. Da es fröhlich ist, hilft es, Anlaufschwierigkeiten zu überwinden und die Stimmung aufzulockern.
Für die Familie Baumann brauchen wir mindestens zwei Teilnehmer, für alle anderen Personen und Tiere je einen. Spielen mehr als 16 Leute mit, so vergrößern wir die Familie auf fünf bis sechs Mitglieder. Auch alle Tiere können drei- oder viermal vorkommen. Je mehr, desto lustiger.
Jeder sucht sich seine Rolle selbst aus, wobei wir lediglich darauf achten, daß alle besetzt sind. Dann erläutern wir, wer was sagen muß. Oder wir bereiten Zettel vor, auf denen die Rolle und der dazugehörige Text oder Laut steht, und jeder Spieler zieht einen.
Nun erklären wir den Ablauf: Der Spielleiter liest eine Geschichte vor, bei der jeder ganz genau aufpassen muß. Denn sobald sein Rollenname genannt wird, soll er den entsprechenden Text »sprechen«.
Nun kann es losgehen. Alle warten gespannt auf ihr Stichwort. Der Text wird langsam und deutlich vorgelesen, wobei man Pausen für die Sätze und für die Geräusche macht.

Mitspieler und ihre Rollen
Familie Baumann: »Hallo, hier sind wir!«
Bauer: »Schön, daß ihr gekommen seid!«
Bäuerin: »Kommt rein! Es gibt frische Milch und Kuchen!«

Katze: miau, miau
Maus: piep, piep
Ziege: meck, meck
Schwein: oink, oink
Misthaufen: puuhhh
Hahn: kikeriki
Hund: wau, wau
Traktor: ratatata, ratatata
Pferde: ühühühühü
Kühe: muh, muh
Esel: i-a, i-a

Der Spielleiter liest den Text vor:
Heute ist ein schöner Sommertag und **Familie Baumann** macht einen Besuch auf dem Bauernhof.
In der warmen Sonne liegt die **Katze.** Sie will eine **Maus** fangen, aber die läuft an der **Ziege** und am **Schwein** vorbei und versteckt sich neben dem **Misthaufen.** Dahin will die **Katze** nicht laufen. Auf dem **Misthaufen** scharrt der **Hahn.** Die **Bäuerin** und der **Bauer** begrüßen **Familie Baumann.** Mit dem **Traktor** fahren der **Bauer, Familie Baumann** und der **Hund** auf die Wiese hinaus. **Pferde** weiden da und auch **Kühe.** Der **Hund** springt als erster vom **Traktor** und begrüßt seinen Freund, den **Esel.** **Familie Baumann** steigt auch vom **Traktor** und füttert **Kühe, Pferde** und **Esel** mit Karotten und Äpfeln. Auf den **Pferden** reitet **Familie Baumann** zum Bauernhof zurück. Der **Bauer** folgt auf dem **Traktor** und mit dem **Hund.**
Die **Bäuerin** hat für **Familie Baumann** schon den Tisch gedeckt. Und die **Katze** bekommt ein Schälchen Milch.
Abends denkt **Familie Baumann** gern an alle zurück: an den **Bauern,** die **Bäuerin,** die **Katze,** den **Hahn,** das **Schwein,** an den **Esel,** den **Hund,** die **Pferde,** die **Ziege,** den **Traktor,** an den **Misthaufen,** die **Maus** und die **Kühe.**

Vorlesen

Fischbrötchen im Kuhstall

Frederik Vahle

Es war einmal eine große Schildkröte, die hieß Emma, und eine kleine Schildkröte, die war nur so groß wie ein Brötchen, deshalb nannten wir sie Fischbrötchen. Sie wohnten in unserem großen Aquarium, und eines Tages passierte es dann: Emma kletterte auf ein Stück Holz, das in dem Aquarium schwamm, und sonnte sich. Fischbrötchen kletterte ebenfalls auf das Holz und weiter auf Emmas Rücken und sonnte sich auch. Aber Emma wurde böse und schüttelte sich – bums, fiel Fischbrötchen aus dem Aquarium und landete auf dem Teppich. Und weil Fischbrötchen sehr neugierig war, krabbelte sie durch das Zimmer auf den Balkon, streckte den Kopf durch die Balkongitter und sauste weiter – sssssssst-bums, mitten ins Erdbeerbeet.
Zuerst aß Fischbrötchen sich an den Erdbeeren richtig satt. Dann krabbelte sie weiter und kam zu einem Grashaufen. In den wühlte sie sich rein, um zu schlafen, aber da kam der Bauer Wagner mit dem Traktor angerattert. Er lud den Grashaufen auf den Traktor, fuhr, butt, butt, butt, butt, butt, zurück ins Dorf und brachte ihn in den Kuhstall.
»Da, Liese, hast du dein Mittagessen. Und guten Appetit!«

Die Kuh fing an zu fressen – da war plötzlich vor ihr ein Tier, das hatte sie in ihrem ganzen Leben noch nicht gesehen. Und Fischbrötchen guckte hoch zu einem Tier, das hatte sie ebenfalls in ihrem ganzen Leben noch nicht gesehen.
»Wer bist du?« fragte die Kuh.
»Ich bin eine Schildkröte und heiße Fischbrötchen«, sagte Fischbrötchen. »Und wer bist du?«
»Ich bin eine Kuh – das weiß doch jeder!« sagte die Kuh.
»Und warum hast du zwei Kleiderhaken am Kopf?« fragte Fischbrötchen.
»Das sind doch keine Kleiderhaken – das sind meine Hörner!« sagte die Kuh.
»Und warum hast du so einen komischen Waschlappen im Maul?« fragte Fischbrötchen.
»Das ist doch kein Waschlappen – das ist meine Zunge!« sagte die Kuh.
»Und warum hast du zwei schwarze Pinsel neben den Kleiderhaken?«
»Das sind keine schwarzen Pinsel – das sind meine Ohren!« sagte die Kuh.

»Und warum hast du einen so großen Handschuh zwischen den Beinen?« fragte Fischbrötchen.
»Das ist doch kein Handschuh – das ist mein Euter, damit gebe ich Milch!«
»Und warum hast du einen Strick am Hintern?« fragte Fischbrötchen.
»Das ist doch mein Schwanz, damit verscheuche ich die Fliegen!« sagte die Kuh.
»Und warum hast du dir einen schwarzweißen Bettvorleger um den Bauch gewickelt?« fragte Fischbrötchen.
»Das ist kein Bettvorleger – das ist mein Fell!« sagte die Kuh. »Aber was hast du denn für ein komisches Fell? Das sieht ja aus wie altes Knäckebrot!«
»Das ist kein Fell – das ist mein Schildkrötenpanzer!« sagte Fischbrötchen. »Und da kann sogar eine Kuh drauf stehen!«
»Waaas?« sagte die Kuh. »Unglaublich! Das muß ich gleich mal ausprobieren.«
Und sie versuchte, sich mit allen vier Beinen auf Fischbrötchen zu stellen. Aber sie rutschte aus, kullerte durch den Kuhstall, flog gegen die Kuhstalltür, die Kuhstalltür flog auf, und die Kuh kullerte mitten auf den Bauernhof.
»Ach du meine Güte!« rief die Bauersfrau, warf vor Schreck den frischen Pflaumenkuchen auf den Misthaufen, lief tripp, tripp, trapp die Treppe hoch, machte die Haustür auf, lief durch den Flur, machte die Küchentür auf und sagte zum Bauern:

»Bauer, bei uns im Kuhstall ist ein Monster, das hat gerade die Kuh zum Kuhstall rausgekullert!«

»Waaas?« sagte der Bauer und bekam Angst. Aber dann setzte er seinen Feuerwehrhelm auf, schlich auf Zehenspitzen über den Hof zum Kuhstall, guckte vorsichtig durchs Kuhstallfenster – und was sah er da?

Eine Schildkröte, die nicht größer war als ein Brötchen.

»Aha«, sagte der Bauer, »ich weiß, wo du herkommst!«

Er brachte Fischbrötchen zu uns zurück, und jetzt sitzt sie wieder in unserem Aquarium.

»Gibt es außer uns noch andere Tiere auf der Welt?« fragte Emma.

»Ja«, sagte Fischbrötchen, »die Kühe!«

»Und haben die auch einen Panzer wie wir?« fragte Emma.

»Nein«, sagte Fischbrötchen, »sie haben Hörner, Ohren, eine Zunge, ein Euter, einen Schwanz und ein schwarzweißes Fell.«

»Waaas?« sagte Emma, »das verstehe ich nicht.«

»Wenn du's nicht verstehst, dann will ich's dir erklären«, sagte Fischbrötchen. »Kühe sind ganz große Tiere. Die haben Kleiderhaken und schwarze Pinsel am Kopf, einen großen Handschuh zwischen den Beinen und einen roten Waschlappen im Maul. Sie haben einen Strick am Hintern und einen schwarzweißen Bettvorleger um den Bauch gewickelt. Und sie wohnen in einem riesengroßen Aquarium, da sind sogar Fenster drin, und auf dem Boden liegt Stroh und Spinat.«

»Unglaublich!« sagte Emma und dachte noch lange über Fischbrötchens Geschichte nach.

AUGUST

August – da hält es keinen mehr.
Wer noch nicht war, fährt jetzt ans Meer.
Baut Burgen sich, backt viele Kuchen,
will bunte Steine, Muscheln suchen.
Und ist es einmal viel zu heiß,
dann hilft nur eines: Himbeereis!

Spielen

Linien im Sand

Linien im Sand
Alter:
ab 2 Jahre
Teilnehmer:
ab 2
Material:
Stöckchen

Für dieses Spiel eignet sich – da man dafür viel Platz braucht – am besten ein Sandstrand. Es läßt sich aber auch auf einer geteerten Fläche oder auf Gehwegplatten durchführen, jedoch ist eine Verletzungsgefahr größer, wenn die Kinder allzu wild toben. Um die Linien aufzuzeichnen, nehmen wir Kreide. Sind wir am Strand, dann zieht ein Teilnehmer mit einem Stöckchen eine Wellenlinie durch den Sand, auf der ein Kind entlanglaufen soll.

Wenn wir das einige Male gemacht haben, dann überschneiden die Linien einander in Schleifen und Schlingen. Nun ist es schwieriger, auf der richtigen Spur zu bleiben.

Jetzt können wir das Spiel ein wenig verändern: Wir hüpfen auf einem Bein an einer Linie entlang, wir springen mit einem oder mit beiden Beinen darüber hinweg – und wir krabbeln auf allen vieren wie ein Hund an ihr entlang.

Wenn wir keine Lust mehr haben, robben wir über den Sand, und alles ist wieder glatt.

Malen

Zeichnen im Sand

Zeichnen im Sand
Alter:
ab 4 Jahre
Teilnehmer:
ab 2
Material:
Stöckchen

Dieses Spiel ergibt sich fast von selbst aus dem vorangegangenen. Wir sind etwas müde und ruhiger geworden, und die glatte Sandfläche vor uns reizt uns geradezu, Kreise und Striche zu machen.

Wenn ein größeres Kind oder ein Erwachsener anfängt, mit dem Stock oder mit dem Zeigefinger Muster aufzumalen, kommen die kleineren gleich neugierig näher und versuchen zu raten, was da wohl entsteht. Bald schon werden sie mitmalen.

Je nach Alter empfehlen sich zum Beispiel: Sonne, Herz, Haus, Wolke, Maus, Schiff, Schmetterling, Sonnenschirm, Liegestuhl und Blume.

Die fünf- bis sechsjährigen Kinder schreiben mit Begeisterung ihren Namen oder andere kurze Wörter in Druckbuchstaben in den Sand und sind sicher Feuer und Flamme, wenn ihnen dann noch ein älteres Schulkind neue Namen und Wörter beibringt.

Spielen

Laufen im Sand

Am schönsten ist es, dieses Laufspiel auf einem warmen, freien Strand, aber auch in einem großen Sandkasten durchzuführen, in dem gerade mal keine anderen Kinder sind. Oder wir fordern sie zum Mitmachen auf.

Wir ziehen Schuhe und Strümpfe aus und laufen los. Die Kleinen werden sehr schnell merken, daß es viel schwerer ist, im Sand zu laufen als auf einer glatten, festen Fläche. Wir sinken ein, und es kitzelt, wenn der Sand über den Fuß rieselt.

Nach diesen Erfahrungen bestimmen wir ein Ziel, zu dem wir um die Wette laufen. Die Kleinsten dürfen als erste starten. Die Größeren zählen bis fünf und laufen erst dann los.

Laufen im Sand
Alter:
ab 2 Jahre
Teilnehmer:
ab 2

Steinchen verstecken

Gemeinsam suchen wir Muscheln und Steine. Diese müssen unter die Muscheln passen.

Die Muscheln legen wir in den Sand und die Steine verteilen wir gleichmäßig unter den Kindern. Eines dreht sich nun so lange um, bis ein anderes einen Stein unter einer Muschel versteckt hat. Dann soll das erste Kind herausbekommen, wo er liegt. Hat es richtig geraten, so darf es den Stein behalten und dann selbst einen verstecken. Hat es sich geirrt, so muß es sich nochmals umdrehen und ein neues Steinchenversteck finden.

Wir können die Regel aber auch dahingehend abwandeln, daß nach jedem Raten, egal ob erfolgreich oder nicht, die Rollen getauscht werden. Sieger ist, wer die meisten Steine hat.

Steinchen verstecken
Alter:
ab 3 Jahre
Teilnehmer:
ab 2
Material:
3 bis 4 Muscheln
6 bis 8 Steine

Seeschlange

Voraussetzung: ein flaches Ufer.

Je mehr Personen bei diesem Spiel mitmachen, desto besser. Der Schlangenkopf ist ein Erwachsener oder ein älteres Kind. Dann reichen alle Teilnehmer einander die Hände und bilden eine lange Seeschlange. Sie ringelt sich nun durch kniehohes Wasser. Manchmal ändert sie ihr Tempo. Je mehr Windungen sie macht, desto mehr Spaß haben alle.

Seeschlange
Alter:
ab 3 Jahre
Teilnehmer:
ab 3

Bunter Sand

Bunter Sand
Alter:
ab 3 Jahre
Teilnehmer:
1 bis 4
Material:
Malkittel
Zeitungen (zum Abdekken der Arbeitsfläche)
Finger- und/oder Wasserfarben
leere Joghurtbecher
Sand
Pinsel
Wasser
Tablett
Küchenpapier
pro Farbe einen flachen Teller
pro Kind: 1 Glas mit Verschluß
Klebstoff
festes Papier (DIN A5)

Wir können mit farbigem Sand interessante Muster, ja sogar ganze Landschaften gestalten. Aber selbst wenn wir nichts anderes tun, als verschieden gefärbte Sandstreifen übereinanderzuschichten, so sieht das Ergebnis sehr schön aus.
Der Sand läßt sich mit Finger- und/oder mit Wasserfarben färben.
Fingerfarben sind dickflüssig. Wenn wir sie in einem leeren Joghurtbecher mit Sand mischen, dann entsteht ein fester Brei. Daraus können wir allerlei Gebilde herstellen, zum Beispiel: Tropfsteine, Abenteuertiere und andere seltsame Lebewesen oder abstrakte, phantastische Formen.
Wir nehmen dazu ein abwaschbares Tablett, decken es mit mehreren Schichten Küchenpapier ab und tropfen jetzt den farbigen Sand darauf. Er braucht etwa ein bis zwei Tage zum Trocknen.
Wer den Sand auch nach dem Einfärben feinkörnig haben möchte, sollte die Fingerfarben mit etwas Wasser verdünnen oder aber Wasserfarben verwenden.
Pro Farbe benötigen wir einen sauberen Joghurtbecher, den wir halbvoll mit Wasser füllen. Mit einem Pinsel nehmen wir so oft Farbe auf, die wir im Wasser lösen, bis es die gewünschte Schattierung hat. Nun schütten wir reichlich Sand dazu und rühren das Ganze um. Wenn wir alle Gemische aus Farbwasser und Sand fertighaben, nehmen wir für jedes einen Teller, den wir mit

Küchenpapier bedecken. Darauf gießen wir das Gemisch. Es muß – je nach Wetter – ein bis zwei Tage trocknen, bevor wir es verwenden können.
Am einfachsten lassen die einzelnen Sandfarben sich nacheinander in ein Gläschen mit enger Öffnung schichten. Wichtig ist nur, daß wir es nicht rütteln, sonst vermischen sich die Farben.
Wir füllen das Glas bis oben hin. Den Verschluß fixieren wir – wenn nötig – mit etwas Klebstoff.
In einem Glas mit großer Öffnung ist es ganz einfach, Wellen, Hügel, Seen und Täler zu gestalten. Wir nehmen ein Stück festes Papier, geben etwas Sand darauf und halten es, wie auf der Zeichnung zu sehen. Den Sand lassen wir in das Glas rieseln. Auf diese Weise können wir den Strahl lenken und genau dosieren. Das Glas füllen wir so weit, daß der Verschluß das Ganze fest abschließt. Wir haben jetzt ein hübsches Erinnerungsstück oder ein Mitbringsel für einen lieben Menschen.

Basteln

Muschelbild

Muschelbild
Alter:
ab 5 Jahre
Teilnehmer:
1 bis 2 Kinder und
1 Erwachsener
Material:
1 Kunststoffschüssel
1 Becher Wasser
Gips
Löffel
Schnur: 15 cm lang
1 runde Käseschachtel
(⌀ 15,5 cm)
Gräser
Muscheln
kleine Steine
Sand

Ein solches Bild läßt sich einfach herstellen und ist eine schöne Erinnerung an erholsame Urlaubstage. Auch als kleines Geschenk wird es sicher viel Freude bereiten. Damit wir auch nach langer Zeit noch wissen, wann wir es gemacht haben, sollten wir einen Aufkleber mit Ort und Datum auf der Rückseite anbringen.

1. Wir gießen 1 Becher Wasser in die Schüssel und rühren 2 Becher Gips dazu. Mit dem Löffel mischen wir die Masse gut durch und füllen den angerührten Gips in den Boden der Käseschachtel.

2. Nun verknoten wir die Enden der Schnur miteinander und drücken sie – als Aufhänger – in den oberen Rand der Gipsmasse.

3. Wir schütteln die Schachtel vorsichtig hin und her und lassen sie, aus geringer Höhe, auf den Tisch fallen. So wird die Gipsoberfläche schön glatt.
Auf der unteren Hälfte der Masse ordnen wir nun die Muscheln, die kleinen Steine und die Gräser an, die wir ganz leicht hineindrücken. Dann streuen wir etwas Sand darüber.
Der Gips ist inzwischen soweit getrocknet, daß wir den Schachtelrand ablösen können. Mit nassen Fingern glätten wir danach den Gipsrand. Auf einer ebenen Fläche lassen wir das Bild einige Stunden weitertrocknen und lösen dann die Käseschachtel vollständig ab. Nun muß unser Bild nur noch richtig hart werden.

Spielen

Vögel im Nest

Für dieses Spiel benötigen wir viel Platz. Die Kinder sind Vögel und haben alle bis auf eines ein Nest.
Dieses zeichnen wir mit Kreide oder einem Stock auf – je nach Untergrund – oder begrenzen sie mit einer dicken Schnur.
Der Vogel ohne Nest steht in der Mitte des Spielfeldes und ruft: »Wo ist mein Nest?« Die anderen antworten: »Hier!« und wechseln schnell ihre Plätze; dabei muß der Vogel in der Mitte versuchen, einen zu besetzen. Wer danach keinen hat, führt das Spiel weiter.

Vögel im Nest
Alter:
ab 4 Jahre
Teilnehmer:
ab 4, aber auch für größere Gruppen geeignet
Material:
Stock, Kreide oder Schnur

Fingerspiele

Fünf Fingerlein

Fünf Fingerlein schliefen einmal fest
wie kleine Vögelein im Nest.
Da kommt die liebe Sonne und lacht:
»Genug geschlafen, he, aufgewacht!«
Der Daumen wurde als erster wach.
Er reckt sich und streckt sich
und ruft voll Freude:
»Guten Morgen, Frau Sonne!
Schön ist es heute!«
Dem Zeigefinger hat er
auf den Rücken geklopft. Der brummt:
»Was soll denn das heißen,
mich aus dem schönsten Schlaf zu
reißen!«
Dann haben die zwei getanzt und
gelacht,
davon sind die andern dann auch
aufgewacht.
Und alle zusammen rufen voll Freude:
»Guten Morgen, Frau Sonne!
Schön ist es heute!«

Fünf Fingerlein
Alter:
ab 3 Jahre
Teilnehmer:
1 bis 5

Die im Nest schlafenden Vögel stellen wir mit einer geschlossenen Faust dar. Die andere Hand, die Sonne, halten wir mit weit auseinander gestreckten Fingern hoch.
Wir spielen nun mit der »Vogelhand« so, wie der Text es uns vorgibt. Wenn auch das letzte Vögelein aufgewacht ist, strecken und bewegen wir alle Finger dieser Hand der Sonne entgegen.

Basteln

Transparent-fische

Transparentfische
Alter:
ab 5 Jahre
Teilnehmer:
1 bis 4 Kinder und
1 Erwachsener
Material:
Fotokarton (DIN A4)
Pauspapier
Bleistift
Schere
Transparentpapier in mehreren Farben
Klebstift
Nadel und Faden

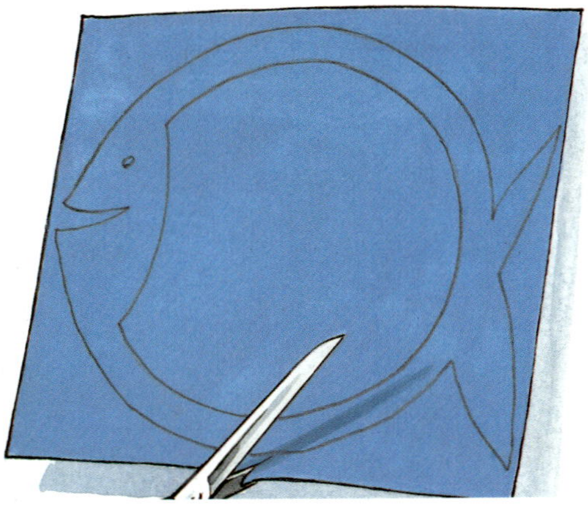

1. Wir pausen den Rahmen für den Fisch auf Fotokarton ab. Nun schneiden wir den Fisch zuerst innen entlang der Rahmenlinie und dann außen entlang des Umrisses aus.

2. Für die farbigen Schuppen benötigen wir mehrere etwa 5 cm breite und 20 cm lange Streifen Transparentpapier. Wir legen jeden mehrfach zusammen und schneiden die obere und die untere Seite wellenförmig zu.

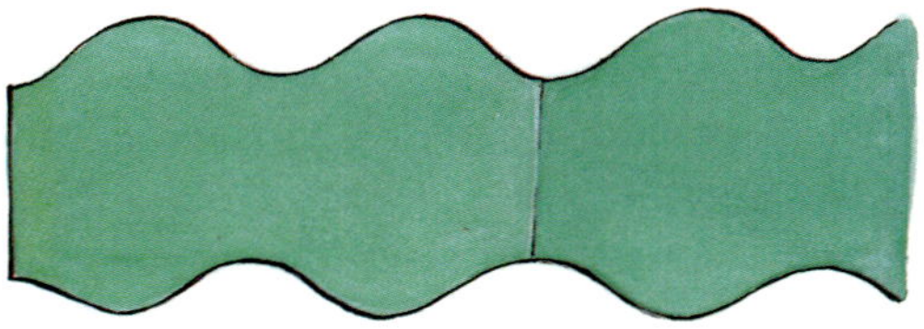

3. Dann öffnen wir die Streifen, deren Längsseiten nun gewellt sind.

4. Am Kopfende des Fisches beginnend fixieren wir anschließend die Transparentpapierstreifen. Dazu streichen wir etwas Klebstoff auf den Tonpapierrahmen, legen die Streifen auf und drücken sie an. Wir achten darauf, daß keine Lücken entstehen.
Sind wir damit fertig, so schneiden wir alle überstehenden Papierenden vorsichtig ab. Wer will, kann daraus noch eine Rücken- und eine Bauchflosse ausschneiden.
Mit farbigen Stiften malen wir das Auge auf und ziehen auf der Schwanzflosse einige Striche.
Wollen wir unseren Fisch noch am Fenster anbringen, dann können wir ihn direkt ankleben oder an einem Faden aufhängen. Dazu fassen wir ihn mit zwei Fingern am Rücken an und halten ihn ganz locker, um herauszufinden, ob er geradehängt (im Gleichgewicht). Geht der Kopf runter, so müssen wir unsere Befestigung etwas nach vorn rücken.
Wenn wir den richtigen Punkt gefunden haben, markieren wir ihn, ziehen mit der Nadel den Faden hindurch und verknoten dessen Enden. Nun läßt sich der Fisch am Fenster aufhängen.
Wer will, kann noch einige Kreise aus Transparentpapier als Blubberblasen dazuhängen.

Basteln

Sonnenuhr

Sonnenuhr
Alter:
ab 4 Jahre
Teilnehmer:
1 bis 4 Kinder und
1 Erwachsener
Material:
1 gerader Stock:
1 m lang
1 Blumentopf

Eine Sonnenuhr herzustellen ist ganz einfach, vorausgesetzt, wir finden einen Platz, auf den die Sonne den ganzen Tag lang scheint. Dafür bietet sich ein Strand an, aber es gibt sicher auch andere Möglichkeiten.
Wir nehmen den Stock und stecken ihn so in den Boden, daß er fest steht. Ist die Erde zu hart, so stecken wir ihn durch das Loch eines umgestülpten Blumentopfes, um auf diese Weise dem Stock Halt zu geben.
Wir markieren nun die Stelle, auf die der Schatten des Stockes fällt. Nach einiger Zeit werden wir feststellen, daß er gewandert ist, und wir überlegen gemeinsam, woran das liegt.
Zusammen mit älteren Kindern zeichnen wir die Punkte auf, auf die der Schatten jeweils zur vollen Stunde fällt. Wer kann, schreibt auch die entsprechenden Zahlen daneben. Am nächsten Tag läßt sich dann die Uhrzeit von unserer Sonnenuhr ablesen.

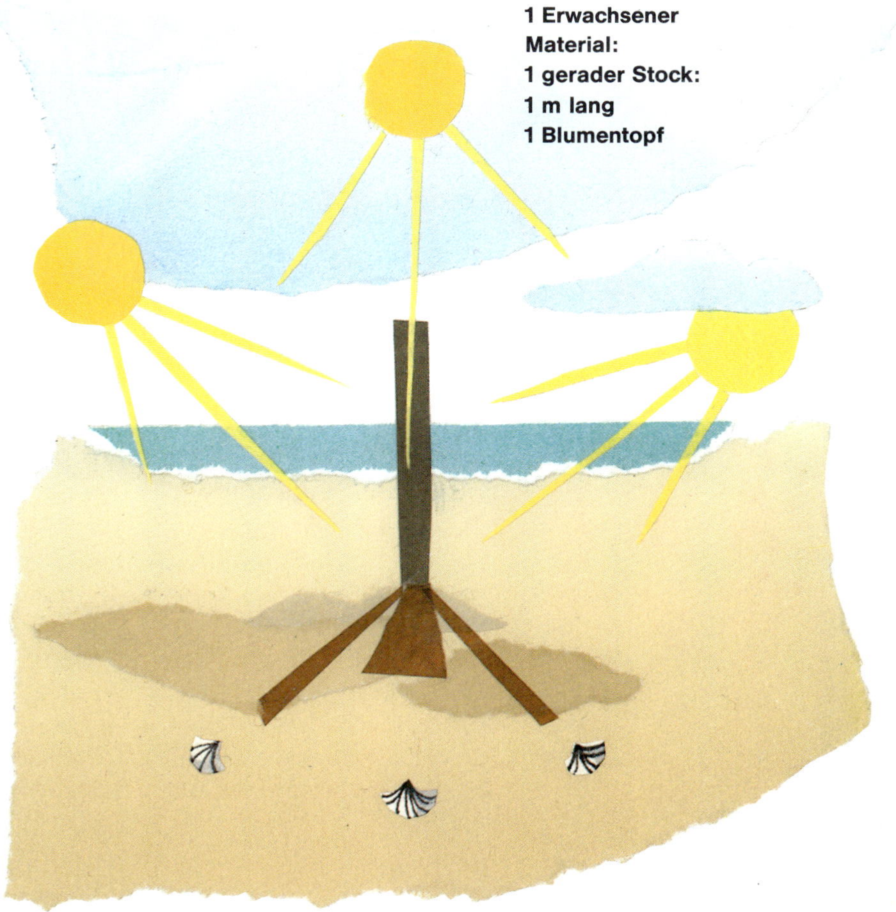

Singen

Spaziergang

Melodie: traditionell
Text: Ursula Barff

Spaziergang
Alter: ab 4
Teilnehmer: ab 5

1. 1, 2 *(gesprochen)*

2. 1, 2, 3, 4 *(gesprochen)*
Ein Schwein, das ging spazieren, ganz allein.
Da wollte es so gerne ein Käfer sein.

3. 1, 2, 3, 4, 5, 6 *(gesprochen)*
Ein Käfer ging spazieren, ganz allein.
Da wollte er so gerne eine Spinne sein.

4. 1, 2, 3, 4, 5, 6, 7, 8 *(gesprochen)*
'Ne Spinne ging spazieren, ganz allein.
Da wollte sie so gerne ein Tausendfüßler sein.

5. 1, 2, 3, 4, 5, 6, 7, 8, 9, 10 – 1000! *(gesprochen)*
Ein Tausendfüßler kann jetzt vorwärts gehn.
Und ist er einmal müde, dann bleibt er stehn.
1, 2, 3, 4, 5, 6, 7, 8, 9, 10 – 1000! *(gesprochen)*

Bevor wir anfangen, sollten wir klären, ob alle wissen, wie viele Beine ein Schwein, ein Käfer, eine Spinne und ein Tausendfüßler haben.
Die Kinder stehen oder sitzen nun im Kreis. Eines stellt sich in die Mitte, und alle zählen gemeinsam: 1, 2. Das Kind tritt erst mit dem einen, dann mit dem anderen Bein fest auf. Danach singen wir die erste Strophe, und das Kind läuft währenddessen im Kreis herum. Wenn wir bei »ein Schweinchen« angekommen sind, winkt es einen weiteren Mitspieler zu sich heran, der sich hinter das Kind stellt und es an den Schultern festhält.
Nun zählen alle die vier Füße des Schweins (1, 2, 3, 4) und singen dann den Text der zweiten Strophe. Bei jeder folgenden kommt noch ein Kind dazu, und wir müssen die jeweilige Anzahl der Beine laut zählen.
Sind wir bei der Strophe des Tausendfüßlers angekommen, so dürfen sich alle Kinder anhängen. Wir zählen bis 10 und rufen dann 1000! Dem Text folgend spielen wir weiter. Wenn wir dann stehenbleiben, sprechen wir leise nochmal die Zahlen von 1 bis 10. In dieser Zeit läuft jedes Kind zu seinem ursprünglichen Platz zurück. Sind alle angekommen, so rufen wir: 1000.

Spielen

Fußabdruck erraten

Im Sandkasten oder am Strand läßt sich dieses Spiel durchführen.
Ein Kind muß so lange wegschauen, bis die anderen einen deutlichen Fußabdruck auf einer glatten Sandfläche produziert und danach ihre Plätze gewechselt haben.
Nun soll das Kind herausfinden, welcher Fußabdruck zu wem gehört.
Bei Matschwetter können wir die Abdrücke unserer Gummistiefel erraten lassen.

Wem gehören die Füße?

Dieses Spiel ist für drinnen und für draußen gleichermaßen gut geeignet. Ein Kind schaut so lange weg, bis die anderen – auf gleicher Fußhöhe – nebeneinander auf dem Boden liegen und so mit dem Laken zugedeckt sind, daß nur noch die Füße herausschauen. Nun muß herausgefunden werden, zu welchem Kind sie jeweils gehören.
Jeder Teilnehmer sollte einmal als Ratender an die Reihe kommen. – Wenn man will, kann man für jede richtige Nennung 1 Punkt vergeben, und derjenige, der die meisten hat, ist der »König der Füße«.

Fußabdruck erraten
Alter:
ab 3 Jahre
Teilnehmer:
3 bis 6
Material:
Sand

Wem gehören die Füße?
Alter:
ab 3 Jahre
Teilnehmer:
ab 5
Material:
Bettlaken

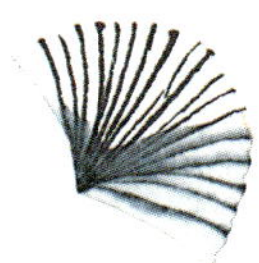

Singen

Drei kleine Quallen

Text: Gerhard Schöne
Melodie: traditionell/Australien

Drei kleine Quallen
Alter:
ab 4 Jahre
Teilnehmer:
ab 3

Zwei kleine Quallen ... eine rutscht!
Eine kleine Qualle ... und sie rutscht!
Keine kleine Qualle ... eine schafft's! Ah!
Eine kleine Qualle ... die zweite schafft's!

usw., bis wieder drei Quallen auf dem Stein sitzen und nacheinander wieder rutschen. Ein Lied ohne Ende. Das Rutschen, bzw. das Raufklettern kann man mit abfallenden Tönen bzw. steigenden Tönen auf einem Instrument schön verdeutlichen.

Fingerspiele

Der ist ins Wasser gefallen

Der ist ins Wasser gefallen
Alter:
ab 1 Jahr

Der ist ins Wasser gefallen,
der hat ihn wieder herausgeholt,
der hat ihn ins Bett gebracht,
der hat ihn warm zugedeckt,
und der kleine Schelm hat
ihn wieder aufgeweckt!

Dies ist ein einfaches Fingerspiel, bei dem wir die Finger des Kindes – beim Daumen beginnend – nacheinander anfassen und sachte durchschütteln.

Spielen

Fische fangen

Als erstes stellen wir für jeden Mitspieler einen Fisch her. Dazu zeichnen wir ihn freihändig auf die Pappe auf, oder wir übertragen ihn vom Vorlagebogen. Danach schneiden wir das Tier aus.
Ein Ende des Bindfadens knoten wir an eine Büroklammer und schieben sie auf den Kopf des Fisches. Das andere Ende des Fadens versehen wir mit einer Sicherheitsnadel, die wir so am Rücken eines Kindes befestigen, daß der Fisch gerade auf dem Boden aufliegt. Wenn alle Mitspieler derart ausgestattet sind, kann's losgehen.

Die Zuschauer stellen sich in einem großen Kreis um die Teilnehmer herum auf. Dadurch grenzen sie das Spielfeld ab, aus dem sich keiner herausbewegen darf.
Unter den anfeuernden Zurufen der Zuschauer versucht nun jedes Kind die Fische der anderen zu fangen, indem es auf die Papptiere tritt, die sich dadurch von der Büroklammer lösen. Natürlich will das jeder verhindern und springt deshalb hoch oder dreht sich und weicht aus. Es ist verboten, die Hände zu Hilfe zu nehmen, um die Fische oder die Mitspieler festzuhalten. Hat ein Kind sein Tier verloren, so muß es ausscheiden. Wer übrigbleibt, hat gewonnen.
Nun können wir die Rollen tauschen: Die Zuschauer werden zu Spielern und diese zu Zuschauern.

Fische fangen
Alter:
ab 4 Jahre
Teilnehmer:
ab 4
eine möglichst große Zuschauerzahl
Material pro Spieler:
dünne Pappe: 20 x 20 cm
Bleistift
Pauspapier
Schere
Bindfaden: 1 m lang
1 Büroklammer
1 Sicherheitsnadel

Rezepte

Fruchteis

Selbstgemachtes Eis ist etwas ganz Besonderes und wird sicher allen schmecken.
In jedes Fach des Eiswürfelbehälters legen wir eine Frucht, in die wir einen Zahnstocher hineinstecken. Dann füllen wir die Fächer mit Frucht- oder Kompottsaft auf.
Wir stellen nun den Behälter vorsichtig in das Gefrierfach. Nach 2 bis 3 Stunden können wir dann unser Eis essen.

Fruchteis
Alter:
ab 3 Jahre
Teilnehmer:
1 bis 5 Kinder und 1 Erwachsener
Zutaten:
Ananaskompott
Erdbeeren oder Kirschen
entsprechender Fruchtsaft
Material:
Eiswürfelbehälter
Zahnstocher

Basteln

Rindenschiff

Rindenschiff
Alter:
ab 4 Jahre
Teilnehmer:
ab 2 (1 Erwachsener)
Material pro Schiff:
1 Rindenstück
farbiges Papier: etwa 8 x 8 cm (je nach Größe der Baumrinde)
1 Holzzahnstocher
1 Nadel
1 Teelicht
Streichhölzer

Wer in der Nähe eines Baches wohnt, sollte bei einem Abendspaziergang ein solches Feuerschiff auf große Fahrt schicken. Haben wir dazu keine Möglichkeit, so können wir es zu Hause in der Badewanne oder in einer großen Kunststoffschüssel schwimmen lassen. Das Schiff treiben wir durch Pusten vorwärts, und seine Seetüchtigkeit wird sich herausstellen, wenn wir mit den Händen Wellen schlagen.
Bei einem Waldspaziergang finden wir sicher ein oder mehrere längliche Stücke Baumrinde. Teile, die zu weit herausstehen oder zu dick sind, brechen wir ab, bis wir die gewünschte Form haben. Wer will, kann dazu auch ein Taschenmesser benutzen. Aber Vorsicht, es ist scharf!

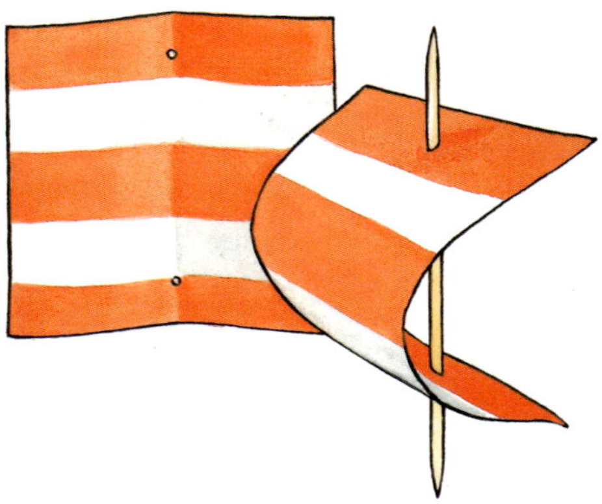

1. Wir wollen jetzt das Segel herstellen. Dazu falten wir unser Papierquadrat einmal leicht in der Mitte zusammen, streichen den Knick jedoch nicht glatt! Er soll später nicht sichtbar sein, aber jetzt als Orientierungslinie dienen, auf der wir je ein Loch, etwa 1 cm vom Rand entfernt, mit einer Nadel einstechen. Durch die Löcher schieben wir den Zahnstocher.

2. Wir nehmen nun den Zahnstocher mit dem Segel und stecken ihn fest in die Mitte unseres Rindenbootes.
Auf das Heck, den rückwärtigen Teil des Schiffes, stellen wir das Teelicht. Wir zünden es an und setzen dann das Schiff auf das Wasser.

Spielen

Landschaft bauen

Zuerst suchen wir uns einen Platz, an dem wir unsere Landschaft bauen möchten. Dann gehen wir los und sammeln alles, was uns geeignet erscheint, zum Beispiel Steine in unterschiedlichen Größen, Äste, Stöckchen, Gräser und Blätter und bringen alles zu unserem Platz.
Aus Sand, Erde und Steinen bilden wir mehrere Inseln, die wir mit Wäldern aus Ästen und Gräsern bepflanzen. Hier können auch alle Korkentiere und -menschen von Seite 148/149 und Seite 186/187 mitspielen. Aus lehmiger, nasser Erde und aus Steinen bauen wir eine Höhle. Wer da wohl haust?
Auf dem Meer, das die Inseln umgibt, fahren Schiffe aus Rinde, aus Milchtüten oder aus Holzresten. Sie transportieren Waren (kleine Steine, Muscheln) von einer Insel zur anderen. In deren Buchten können wir Häfen und Brükken sowie Steilküsten anlegen, und aus dem Meer ragen Felsen heraus. Das kann für die Schiffe gefährlich werden. Eine seltsam geformte Baumwurzel oder ein Ast kann eine Seeschlange sein.
Haben wir mit unserem Landschaftsbau erst einmal angefangen, so ergeben sich immer neue gestalterische Möglichkeiten.

Landschaft bauen
Alter:
ab 4 Jahre
Teilnehmer:
ab 2
Material:
Naturmaterialien wie
Steine
Äste
Blätter
Rinde
Muscheln
Schiffe und Dampfer
(von Seite 224 und 230: Rinden- und Tütenschiffe)

Spielen

Das schnellste Boot

Das schnellste Boot
Alter:
ab 4 Jahre
Teilnehmer:
ab 2
Material pro Kind:
1 Kunststoffschüssel

Dieses Wettfahren können wir gut auf Sand oder auf einer Wiese veranstalten. Die Öffnung der Schüsseln muß so groß sein, daß sich ein Kind hineinsetzen kann. Nun bestimmen wir noch Start- und Ziellinie.

Am Start setzen sich die Kinder in ihre Schüssel und stoßen sich dann auf ein Kommando hin mit Händen und Füßen ab. Auf diese Weise sollen sie das Ziel so schnell wie möglich erreichen.
Spielen mehr als zwei Kinder mit, finden mehrere Wettfahrten nacheinander statt. Wer nicht an der Reihe ist, gehört zu den Zuschauern, die ihren Favoriten tüchtig anfeuern.

Korken fischen
Alter:
ab 5 Jahre
Teilnehmer:
3 bis 5
Material:
1 Kunststoffwanne
Wasser
pro Kind: 5 saubere Korken
1 kleine Schüssel oder 1 Eimerchen

Schatzsuche
Alter:
ab 3 Jahre
Teilnehmer:
ab 3
Material:
8 bis 10 »Spielsachen« für den Strand
(Gummibärchen)

Korken fischen

Wir füllen die Wanne mit Wasser und lassen die Korken darauf schwimmen. Jedes Kind stellt eine Schüssel neben sich und kniet sich dann vor die Wanne. Auf ein Kommando hin »angelt« nun jeder mit dem Mund so viele Korken wie möglich und spuckt sie in seine Schüssel.
Niemand darf bei diesem Spiel die Hände benutzen.
Wenn alle Korken geangelt sind, zählen wir, wer die meisten hat: Das ist unser Sieger.

Schatzsuche

Alle bestimmen gemeinsam, welche Schätze versteckt werden, zum Beispiel Sandformen, Muscheln, Kunststofftiere oder ein Badeschuh. Keiner der Gegenstände darf scharfe Kanten, Ecken oder Spitzen haben, und er sollte auch nicht wertvoll sein.
Alle Mitspieler bis auf einen müssen sich umdrehen. Dann vergräbt dieser die Sachen in einer vorher abgesteckten Sandfläche. Sobald er fertig ist, beginnen die anderen mit der Suche. Die gefundenen Schätze können nachher gegen die Gummibärchen eingetauscht werden.

Schiff im Sturm

Da wir für dieses Spiel viel Platz brauchen, wählen wir einen großen Raum oder wir gehen ins Freie. Dort zeichnen wir mit der Kreide oder mit dem Stock ein Oval, das an einer Seite ein wenig spitz zuläuft. Im Zimmer benutzen wir ein Seil, um die Form zu legen. Sie ist das Schiff, dessen Größe sich nach der Anzahl der Mitspieler richtet. Diese bilden die Mannschaft, die sich einen Kapitän wählt. Bevor die Reise losgeht, erklären wir noch die folgenden Begriffe, die sich alle gut merken müssen:
Bug: vorderes Schiffsteil
Heck: hinteres Schiffsteil
Backbord: linke Schiffsseite
Steuerbord: rechte Schiffsseite

Nun steigen alle ein, und das Schiff fährt los. Es gerät in einen Sturm und kann nur gelenkt werden, wenn alle mithelfen. Der Kapitän schickt seine Mannschaft im schnellen Wechsel von Steuerbord nach Backbord, dann zum Bug, wieder nach Steuerbord und so weiter. Wer auf die falsche Seite läuft, muß ausscheiden. Der Kapitän muß also sehr gut aufpassen!
Bleibt zum Schluß nur noch ein Matrose übrig, so darf er als nächster Kapitän sein.

Schiff im Sturm
Alter:
ab 5 Jahre
Teilnehmer:
ab 4
Material:
Kreide, Stock oder Seil

Fingerspiele

Die beiden Däumchen

Die beiden Daumen dick und klein,
die stiegen in ein Schiff hinein.
Das Schifflein fuhr hinaus aufs Meer,
das freute unsre Däumchen sehr.

Auf einmal kam der Wind daher
und blies und blies ins weite Meer.
Die Wellen wogten ringsherum
und warfen fast das Schifflein um!

Da ward's den Däumchen bang zumut:
»Ach, lieber Wind, sei doch so gut
und stell das dumme Blasen ein!
Wir fürchten uns so ganz allein!«

Da blies der gute Wind nicht mehr
und schickte Sonnenschein aufs Meer.
Die Däumchen fuhren heim geschwind
und riefen: »Schönen Dank, Herr Wind!«

Diese Verse ergeben eine Fingerspielgeschichte, bei der das spannende Abenteuer der beiden Daumen erzählt und gespielt wird.
Wir legen die Hände so aneinander, daß ein Schiff entsteht und strecken die Daumen nach oben. Und dann beginnt das Spiel: Erst fährt das Schiff ruhig geradeaus. Dann kommt Wind auf, und unser Schiff schaukelt wild auf und nieder sowie nach rechts und nach links. Als Sonne strecken wir beide Hände mit gespreizten Fingern hoch. Danach fährt das Schifflein wieder durch ruhiges Gewässer nach Hause.

Die beiden Däumchen
Alter:
ab 3 Jahre
Teilnehmer:
1 Erwachsener und
1 oder mehrere Kinder

Singen

Schifflein auf dem blauen See

mündlich überliefert
Noten: Ursula Barff

Schifflein auf dem blauen See
Alter: ab 3 Jahre
Teilnehmer: ab 6

Zwei Spieler dürfen das Schiffchen sein. Sie setzen sich einander gegenüber auf den Boden und geben sich die Hände. Alle singen nun das Lied. Mit Beginn des 5. Taktes, in dem ein Kind auf das Schiff gerufen wird, unterbricht die Gruppe das Lied. Sooft wir es wiederholen, nennt dann immer eines der Kinder, die das Schiff bilden, an dieser Stelle den Namen eines Mitspielers. Dieser setzt sich dicht hinter das Kind, das ihn gerufen hat und faßt es um den Bauch. Währenddessen singen alle das Lied zu Ende. Es wird so lange weitergespielt, bis alle im Boot sitzen.
Wenn die Kinder Lust dazu haben, können sie noch ein wenig mit ihrem Schiff fahren. Dabei zieht dann zum Beispiel ein Sturm herauf, und das Schiff schwankt gefährlich nach rechts und nach links. Es schaukelt immer wilder und bricht schließlich auseinander. Alle purzeln ins Wasser und müssen sich schwimmend ans Ufer retten.

Spielen

Reise zur Schatzinsel

Im Sand oder auf einem Steinboden zeichnen wir das Spielfeld auf. Es ist eine große Spirale, die einem Schneckenhaus ähnelt. In die Mitte legen wir die Schätze, zum Beispiel Muscheln oder bunte Steine. Den Weg dorthin teilen wir in Felder ein. Nun überlegen wir uns einige Hindernisse, die es erschweren, zur Schatzinsel zu kommen. Zum Beispiel: Wer eine 6 würfelt, muß um sechs Felder zurück! Wer auf ein Feld kommt, auf dem ein Stein (Felsen) liegt, erleidet Schiffbruch und muß die Reise von vorn beginnen. Solche und ähnliche Hindernisse können sich die Kinder selbst ausdenken und die Felder entsprechend markieren. Die Regeln müssen natürlich allen bekannt sein. Jetzt kann es losgehn! Sieger ist, wer als erster die Schatzinsel erreicht.

Reise zur Schatzinsel
Alter:
ab 5 Jahre
Teilnehmer:
2 bis 3
Material pro Spieler:
1 Stein als Spielfigur
Kreide oder Stock
Muscheln und bunte Steine
1 Würfel

Die Tante aus Amerika

Für dieses lustige Spiel, das die Stimmung auflockert, brauchen wir einen Spielleiter. Er sitzt mit allen im Kreis, und erzählt seinem linken Nachbarn folgendes: »Meine Tante aus Amerika ist gekommen und hat einen Sonnenschirm mitgebracht.« Dabei hebt er einen Arm hoch. Dieser Satz wird nun reihum von einem Spieler zum anderen weitergesagt und durch die Handbewegung ergänzt. Wenn er wieder beim Spielleiter angekommen ist, sagt dieser: »Meine Tante aus Amerika ist gekommen und hat einen Sonnenschirm und einen Waschlappen mitgebracht.« Zum Halten des Schirmes kommt nun die Bewegung des Gesichtwaschens hinzu.
In der dritten Runde hat die Tante noch einen Schaukelstuhl mitgebracht: Der Oberkörper muß vor- und zurückgeschaukelt werden.
Dann kommt – in der vierten Runde – eine Nähmaschine hinzu, die durch Treten mit beiden Füßen dargestellt wird.
Das Mitbringsel in der fünften Runde ist ein Papagei, und jeder Spieler muß »Quatschkopf« rufen. Der ganze Satz lautet jetzt: »Meine Tante aus Amerika ist gekommen und hat einen Sonnenschirm mitgebracht, einen Waschlappen, einen Schaukelstuhl, eine Nähmaschine und einen Papagei, Quatschkopf.«
Zum Abschluß sprechen alle gemeinsam: »Meine Tante aus Amerika ist abgereist und hat alles wieder mitgenommen: den Sonnenschirm, den Waschlappen, den Schaukelstuhl, die Nähmaschine, den Papagei, Quatschkopf.«

Die Tante aus Amerika
Alter:
ab 6 Jahre
Teilnehmer:
ab 5, aber auch für größere Gruppen geeignet

Basteln

Tütenschiffe

Tütenschiffe
Alter:
ab 5 Jahre
Teilnehmer: allein oder in einer Gruppe
Material:
alte Zeitungen
Malkittel (altes Hemd)
Fingerfarben oder Decorlack
Pinsel
Milchtüte mit quadratischem Boden
Schere
kleine Schachteln
Klebstoff
zusätzlich für das Segelschiff:
1 Schaschlikspieß aus Holz
Nadel
Tonpapier: 14 x 14 cm
zusätzlich für den Dampfer:
Papprolle
etwas Watte

Die leeren Milchtüten müssen sehr gut ausgespült werden. Danach basteln wir aus ihnen schöne Boote, die toll schwimmen können. Sogar Lasten (Schätze) und natürlich auch Passagiere lassen sich damit transportieren. Ob diese aus Gummibären bestehen oder aus Korken gemacht werden, bleibt jedem selbst überlassen.
Die Milchtüten müssen nicht unbedingt angemalt werden. Wer das also nicht will, kann gleich mit dem Herausschneiden der Spitze beginnen. Alle anderen bemalen drei Seiten, Boden und Spitze der Tüte.

Wir lassen die Farbe gut trocknen und legen währenddessen kleine Schachteln, Papprollen, Watte, Holzspieße, Papier, Nadel, Schere und Klebstoff bereit. Dann schneiden wir die unbemalte Seite der Milchtüte heraus, und zwar an der Spitze beginnend.
Wir kleben die Spitze, die etwas geöffnet ist, zusammen.

Segelboot
Wir nehmen eine kleine Schachtel, die gut in das Boot hineinpaßt, legen sie flach auf den Tisch und bohren ein Loch durch die Schachtelmitte. Da hinein kommt später der Mast. Wir kleben nun die Schachtel etwa in der Mitte des Schiffes fest.

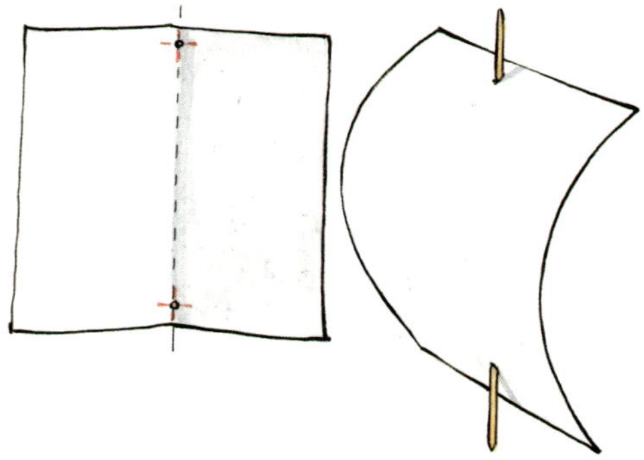

1. Das Papierquadrat falten wir in der Mitte leicht zusammen, jedoch ohne den Knick glattzustreichen. Auf dieser nahezu unsichtbaren Orientierungslinie stechen wir je ein Loch etwa 1,5 cm weit vom Rand ein. Da hindurch schieben wir den Holzspieß.

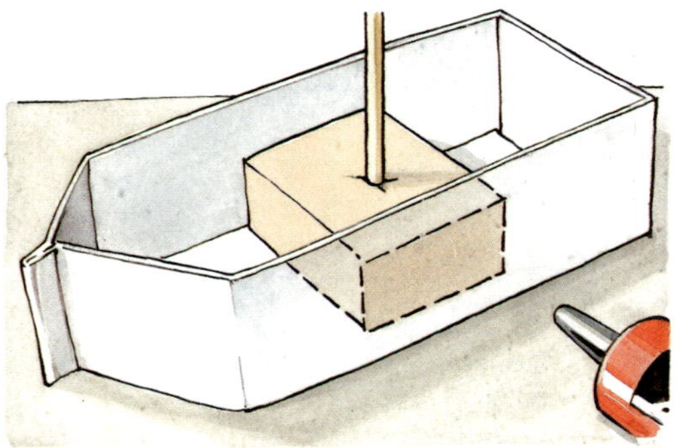

2. Nun führen wir den Mast durch das vorbereitete Loch in der Schachtel. Sollte er nicht fest stehen, so fixieren wir ihn zusätzlich mit einem Tropfen Klebstoff.

Dampfer

Eine kleine Schachtel kleben wir in den rückwärtigen Teil des Dampfers. Die Papprolle soll der Schornstein werden, und wir kleben ihn vorn auf die kleine Schachtel, das ist etwa in der Mitte des Schiffes. Aus dem Schornstein quillt Watte als Rauchfahne heraus.

Eine weitere kleine Schachtel – das wird die Kapitänsbrücke – kleben wir direkt vor den Schornstein auf den Boden des Dampfers.

Wer will, versieht die Schiffe nun mit Bullaugen, Rettungsringen und Fähnchen, bevor wir ihre Seetüchtigkeit ausprobieren.

Kleines Kasperletheater
Alter:
Spieler ab 6 Jahre
Zuschauer ab 3 Jahre
Teilnehmer:
Spieler 1 bis 2
Zuschauer: für große Gruppen geeignet
Material:
Kasper- und Räuberhandpuppe
1 Spielbühne
1 Koffer
1 Quietschente

Basteln

Kleines Kasperletheater

Wenn wir ein Kasperletheater mit Bühne und Puppen haben, können wir schon fast mit dem Spiel beginnen. Nur den Koffer müssen wir noch basteln (siehe rechte Seite) und den Text vor der Aufführung durchlesen.
Wer aber die benötigten Dinge nicht besitzt oder sie im Urlaub nicht dabeihat, der kann sie mit einfachen Mitteln selbst herstellen.

Figuren
Material:
2 Kochlöffel aus Holz
Filz- oder Buntstifte, Wollreste
Schere
Klebstoff
1 karierte Serviette
1 dunkle Serviette

Figuren

Auf die Rückseite eines neuen Kochlöffels malen wir ein Kaspergesicht, ähnlich wie auf der Zeichnung: Die Augen gehören in die Mitte des Löffels; dann folgen Nase und Mund. Die Haare können wir entweder nur mit Strichen aufmalen, oder wir schneiden kurze Wollfäden ab und kleben sie als Frisur an.

Der Räuber bekommt ein grimmiges Gesicht mit dicken Augenbrauen, mit einem unfreundlich verzogenen Mund und mit vielen, vielen Bartstoppeln. Auch hier hilft uns die Zeichnung oben. Dem Räuber können wir ebenfalls Wollhaare ankleben, und wer will, fertigt auch den Bart aus Wolle.

Kleidung

Die Kleidung stellen wir ganz einfach aus Servietten her: wir nehmen eine karierte für Kasper und eine dunkle für den Räuber. Wir falten die Serviette auf ein Viertel ihrer Größe zusammen und schneiden nun die geschlossene Spitze ab.

Wenn wir die Serviette öffnen, hat sie in der Mitte ein kleines Loch, durch das wir den Löffelstiel mit dem Figurenkopf schieben.

Koffer

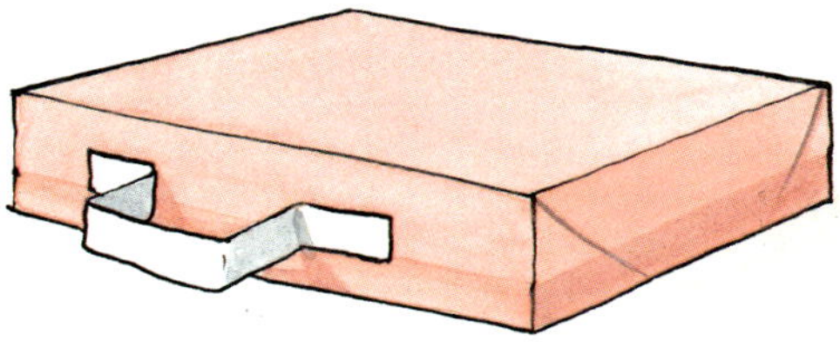

Wir bekleben die kleine Schachtel rundherum mit farbigem Papier. Für den Griff des Koffers schneiden wir ein schmales Stück Papier zu und fixieren es an einer Schmalseite der Schachtel.

Koffer
Material:
1 kleine Schachtel
farbiges Papier
Klebstoff

Bühne

Wir legen den Schuhkarton auf ein Küchenbrett und schneiden den Kartonboden mit dem Messer heraus. Die Ränder können wir noch mit der Schere begradigen.
Bevor wir unsere Bühne auf ein Bügelbrett stellen, decken wir es mit einem Tuch oder einer Decke ab. Wir können aber auch einen Tisch kippen und darauf die Bühne stellen. Eventuell müssen wir sie mit Klebeband befestigen. Die Spieler stehen oder knien nun hinter dem Tisch.
Bevor es losgeht, legen wir alle Sachen griffbereit hin: den Kasper, den Koffer, den Räuber und die Quietschente.

Bühne
Material:
1 großer Schuhkarton
spitzes Messer
Küchenbrett

Theaterspielen

Kasper will Urlaub machen

Ursula Barff

Die Bühne ist noch leer. Man hört den Kasper singen: zuerst leise, und dann, wenn er näherkommt, lauter.

Tri, tra, trulala,
tri, tra, trulala,
tri, tra, trulala,
der Kasper ist bald nicht mehr da!

(Kasper tritt auf, mit einem Koffer in der Hand)

Kasper: Hallo, Kinder! Schön, daß ich euch noch antreffe. So kann ich euch allen noch »tschüs« sagen, bevor ich in Urlaub fahre. Was sage ich – fahre –, ich flii-ie-ge! – Wie eine Fliege!

(Kasper stellt den Koffer ab und »brummt« über die Bühne)

(zu den Kindern) Ich freue mich ja sooo!

Wollt ihr wissen, wo ich hinfliege? *(Pause: Antwort der Kinder abwarten)* Nein. Ihr könnt noch mal raten. Also: es heißt so ähnlich wie Pizza.

(Kinder raten, Kasper geht darauf ein)

Nein, Italien ist es nicht, auch nicht Spanien. So wie Pizza klingt das! – Nach Ibiza natürlich! Herrlich, was? Da ist es warm, die Sonne scheint, und ich kann im Meer baden. *(Kasper tut ganz wichtig)* Ich hab' auch schon das »Seepferdchen«! *(wendet sich an ein Kind)* Du auch? Na prima! *(Kasper greift nach seinem Koffer)* Badehose, Sonnencreme, Hut, alles habe ich eingepackt, hier in meinen Koffer. *(Kasper schreit)* Ach du liebe Zeit! Ach herrjemine! Ich habe etwas vergessen! Etwas Wichtiges! Etwas sehr Wichtiges!

(Kinder dürfen raten, Kasper geht darauf ein)

Meine Quietschente habe ich vergessen. Au weia, wei, wei, wei! Die muß ich noch holen. Paßt ihr so lange auf meinen Koffer auf? Ja? Danke.

(Kasper geht auf der gleichen Seite ab, von der er gekommen ist)

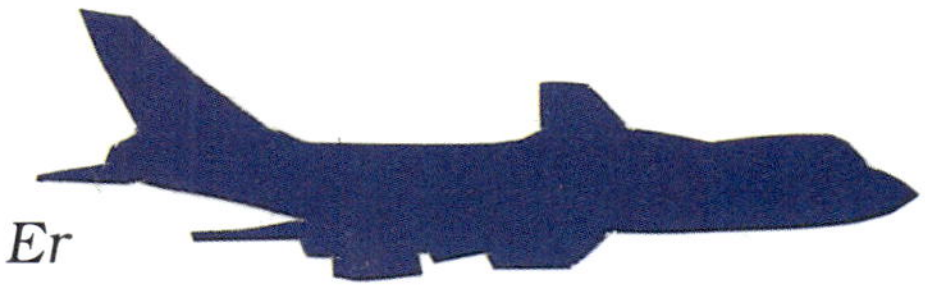

(Räuber kommt von der anderen Seite. Er brummt und grummelt)

Räuber: Alle machen Urlaub. Nur ich nicht! Ich will aber auch! *(sieht den Koffer)* Oh! Ein Koffer! *(guckt ihn sich von allen Seiten an)* Ein schöner Koffer! *(Kinder rufen sicher schon, daß er Kasper gehört)* Was will denn Kasper mit dem Koffer? Pfannkuchen backen? *(Kinder erzählen)* So, so. Er will in den Urlaub fliegen. *(Er rüttelt an dem Koffer)* Und der Koffer ist schon fertig gepackt?! Na, wunderbar! Hab' ich ein Glück! Ich mag nämlich nicht gern Koffer packen. Kofferpacken ist doof. Na, muß ich ja jetzt auch nicht mehr. Ich nehme diesen. *(Kinder protestieren sicher, Räuber wehrt ab)* Ach was! Ich gehe jetzt zum Flughafen und fliege nach Alaska. Da gibt es viel Schnee, auch jetzt. Und da kann ich mit einem Hundeschlitten fahren! Hurra! Auf nach Alaska.

(Räuber geht ab und nimmt den Koffer mit)

(Kasper kommt mit seiner Ente)

Kasper: Meine liebe, liebe Quietschente! Fast hätte ich dich verge ... *(bricht ab)* Aber was ist denn hier los? *(zu den Kindern)* Ist etwas geschehen? – Mein Koffer! Er ist weg! *(Kinder erzählen)* Was? Wer? Der Räuber? Zum Flughafen. Mit meinem Koffer! Na warte! Da kenne ich eine Abkürzung. Kommt mit Kinder, den holen wir noch ein.

(Kasper mit Ente ab)

(Räuber kommt schnaufend daher)

Räuber: Puh, der Koffer ist schwer. Ich muß mal verschnaufen. *(geht ganz langsam)*

(Kasper kommt)

Kasper: Halt, Räuber!

Räuber: Wo? Wo sind Räuber? *(stellt den Koffer ab)*

Kasper: Na, du bist ein Räuber!

Räuber: Was, iiich? – Wie kommst du denn darauf?

Kasper: Tu nicht so unschuldig. Du hast meinen Koffer geklaut!

Räuber: Das ist m e i n Koffer. Und ich fliege damit in Urlaub – nach Alaska! *(will gehen)*
Kasper: Halt! Wenn das dein Koffer ist, dann hast du sicher alles eingepackt, was du so brauchst – in Alaska.
Räuber: Äh, natürlich.
Kasper: Was hast du denn alles eingepackt? Was brauchst du so in Alaska?
Räuber: Eine warme Jacke, Stiefel, Mütze und Handschuhe, natürlich.
Kasper: Natürlich! Dann laß uns mal nachsehen, was in dem Koffer ist. *(Kasper und Räuber öffnen ihn und beugen sich darüber)*
Räuber: Was ist denn das?!
Kasper: Meine Sonnenbrille, meine Badehose, meine Creme – alles was i c h im Urlaub brauche. Gibst du nun zu, daß du meinen Koffer geklaut hast?
Räuber: Ja, ja. Ich gebe ihn dir auch wieder zurück. Hier! *(gibt Kasper den Koffer)*
Zum Glück bin ich noch nicht in Alaska! Was hätte ich im Schnee mit Kaspers Badehose gemacht? Ich muß wohl doch meinen Koffer selbst packen.
(geht ab) Also: Mütze, Schal ...
Kasper: So, der packt jetzt seinen Koffer, und ich habe meinen wieder. Was für ein Glück! Jetzt muß ich aber los. Seppel wartet sicher schon. Soll ich euch aus I-pizza schreiben? *(Antwort abwarten)* Mach' ich. Tschüs, Kinder!
(Kasper nimmt seinen Koffer und singt beim Abgehen)

Tri, tra, trulala,
tri, tra, trulala,
der Kasper ist bald wieder da!

Fingerspiele

Kasper

Weil Kasper spielen so schön ist und so viel Spaß macht, hier noch ein Fingerspiel, für das wir aber auch richtige Kasperfiguren nehmen können.

Der Vorhang geht auf,
(Beide Zeigefinger nebeneinander hochhalten und langsam voneinander trennen.)
der Kasper kommt 'raus.
(Den rechten Zeigefinger senkrecht stellen,)
»Guten Morgen, meine Damen!
Guten Morgen, meine Herren!
(nach rechts und nach links drehen.)
Ihr habt doch alle den Kasper gern?«
(Kinder rufen: ja!)
Der Kasper ist allein im Reich.
(Der rechte Zeigefinger bleibt ruhig.)
Da ruft er sich den Seppel gleich.
(Alle rufen: Seppel! Linker Zeigefinger kommt dazu.)
Sie schlagen sich,
(Finger aufeinanderschlagen,)
sie vertragen sich.
(aneinanderreiben, streicheln.)
Sie spielen miteinander
(Finger laufen hin und her,)
manch lustigen Streich.
(Seppel verschwindet.)
»Jetzt ruf' ich mir die Hexe gleich!«
(Alle rufen: Hexe!)
»Ich bin die Hexe Knickebein!
(Den linken Zeigefinger krümmen.)
Der Kasper soll verzaubert sein!«
(Kreisende Bewegungen um Kasper herum.)
»Nein Hexe, nein! Da wird nichts draus.
(Der rechte Zeigefinger verneint und)
Marsch zurück ins Hexenhaus!«
(verscheucht die Hexe.)
Jetzt kommt das grüne Krokodil.
(Vier Finger der linken Hand)
Das wohnt am Nil und frißt sehr viel.
(zusammenlegen, Daumen darunter,)
Das hat sich leis' herangeduckt
(als Maul auf- und zuklappen.)
und hat den Kasper fast verschluckt.
(Linke Hand schnappt den rechten Zeigefinger.)
Der zappelt hin und zappelt her
(Er zappelt hin)
und ei pardauz –
(und her.)
da kommt er wieder raus.
(Der rechte Zeigefinger kommt frei)
Jetzt geht es schlecht dem Krokodil:
(und klopft mit der linken Hand)
»Marsch zurück an deinen Nil!«
(auf den Rücken.)
Jetzt ruft er sich das Gretelein.
(Alle rufen: Gretel!)
Sie tanzen lustig Ringelreihn,
(Der linke Zeigefinger »hüpft«)
sie hüpfen fröhlich hopsassa,
(zum rechten.)
und plötzlich sind sie nicht mehr da.
(Die Finger verschwinden.)
Der Vorhang geht zu,
(Beide Zeigefinger nähern sich einander,)
das Spiel ist aus
(bis sie einander berühren.)
und alle Kinder spenden
(Alle Kinder applaudieren mit den)
APPLAUS!
(Zeigefingern.)

Kasper
Alter:
ab 3 Jahre
Teilnehmer:
ab 2

September treibt den Sommer fort.
Die Vögel ziehn von Ort zu Ort.
Nun heißt's nicht länger warten:
Wir laufen in den Garten
und ernten Äpfel, Birnen, Nüss'
und Pflaumen auch, die sind schön süß.

SEPTEMBER

Basteln

Urlaubs-erinnerungs-koffer

Urlaubserinnerungs-koffer
Alter:
ab 4 Jahre
Teilnehmer:
allein oder alle, die gemeinsam verreist waren
Material:
ein Koffer oder ein flacher Karton
ein Bogen blaues Papier, halb so groß wie der Koffer
Schere
Klebstoff
durchsichtige Kunst-stoffolie
Klebeband
Sand
Mitbringsel
Nußschalen
Holzwäscheklammern
buntes Papier
Bleistift

Der Sommer neigt sich dem Ende zu. Einige von uns waren verreist, andere sind zu Hause geblieben und haben vielleicht Ausflüge an einen See oder ins Schwimmbad gemacht.

Die meisten von uns haben sicherlich etwas mitgebracht, zum Beispiel Muscheln, glitzernde Steine oder Seesterne. Aber wir haben auch Eindrücke gesammelt von der Landschaft, von Segelbooten und von Surfern, von Liegestühlen, Sonnenschirmen und vom Eisverkäufer.

Damit wir unsere Erlebnisse nicht so schnell vergessen, stellen wir uns einen Urlaubserinnerungskoffer her.

Dafür nehmen wir entweder einen alten, ausgedienten Koffer oder einen flachen Karton, der aus Boden und Deckel besteht. Eine Hälfte des Bodens kleiden wir mit blauem Papier aus, legen durchsichtige Kunststoffolie wellig darüber und befestigen sie mit Klebeband. Wir füllen die andere Hälfte des Bodens mit Sand, auf den wir die Steine und die Muscheln arrangieren.

Das Innere des Deckels verzieren wir als Hintergrundkulisse zum Beispiel mit der Sonne, mit Bergen, Bäumen, Häusern und mit einem Eiswagen. Die Teile schneiden wir aus buntem Papier aus und kleben sie auf.

Nun basteln wir uns Segelschiffe, die wir entweder aus Papier falten oder aus Nußschalen oder aus den Hälften von Holzwäscheklammern herstellen. Diese benutzen wir auch, um Surfbretter anzufertigen. Deren Segel schneiden wir aus buntem Papier zu und kleben sie fest.

So behalten wir unsere Ferienzeit noch lange in schöner Erinnerung.

Malen

Sonnenblume

Die leuchtenden Sonnenblumen sind ein sehr schöner Anblick im Spätsommer. Sie lassen sich leicht aus Sonnenblumenkernen ziehen. Einige von uns haben das vielleicht schon einmal ausprobiert und beobachtet, wie der »Sonnenschirm« immer größer wurde.

Wir wollen jetzt eine Sonnenblume mit Fingerfarben drucken. Dazu bestreichen wir eine Handfläche mit brauner Farbe – das wird der Blütenkelch – und die Innenfläche der Finger gelb: So entstehen die Blütenblätter. Nun drücken wir unsere Hand so lange rundherum auf das Papier, bis die jeweils fünf Blütenblätter eine kreisrunde Blume bilden. Die braungefärbte Handfläche muß dabei immer auf derselben Stelle bleiben. Den Stiel und die Blätter malen wir entweder mit dem Pinsel oder mit den Fingern.
Mit der schönen, leuchtenden Blume können wir anschließend unsere Zimmerwand schmücken.

Sonnenblume
Alter:
ab 1 Jahr
Teilnehmer:
allein oder in einer Gruppe
Material:
ein großes Blatt Malpapier
Kittel
Fingerfarben: braun, gelb und grün
Pinsel
Wasser

Experimentieren

Körner mahlen

Körner mahlen
Alter:
ab 3 Jahre und
1 Erwachsener
Teilnehmer:
allein oder in einer
Gruppe
Material:
Körner von Roggen,
Hafer, Weizen
eine Getreidemühle
oder
eine Tonschale und
einen runden Stein
oder
eine alte Kaffeemühle
mit Handbetrieb

Zunächst einmal überlegen wir uns, welche Körner wir mahlen wollen, um dann unser Brot zu backen. Vielleicht haben wir auch schon die verschiedenen Ähren auf den Feldern angesehen und kennen jetzt Roggen, Hafer und Weizen.

Wir bekommen das Getreide entweder in einer Mühle, in Bioläden oder in manchen Supermärkten.

Mit einer Getreidemühle lassen sich die Körner am leichtesten mahlen. Möchten wir es aber auch einmal so versuchen, wie es die Leute früher gemacht haben, als es noch keine Mühlen gab, dann nehmen wir einen runden Stein und eine Tonschale. Wir legen einige Körner hinein und zerstoßen sie mit dem Stein. Das ist natürlich langwierig und anstrengend, aber eine interessante Erfahrung. Wer eine alte Kaffeemühle mit Handbetrieb hat, zerkleinert darin die Körner.

Wenn wir die Getreidesorten gemahlen haben und die Mehlsorten miteinander vergleichen, dann können wir deren unterschiedliche Farbe und die andersartige Beschaffenheit erkennen.

Nun wollen wir ein Brot nach dem folgenden Rezept backen. Denn für Kinder ist es ein tolles Erlebnis, die Körner bis hin zum Brot zu verarbeiten und sich dieses dann so richtig schmecken zu lassen.

Rezepte

Brot backen

In der kleinen Schüssel mischen wir die Hefe mit etwas Salz und 100 ml lauwarmem Wasser. Dann geben wir in die große Schüssel das gesamte Mehl sowie die Körner und drücken eine Mulde in die Mitte. Dahinein füllen wir das Hefe-Wasser-Gemisch und verrühren es mit ein wenig Mehl. Nun kneten wir daraus einen Teig und lassen ihn ungefähr 15 Minuten lang gehen.
Jetzt fügen wir das restliche Wasser hinzu, kneten den Teig kräftig durch und decken ihn mit einem Tuch ab. Er muß mindestens eine Stunde gehen.
Wenn der Teig sich dann etwa verdoppelt hat, wird er noch ein letztes Mal so lange durchgearbeitet, bis er sich leicht vom Schüsselboden und von den Händen löst. Jetzt kann das Brot geformt werden, das dann in einem mit Mehl bestreuten Küchentuch noch 30 Minuten ruhen muß.
Je nach Geschmack können wir das Brot noch mit Eiweiß bestreichen, damit es schön braun wird. Nun schieben wir es auf der mittleren Schiene in den vorgeheizten Backofen. Um sicher zu sein, daß das Brot auch durchgebakken ist, klopfen wir auf seine Unterseite. Hört sich der Klang hohl an, dann ist es fertig.
Damit das fertiggebackene Brot schön glänzt, bringen wir etwas Wasser zum Kochen, rühren Speisestärke mit kaltem Wasser an und lassen dann diese Mischung in dem Wasser einmal aufkochen.
Damit bestreichen wir nun das Brot. Wenn es abgekühlt ist, können wir es uns schmecken lassen.

Brot backen
Zutaten:
600 g Vollkornmehl
2 EL Sonnenblumenkerne
2 EL Sesamsamen
2 EL Leinsamen
350 ml lauwarmes Wasser
1 Würfel Hefe
2 EL Salz
Eiweiß
Pinsel
Geräte:
1 große und 1 kleine Schüssel
1 sauberes Küchentuch zum Abdecken
Elektroherd: 250 Grad
Gasherd: Stufe 7 oder fast große Flamme
Backzeit: im vorgeheizten Ofen etwa 60 Minuten

Malen

Collage aus Ähren und Gräsern

Collage aus Ähren und Gräsern
Alter:
ab 3 Jahre
Teilnehmer:
allein oder in einer Gruppe
Material:
Gräser und Ähren
Packpapier
Schere
Pappe
Klebstoff
verschiedene Materialien wie:
Nußschalen
Pistazienschalen
Blätter
Stoffreste
Buntpapier
Filzstifte
1 Stück Kordel: etwa 50 cm lang

Ähren und Gräser finden wir auf einem Spaziergang durchs Feld. Wenn wir genügend gesammelt haben, suchen wir uns einen natürlich wirkenden Hintergrund. Schön sieht zum Beispiel braunes Packpapier aus, das wir auf die gewünschte Größe zurechtschneiden. Damit das Bild etwas stabiler wird, kleben wir es auf ein Stück Pappe.
Die Ähren und die Gräser ordnen wir jetzt auf der Unterlage an. Wenn uns die Zusammenstellung gefällt, kleben wir die Pflanzen fest. Die Collage ist nun fertig.

Wer will, kann aber noch aus anderen Naturmaterialien Mäuse, Schmetterlinge oder Käfer herstellen: Aus Nußschalen machen wir Mäuse, Käfer und Spinnen. Die Schmetterlinge basteln wir aus zwei Blättern. Diese Tiere kleben wir ebenfalls auf.
Wir können unser Bild auch noch durch andere Motive ergänzen, indem wir zum Beispiel eine Sonne und einige Wölkchen hinzumalen, oder wir schneiden sie aus Stoffresten oder aus Buntpapier aus und kleben sie fest.
Damit wir unsere Collage aufhängen können, stechen wir am oberen Bildrand rechts und links je ein Loch ein, ziehen ein kleines Stück Kordel hindurch und verknoten dessen Enden auf der Rückseite von unserem kleinen Kunstwerk.

Fingerspiele

Zehn kleine Haselmäuse

Zehn kleine Haselmäuse
krabbeln hin und her,
zehn kleinen Haselmäusen
fällt das gar nicht schwer.
Zehn kleine Haselmäuse
krabbeln auf und nieder,
zehn kleine Haselmäuse
tun das immer wieder.
Zehn kleine Haselmäuse
suchen ein Versteck,
zehn kleine Haselmäuse
sind auf einmal weg.

(Alle zehn Finger laufen auf dem Tisch hin und her.)

(Die Finger krabbeln auf und nieder.)

(Die Finger laufen hin und her.)

(Die Finger verschwinden in der geballten Faust.)

Zehn kleine Haselmäuse
Alter:
ab 1 Jahr
Teilnehmer:
allein oder in einer Gruppe

Basteln

Mäuse

Damit das Fingerspiel noch mehr Spaß macht, verwandeln wir unsere Finger in zehn kleine Mäuse. Das geht ganz einfach und zwar so: Die Fingernägel bilden die Mäusekörper, auf die wir, wie abgebildet, das Schnäuzchen, die Augen und die Barthaare malen. Das Schwänzchen setzt an der Nagelhaut an und verläuft ein Stück weit auf dem Finger.

Wir können uns aber auch Mäuschen als Fingerpuppen basteln. Dazu schneiden wir, für jeden Finger passend, je einen Ring aus Tonpapier zu sowie zehn ovale Papiermäuse. Die Augen malen wir auf, den Schwanz und die Barthaare schneiden wir aus Wolle zu und kleben sie fest, wie es die Abbildung zeigt. Dann fixieren wir die fertigen Mäuschen auf den Ringen. Jetzt stecken wir sie auf die Finger, und das Spiel kann beginnen. Danach bewahren wir die Mäuse am besten in einem Kästchen auf, damit sie nicht kaputt oder verlorengehen.

Mäuse:
Alter:
ab 4 Jahre
Teilnehmer:
allein oder in einer Gruppe
Material:
1 Filzstift
Tonpapier
Schere
Wolle
Klebstoff

Malen

Steinmäuse

Steinmäuse
Alter:
ab 3 Jahre
Teilnehmer:
allein oder in einer Gruppe
Material:
flache Steine
Malkittel
Finger- oder Wasserfarben
Wasser
Pinsel
Filzstift
Wolle oder Leder
Schere
Klebstoff
Klarlack (ohne FCKW)

Wir brauchen einige flache Steine, die etwa die Form einer Maus haben. Nachdem die Steine abgewaschen wurden und wieder getrocknet sind, malen wir sie mit Finger- oder mit Wasserfarben an. Sind diese trocken, zeichnen wir die Augen und das Schnäuzchen mit einem Filzstift auf. Bart und Schwänzchen fertigen wir entweder aus Wolle oder aus Leder und kleben sie an. Damit die Mäuse nicht ihre Farben verlieren, wenn sie einmal naß werden, besprühen wir sie mit Klarlack.

Spielen

Maus im Mauseloch

Maus im Mauseloch
Alter:
ab 3 Jahre
Teilnehmer:
ab 4
Material:
1 Schnur: 1 m lang

Wir können zum Beispiel ein spannendes Wettspiel mit den Mäuschen veranstalten. Jedes Kind bekommt dafür drei Stück in derselben Farbe.
Nun legen wir die Schnur als Markierungslinie aus und graben in einem bestimmten Abstand zu ihr ein Mauseloch, oder wir stellen ein kleines Gefäß auf.
Von der Linie aus versuchen wir die Steinmäuschen in das Loch zu werfen. Wer die meisten Treffer hat, ist Sieger. Vielleicht spielen wir aber auch gern noch andere Mäusespiele, zum Beispiel das folgende.

Fang die Maus

Fang die Maus
Alter:
ab 3 Jahre
Teilnehmer:
ab 6
Material:
1 dünnes Seil, etwa 1 bis 2 m lang

Dieses Fangspiel ist besonders lustig, wenn wir mehr als sechs Teilnehmer sind. Ein Kind, die Maus, bekommt den langen Seilschwanz, dessen Ende hinten am Hosen- oder am Rockbund festgesteckt wird. Das Seil schleift auf dem Boden.
Die anderen Kinder, die Katzen, wollen die Maus fangen, indem sie ihr so auf den Schwanz treten, daß er aus dem Bund herausrutscht.
Die Katze, die das geschafft hat, wird dann in der nächsten Runde zur Maus, und die gerade gefangene scheidet nun aus. Wer am Schluß übrigbleibt, wird die Maus der nächsten Runde.

Singen

Auf der grünen Wiese

Text und Melodie:
Ortfried Pörsel

Auf der grünen Wiese
Alter:
ab 3 Jahre
Teilnehmer:
allein oder in einer Gruppe

2. Doch die Mutter freut sich nicht,
macht ein ängstliches Gesicht,
jagt die klitzekleine Maus
wieder aus dem Haus.

3. Ach, wie war das Mäuschen froh,
quietschvergnügt und tanzte so,
huschte schließlich klitzeklein
ins Mauseloch hinein.

Spielen

Herbstfelder-rallye

Herbstfelderrallye
Alter:
ab 5 Jahre und
1 Erwachsener für die
Vorbereitung
Teilnehmer:
ab 5 und 1 Erwachsener
Material:
Schreibpapier
Stifte
Packpapier
Kordel
Kreide
kleine Äste
mehrere Fähnchen
Netz (für die Überraschung beim Baum)
Stöckchen, Steine oder
Karton für die Wegmarkierungen
Essen und Trinken
eventuell Grillkohle

Eine Rallye macht besonders viel Spaß, wenn mehr als fünf Kinder (und ein Erwachsener) daran teilnehmen. Sie läßt sich auf verschiedene Weisen durchführen, von denen die folgenden zwei die beliebtesten sind: Eine Gruppe löst die Aufgaben gemeinsam, oder wir bilden zwei Mannschaften, die gegeneinander antreten. Die Vorbereitungen bleiben jedoch dieselben.
Für unsere Rallye brauchen wir eine Gegend, in der es verschiedene Herbstfelder gibt. Diejenigen, die das Spiel ausarbeiten, sehen sich das in Frage kommende Gebiet an und suchen nach auffälligen Farben, Formen oder Gegenständen. Das können zum Beispiel Blumen, ein Gartenhäuschen oder Zäune sein. Wir schreiben uns der Reihe nach auf, was wir davon in unseren Lageplan aufnehmen wollen. Anhand dieser Notizen fertigen wir ihn nun auf einem großen Stück Packpapier an. Dabei kann die Abbildung unten uns helfen, obwohl wir natürlich die für uns maßgeblichen Gegebenheiten berücksichtigen müssen.
Die Gruppe richtet sich nach dem Plan, der ihr zusätzlich zu den eigentlichen Aufgabenstellungen und zu den Wegmarkierungen die Richtung angibt, die an jeder Wegkreuzung eingeschlagen werden soll.
Für Aufgabe 7 stellen wir zehn Fähnchen aus Stöckchen oder aus Schaschlikspießen her, die wir oben mit Papierdreiecken versehen. Darauf schreiben wir nun je einen Buchstaben unseres Lösungswortes, das das Ziel benennt, zum Beispiel »Grillplatz«. Für andere

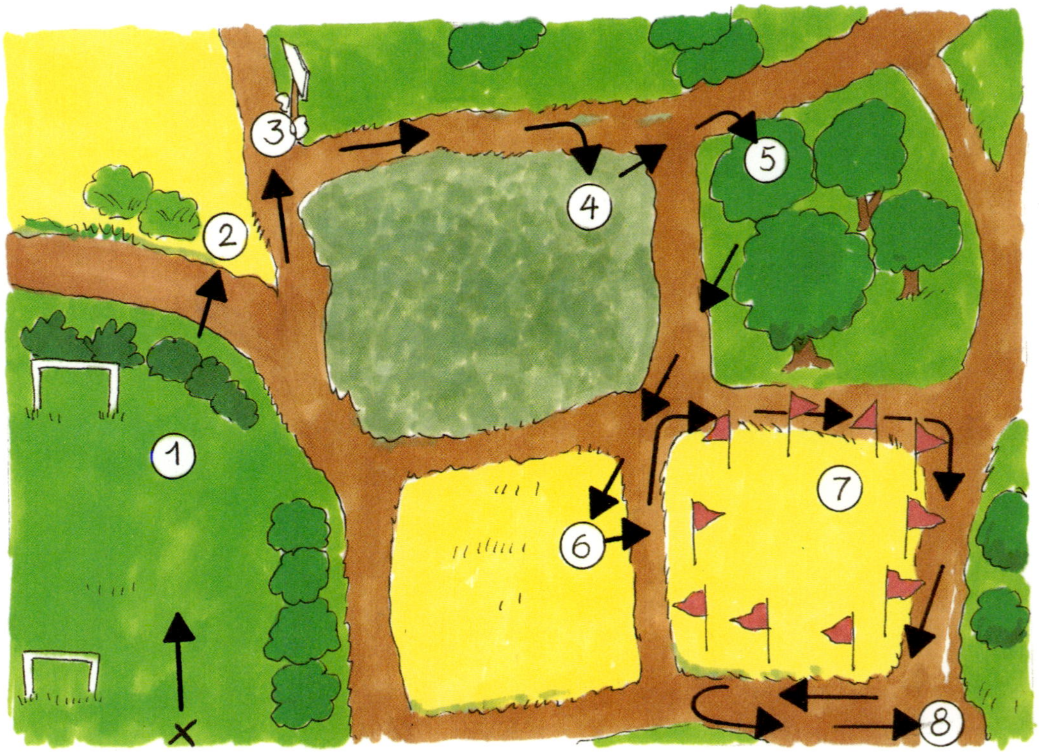

Bezeichnungen wie »Wiese am Bach« oder »Garten von ...« benötigen wir dementsprechend mehr Fähnchen.
Am Tag vor der Rallye legen wir Pfeile als Wegmarkierungen aus, stecken die Fähnchen um das Feld und stellen das Netz mit Erfrischungen an einen Baum. Die Essensvorbereitungen am Ziel werden von Erwachsenen getroffen und sollen eine Überraschung für die Rallyeteilnehmer sein. Diese erinnern wir noch einmal daran, wann und wo wir uns treffen.
Sind am nächsten Tag alle versammelt, geben wir einem Mitspieler, der schon lesen kann (oder der erwachsenen Begleitperson), den Lageplan. Wir sollten sichergehen, daß dieser auch wirklich verstanden wird. Zusätzlich erhält das Kind die Aufgabenzettel. Zum Schluß erklären wir noch, daß die Wege mit Pfeilen bezeichnet sind.
Hier nun einige Aufgabenbeispiele für die Rallye:

Aufgabe 1
Welche Sträucher umranden das große Feld, auf dem sich zwei Tore befinden? Bringt eine Frucht mit.

Antwort: ______________________

Aufgabe 2
Sucht das Feldstück, das wie ein großes Dreieck aussieht. Wer weiß noch, welches Getreide da im Sommer gestanden hat?
Seht euch auch den Acker genau an: Hat der Bauer schon gepflügt und neu gesät?

Antworten: ______________________
____
____

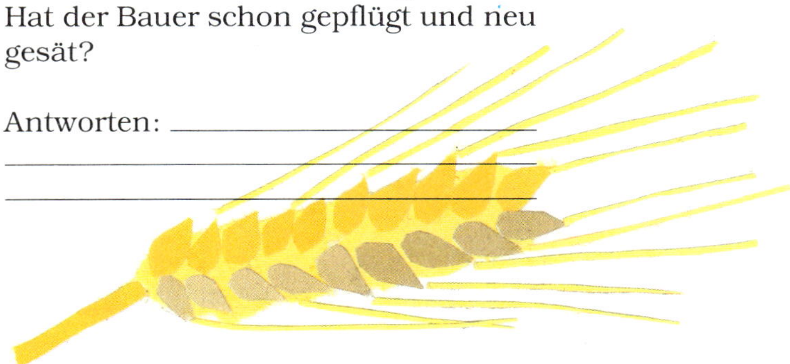

Aufgabe 3
Sucht das Hinweisschild, auf dem sowohl ein Baum aufgemalt ist als auch etwas geschrieben steht. Neben dem Pfeiler liegen zwei große Steine.
Was wächst auf dem Feld hinter dem Schild?

Antwort: ______________________

Worauf weist das Schild hin?

Antwort: ______________________

Was kann man aus der Frucht des Feldes herstellen?

Antwort: ______________________

Aufgabe 4

Diese Frucht kann man nicht gleich erkennen. Wächst sie in, auf oder über der Erde?

Antwort: ______________________

Wie heißt die Frucht?

Antwort: ______________________

Aufgabe 5

Wo wächst hier die Frucht, und wie heißt sie?

Antworten: ______________________

____

Etwa in der Mitte der Wiese ist etwas bei einem Baum versteckt. Wenn ihr es gefunden habt, dürft ihr es aufteilen und ein wenig rasten.
Dabei sollt ihr einen Herbstreim dichten, der vier Zeilen lang ist.

Aufgabe 6

Folgt den ausgelegten Pfeilen bis zum abgeernteten Feld. Sucht an dessen Rand drei unterschiedliche Pflanzen. Wie heißen sie? Bringt von jeder einen Teil mit, zum Beispiel ein Blatt.

Aufgabe 7

Dieses Feld heißt ______________________

Geht einmal langsam darum herum. Dabei findet ihr zehn Fähnchen mit je einem Buchstaben, die euch das Ziel nennen.

Aufgabe 8

Ihr seid jetzt am Ziel und sollt die mitgebrachte Frucht und die Blätter zeigen, eure Antworten vorlesen und das Gedicht aufsagen.
Und nun essen und trinken wir gemeinsam!

Wenn acht oder mehr Kinder mitspielen möchten, bilden wir zwei Gruppen, die gegeneinander antreten. In diesem Fall brauchen wir noch einen zusätzlichen Erwachsenen oder ein Kind, das schon gut lesen und schreiben kann. Wenn Start und Ziel am selben Ort sind, sollte der Lageplan für die zweite Gruppe die Lösung der Aufgaben in umgekehrter Reihenfolge vorsehen. Oder die Mannschaft nimmt denselben Weg, wird aber etwa 30 Minuten später losgeschickt.
Für jede Gruppe werden die Start- und die Ankunftszeiten aufgeschrieben. Diejenige, die schneller ist, bekommt zehn Punkte. Es werden aber auch noch die erfüllten Aufgaben und die beantworteten Fragen ausgewertet. Für jede richtige gibt es zwei Punkte. Dadurch könnte die langsamere Mannschaft die schnellere sogar noch übertreffen.
Wer wird wohl Sieger?

Spielen

Gassen-wanderball

Bei diesem Spiel sollten möglichst mehr als zehn Kinder mitmachen. Wir könnten auch Erwachsene dazu auffordern. Wir benötigen einen Schiedsrichter oder Spielleiter.
Nun bilden wir zwei gleichgroße Gruppen, deren Teilnehmer sich hintereinander aufstellen und die Beine leicht grätschen. Zwischen den Mannschaften lassen wir seitlich einen Abstand von 1 bis 2 m.
Jeweils das erste Kind in einer Riege bekommt einen Ball. Auf »los!« gibt es ihn durch die gegrätschten Beine hindurch an das hinter ihm stehende, das ihn ebenfalls weiterreicht. Ist er beim letzten Teilnehmer angekommen, so läuft dieser – mit dem Ball im Arm – an die Spitze seiner Mannschaft. Diejenige, die das als erste geschafft hat, erhält einen Punkt, und eine neue Runde beginnt.

Basteln

Gipsbild mit Herbstfrüchten

Wenn wir im September einen Spaziergang durch Wald und Felder machen, finden wir viele verschiedene Gräser und Blumen. Nun ist auch die Zeit, in der einige Baumfrüchte reif geworden sind und von den Bäumen fallen. Viele Tiere sammeln sie jetzt als Nahrung für den Winter, und die Menschen ernten Gemüse und Obst.
Für unser Gipsbild brauchen wir Herbstfrüchte, zum Beispiel Bucheckern, Eicheln, Hagebutten sowie Gräser, Blumen oder Kornähren.
Haben wir alles bereitgelegt, dann suchen wir uns eine Gießform aus. Möchten wir zum Beispiel ein rundes Bild herstellen, benutzen wir dafür einen Teller als Form. Mögen wir es aber lieber oval oder sechseckig, läßt sich sicher etwas Geeignetes wie Schüsseln oder Schachteln finden.
Dann rühren wir die Gipsmasse gemäß den Anweisungen auf der Packung an und gießen sie in die Form. Nun drükken wir die Früchte und die Gräser leicht in die Gipsmasse und lassen diese trocknen.
Danach nehmen wir das Bild aus der Form heraus und stechen ein so großes Loch hinten in den oberen Rand, daß der Kopf eines Nagels hineinpaßt. Jetzt muß der Gips noch weitertrocknen und richtig fest werden.
Wem der weiße Hintergrund nicht gefällt, der kann ihn mit Wasserfarben anmalen.
Wenn wir das Bild nicht verschenken wollen, sondern es selbst behalten, dann schlägt ein Erwachsener den Nagel in die Wand und wir hängen es auf.
Ganz besonders schön wirken unsere unterschiedlich geformten Gipsbilder, wenn wir sie neben- und untereinander als kleine Galerie arrangieren.

Gassenwanderball
Alter:
ab 4 Jahre
Teilnehmer:
ab 10
Material:
2 Bälle

Gipsbild mit Herbstfrüchten
Alter:
ab 3 Jahre
Teilnehmer:
allein oder in einer Gruppe
Material:
Zeitungspapier als Unterlage
Kittel
Gips
Wasser
Gießform
Herbstfrüchte und Gräser
Wasserfarbe
Pinsel
1 Nagel
Hammer

Basteln

Marktstand

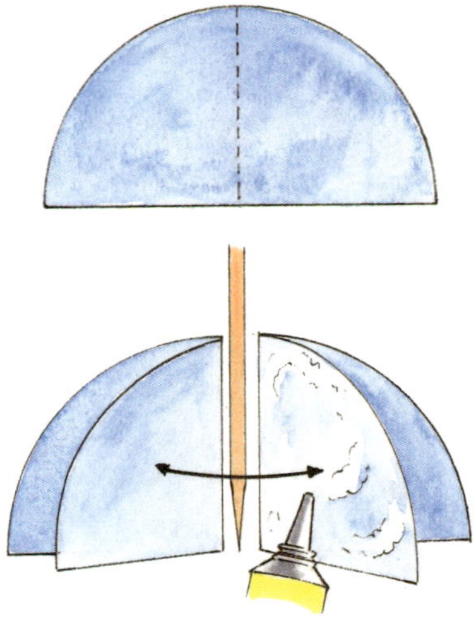

Marktstand
Alter:
ab 4 Jahre
Teilnehmer:
allein oder in einer Gruppe
Material:
Laden von Streichholzschachteln
buntes Papier
Klebstoff
Schere
getrocknete Hülsenfrüchte
Knetmasse
Faltblätter
Bleistift
Schaschlikspieße oder Holzstöckchen
Korken
Stoffreste
Wattekugeln oder Holzperlen: etwa 2 bis 2,5 cm ∅
Wollreste
Zahnstocher
Filzstifte

Wir gehen am besten erst einmal auf einen Wochenmarkt und schauen uns an, was man dort alles kaufen kann.
Zum Nachbasteln eines solchen Marktstandes bekleben wir die Lade einer Streichholzschachtel mit buntem Papier. Wir füllen sie mit Eiern, Obst und Gemüse aus Knetmasse sowie mit getrockneten Hülsenfrüchten, Sonnenblumenkernen und Nüssen.
Für einen Sonnenschirm nehmen wir drei bunte Faltblätter, zeichnen auf jedes einen halbkreisförmigen Schirm, und schneiden sie aus. Dann knicken wir sie in der Mitte zusammen und kleben immer zwei halbe Schirmseiten gegeneinander. Dann legen wir den Schaschlikspieß auf die Knicklinie und

fixieren die dritte Schirmhälfte, wie es die Abbildung zeigt. Den fertigen Ständer stecken wir anschließend in eine Knetmassekugel.
Nun basteln wir noch die Marktleute und die Kunden. Für jede Person benötigen wir einen Weinkorken, den wir mit Stoffresten umkleben. Als Kopf nehmen wir eine Wattekugel oder eine Perle, auf die wir mit den Filzstiften das Gesicht malen. Soll unsere Figur ein Kopftuch tragen, dann kleben wir ein Stoffdreieck an den Kopf. Für eine Frisur fixieren wir Wollfäden. Dann versehen wir die Kugel unten mit einem Zahnstocher und stecken ihn in den Korken.
Wenn wir genügend Stände, Schirme und Figuren gebastelt haben, kann das Marktspiel beginnen.

Basteln

Gedächtnisspiel »Obst und Gemüse«

Dieses Spiel mit Motivpärchen können wir sehr einfach selbst herstellen. Dazu überlegen wir uns, welche Obst- und Gemüsesorten wir haben möchten. Für jede müssen wir uns zwei Kärtchen basteln.
Wir kleben den weißen Papierbogen auf die ebenso große Pappe. Sie bildet die Kartenrückseiten, die gleich sein müssen. Wären sie unterschiedlich, so könnten wir beim Spielen daran erkennen, um welches Bild es sich handelt. Nun teilen wir die Fläche in 5 x 5 cm große Quadrate auf, die wir dann sorgfältig ausschneiden.
Wir haben zwei Möglichkeiten, unser Gedächtnisspiel zu gestalten. Entweder bemalen wir die Kärtchen mit Motivpärchen, oder wir schneiden sie aus Prospekten oder aus Zeitschriften aus und kleben sie auf. Auf jeden Fall sollten wir uns noch überlegen, wie schwierig das Spiel werden soll: Einfach ist es, wenn die Paare genau gleich sind, zum Beispiel zwei grüne Äpfel. Besteht eines aber aus einem roten und einem grünen Apfel, dann wird es schon sehr viel schwieriger, das passende Gegenstück zu finden.
Sind nun alle Bilder aufgemalt oder -geklebt, dann beziehen wir jede Karte mit Klarsichtfolie, oder wir besprühen sie mit Klarlack. So wird unser Spiel haltbar.
Wer kann sich nun die Lage der verdeckten Bilder am besten merken? Es werden reihum immer zwei beliebige Kärtchen umgedreht. Zeigen sie zwei gleiche Bilder, dürfen wir sie behalten, sind sie verschieden, so müssen wir sie wieder verdeckt an ihren Platz legen, und der nächste Spieler ist an der Reihe. Wer am Ende die meisten Kärtchenpaare ergattert hat, ist unser Obst- und Gemüsekönig.

Gedächtnisspiel »Obst und Gemüse«
Alter:
ab 4 Jahre
Teilnehmer:
allein oder in einer Gruppe
Material:
1 großer Bogen festes weißes Papier
dünne Pappe in der gleichen Größe
Klebstoff
Bleistift
Lineal
Schere
Bunt- oder Filzstifte
Klarsichtfolie oder Klarlack (ohne FCKW)
Zeitschriften
Prospekte

Rezepte

»Fliegenpilz«

»Fliegenpilz«
Alter:
ab 3 Jahre
Teilnehmer:
allein oder in einer Gruppe
Zutaten pro Person:
1 hartgekochtes Ei
1/2 Tomate
Mayonnaise aus der Tube
1 Salatblatt
Geräte:
Küchenbrett
Messer
Löffel
Zahnstocher

Ein Fliegenpilz der am Wegrand steht, sieht schön aus, aber man darf diese Pilze auf keinen Fall essen, denn sie sind giftig.
Die meisten von uns kennen seinen schönen roten Hut mit den weißen Punkten. Denn beim Basteln oder beim Malen nehmen wir ihn gern als Vorlage.
Für unseren eßbaren »Fliegenpilz« brauchen wir ein hartgekochtes Ei als Ständer. Von der unteren Rundung schneiden wir eine kleine Kappe ab, damit das Ei stehen kann. Dann halbieren wir eine Tomate, höhlen sie aus und setzen sie als Pilzkopf auf das Ei.
Nun stechen wir durch beides einen Zahnstocher, damit die Tomate nicht herunterrutschen kann. Obenauf tupfen wir jetzt die weißen Mayonnaisepunkte.
Der Pilz wird auf ein Salatblatt gestellt und sieht sehr dekorativ aus.

Gemüsesuppe

Der Herbst bringt uns so verschiedene feine Gemüsesorten. Wer einen Garten hat, sieht dort nach, was er für die Suppe ernten will. Oder wir gehen über den Wochenmarkt und wählen uns die Zutaten aus, zum Beispiel Karotten, Kartoffeln, Kohlrabi, Blumenkohl, Sellerie, Lauch, Erbsen, Zwiebeln, Bohnen und frische Kräuter.
Zunächst waschen wir das Gemüse gründlich und entfernen dann Blätter und Schalen. Anschließend schneiden wir das Gemüse klein.
In einem Topf erhitzen wir das Fett und lassen die Zwiebeln darin glasig werden. Dann fügen wir das Gemüse und etwas Wasser zum Andünsten hinzu. Da Bohnen, Karotten, Kohlrabi und Sellerie länger garen, geben wir diese Sorten rund 10 Minuten vor den anderen in unseren Topf. Danach rühren wir alles einmal gut um und schließen den Topf. Bis das Gemüse nach etwa 30 Minuten gar ist, müssen wir noch einige Male umrühren und Gewürze sowie Gemüsebrühe nach Bedarf hinzufügen. Wer mag, kocht noch ein Würstchen pro Person mit.

Guten Appetit!

Pellkartoffeln mit Sahnequark

Im Herbst, wenn die Kartoffeln geerntet werden, schmecken sie am besten.
Als erstes waschen wir die Kartoffeln, damit an ihrer Schale (Pelle) keine Erde mehr ist. Danach legen wir sie in den Topf und gießen so viel Wasser darüber, daß sie bedeckt sind. Dann verschließen wir den Topf und stellen ihn auf den Herd. Je nach Größe der Kartoffeln müssen sie bis zu 35 Minuten kochen, um gar zu werden.
In dieser Zeit bereiten wir den Sahnequark zu. Wir füllen den Quark in die Schüssel, gießen die Sahne dazu und rühren alles gut durch. Nun waschen wir die Radieschen und die Gurke und schneiden sie in kleine Würfel. Wir geben sie zum Quark und würzen mit ein wenig Salz und etwas Pfeffer. Wer will, kann auch Kräuter feinhacken und daruntermischen.
Sind die Kartoffeln gar, so gießen wir das Wasser ab. Vorsicht: Es ist kochend heiß!
Nun stellen wir alles auf den Tisch. Mit der Gabel kann jeder seine Kartoffel festhalten und mit einem Messer pellen. – Dieses Essen schmeckt einfach herrlich!

Gemüsesuppe
Alter:
ab 4 Jahre und
1 Erwachsener
Teilnehmer:
allein oder in einer Gruppe
Zutaten:
verschiedene Gemüsesorten
Wasser
1 EL Fett
Gewürze und Gemüsebrühe
eventuell Würstchen
Geräte:
Messer
Küchenbrett
Kochtopf mit Deckel

Pellkartoffeln mit Sahnequark
Alter:
ab 4 Jahre
Teilnehmer:
allein oder in einer Gruppe
Zutaten:
Kartoffeln
Quark: 20 Prozent
Sahne
Radieschen
Gurke
Salz
Pfeffer
Kräuter
Geräte:
1 Schüssel
1 Kochtopf mit Deckel
1 Löffel
1 Küchenbrett
1 Messer

Vorlesen

Das Märchen von dem guten Kartoffelkönig

Es war einmal eine große Kiste Kartoffeln. Die stand im Winter im Keller vom alten Haus. Ich kann euch sagen, prachtvolle Kartoffeln waren es, eine noch dicker als die andre.
Eines Tages aber, da rief's aus der Kartoffelkiste: »Ich will nicht geschält werden! Ich will nicht gekocht werden! Und gegessen werden will ich schon gar nicht! Denn ich bin der große Kartoffelkönig!« Und das ist auch wahr gewesen.
Denn mitten in der Kartoffelkiste hat der Kartoffelkönig gelegen. Der war so groß wie zwölf andere große Kartoffeln zusammen. Und gerade als er das gesagt hatte, der Kartoffelkönig, da kam die Großmutter in den Keller. Denn sie wollte ein Körbchen Kartoffeln holen. Die wollte sie schälen und zu Mittag mit Salz und Wasser kochen.
Auch den Kartoffelkönig tat sie in ihr Körbchen und sagte: »Ei, das ist mal eine dicke Kartoffel!« Aber als die Großmutter mit dem Körbchen aus dem Keller kam und über den Hof ging, da sprang der Kartoffelkönig hops aus dem Körbchen und rollte so geschwind durch den Hof davon, daß die Großmutter nicht hinterher konnte.
»Ach«, sagte sie, »ich will sie nur laufen lassen, die dicke Kartoffel. Vielleicht finden ein paar arme Kaninchen sie und fressen sich dick und satt daran.«
Der Kartoffelkönig aber rollte immer weiter, der große Kartoffelkönig.
Da begegnete ihm der Igel und sagte zu ihm: »Halt, dicke Kartoffel, wart ein Weilchen, ich will dich zum Frühstück essen!«
»Nein, nein«, sagte der Kartoffelkönig, »Großmutter mit der Brille hat mich nicht gefangen, und du, Igel Stachelfell, kriegst mich auch nicht!« Und eins, zwei, drei! rollte er weiter, bis in den Wald hinauf.

Da begegnete ihm das Wildschwein. »Halt, prachtvolle dicke Kartoffel«, rief es, »wart ein Weilchen, ich will dich geschwind fressen!«
»Nein«, sagte der Kartoffelkönig, »Großmutter mit der Brille hat mich nicht gefangen, Igel Stachelfell hat mich nicht gefangen, und du, Wildschwein Grunznickel, kriegst mich auch nicht!« Und eins, zwei, drei! rollte er weiter durch den Wald.
Da begegnete ihm der Hase, der rief: »Halt, du schöne dicke Kartoffel, wart ein Weilchen, ich will dich nur eben aufessen!«
»Nein«, sagte der Kartoffelkönig, »Großmutter mit der Brille hat mich nicht gefangen, Igel Stachelfell hat mich nicht gefangen, Wildschwein Grunznikkel hat mich nicht gefangen, und du, Has' Langohr, kriegst mich auch nicht!« Und eins, zwei, drei! rollte er weiter durch den Wald, der große Kartoffelkönig.
Da begegnete ihm die Hexe Tannenmütterchen, und sie sagte: »Halt, wart ein Weilchen, du leckerer Kartoffelkönig, ich will dich nur eben kochen und aufessen!«
»Nein«, rief der Kartoffelkönig, »Großmutter mit der Brille hat mich nicht gefangen, Igel Stachelfell hat mich nicht gefangen, Has' Langohr hat mich nicht gefangen, und du, Hexe Tannenmütterchen, kriegst mich auch nicht!« Und eins, zwei, drei! rollte er weiter, der große Kartoffelkönig.
Da begegneten ihm zwei arme Kinder. Die hatten Hunger, und sie sagten: »Ach, was läuft da für eine dicke Kartoffel! Wenn wir die zu Haus hätten, dann könnte die Mutter uns einen großen Reibekuchen davon backen!«
Als das der Kartoffelkönig hörte, da hielt er im Laufen ein, und hops! sprang er den armen Kindern ins Körbchen. Und die Kinder bekamen einen dicken, fetten Reibekuchen des Mittags zu Haus, das Märchen ist aus!

Gärtnern

Kartoffeln

Da viele von uns in Städten leben und höchstens in den Ferien einmal auf einen Bauernhof kommen, wissen viele Kinder nicht, wie und wo Kartoffeln wachsen. Darum ist es eine tolle Erfahrung für uns, sie keimen und wachsen zu sehen sowie mitzuerleben, wie aus nur einer Kartoffel ganz viele entstehen. Allerdings müssen wir viel Geduld aufbringen, um diese Entwicklung zu beobachten, da vom Einpflanzen bis zum Ernten einige Monate vergehen.

Wir nehmen eine ältere Kartoffel, die viele »Augen« hat, und lassen sie so lange liegen, bis sie keimt. Danach pflanzen wir sie in einen mit Blumenerde gefüllten Blumentopf ein und gießen sie täglich.

Nach einer gewissen Zeit entwickeln sich grüne Blätter. Wir gießen die Pflanze weiterhin regelmäßig. Eines Tages entdecken wir dann weißgelbe Blüten, aus denen kleine grüne Beerenfrüchte werden, die jungen Tomaten ähneln. Aber Achtung: die Kartoffelfrüchte sind giftig. Das, was wir essen dürfen, die Knollen, wächst in der Erde. Wenn die grünen Blätter verwelkt sind, können wir nachschauen, ob sich aus unserer Kartoffel neue Knollen entwikkelt haben.
Es ist ein schönes Gefühl, wenn wir nun unsere eigenen Kartoffeln ernten können.

Kartoffeln
Alter:
ab 4 Jahre
Teilnehmer:
allein oder in einer Gruppe
Material:
1 ältere Kartoffel
Zeitungspapier als Unterlage
1 Blumentopf: etwa 20 cm ∅
Blumenerde

Hasenjagd

Hasenjagd
Alter:
ab 6 Jahre
Teilnehmer:
ab 10
Material:
keins

Bis auf zwei Teilnehmer setzen alle sich so in einer Reihe auf den Boden, wie es die Abbildung zeigt.
Ein Kind ist der Hase, ein anderes der Jäger, der ihn fangen will. Während sie um die sitzenden Kinder herumlaufen, darf der Hase die Richtung wechseln, der Jäger aber nicht. Dieser hat dafür das Recht, seine Aufgabe einem anderen Mitspieler zu übertragen, indem er ihm auf die Schulter klopft. Der erste Jäger setzt sich in die Reihe, und nun versucht der neue, den Hasen zu schnappen. Schafft er das, so werden Jäger und Hase neu gewählt, andernfalls bestimmt er selbst einen Nachfolger. Dieses Spiel erfordert viel Aufmerksamkeit und Reaktionsvermögen, und wir müssen es bestimmt einige Male ausprobieren, bis es richtig klappt. Je mehr Kinder mitmachen, um so spannender ist es.

Windmühle
Alter:
ab 5 Jahre
Teilnehmer:
ab 4 Kinder, aber auch für größere Gruppen geeignet

Windmühle

Auf einer Wiese können wir dieses Spiel bis zum Umfallen durchführen: Vier Kinder bilden die Windmühlenflügel. Dazu faßt immer eines mit seiner rechten Hand den rechten Unterarm des anderen an. Und nun beginnt sich unsere Mühle zu drehen; erst langsam und dann immer rascher, bis sie so schnell ist, daß die Kinder einander nicht mehr festhalten können und alle ins weiche Gras plumpsen. Schwieriger wird es, wenn sich vier weitere Teilnehmer außen an die erste Mühle anhängen. Denn sie müssen noch schneller laufen können. Wenn genügend Kinder mitmachen, veranstalten wir einen kleinen Wettkampf zwischen mehreren Mühlen. Ein Spielleiter gibt durch Klatschen den Laufrhythmus an. Die Windmühle, die am längsten zusammenbleibt, hat gewonnen.

Basteln

Rübengeister

Jetzt ist die Erntezeit für Runkelrüben. Die Bauern verwenden sie als Futtermittel für ihre Tiere; da fragen wir am besten einmal nach, ob wir eine große, dicke geschenkt bekommen.
Wir schneiden oben ein Stück als Hut ab. Dann höhlen wir die Rübe aus: Mit dem Messer zerkleinern wir das Fruchtinnere, damit wir es dann leicht herauslöffeln können. Nun schnitzen wir mit einem spitzen Messer ein Gesicht in die Rübe. Dabei dürfen wir die Kinnpartie aber nicht einschneiden, denn der Stab, mit dem wir unseren Rübengeist tragen, hat sonst keinen Halt.
Wie wir das Gesicht gestalten, das bleibt unserer Phantasie überlassen. Es kann gruselig und gefährlich oder freundlich und lustig aussehen. Bevor wir den Hut darauf setzen, stellen wir ein Teelicht oder eine Kerze in die Rübe. Wenn es dunkel wird, zünden wir unser Licht an.
Wir können die Rübengeister auf einen Stock stecken und sie als leuchtende Laternen durch die Straßen tragen. Oder wir benutzen sie bei einem Gartenfest als ausgefallene Beleuchtung. Aber auch auf der Fensterbank sehen die Rübengeister schaurig-schön aus.

Rübengeister
Alter:
ab 4 Jahre
Teilnehmer:
allein oder in einer Gruppe
Material:
1 Futterrübe
Messer
Löffel
1 Teelicht (oder 1 Kerze)
1 Stab

Reime

Der Sommer verabschiedet sich

Ich bin die Sommersonne
und bin so hell und warm.
Ich reise um die ganze Welt
und scheine, wie es mir gefällt,
aufs Meer und auf das Land.
Doch ist die Zeit für mich vorbei,
geb' ich dem Herbst die Hand.

Ich bin der Herbst und freue mich
an meinen vielen Früchten.
Viele Tiere, groß und klein,
sie richten sich zum Winter ein:
Sie machen ihre Stuben fein,
und sammeln auch die Nahrung ein.
Der Herbst wird bald vorüber sein.

Brigitte Nelich

Fingerspiele

Katzen und Mäuse

Katzen können Mäuse fangen.
(Die Finger der rechten Hand laufen hin und her.)
Haben Krallen, scharf wie Zangen.
(Die Finger krümmen sich zu Krallen.)
Schlüpfen durch die Bodenlöcher
(Die linke Hand formt ein Loch, die rechte schlüpft hinein.)
und zuweilen auf die Dächer.
(Beide Hände bilden ein Dach.)

Mäuse mit den langen Schwänzchen
(Der Zeigefinger der linken Hand malt ein Schwänzchen in die Luft)
halten dort ein Ringeltänzchen.
(und Kreise.)
Langsam, langsam schleicht die Katze,
(Die rechte Hand kommt langsam näher)
fängt die Maus mit einem Satze.
(und schnappt die linke.)

Basteln

Fingerfiguren

Fingerfiguren
Alter:
ab 2 Jahre
Teilnehmer:
allein oder in einer Gruppe
Material:
gelbes und braunes oder orangefarbenes Tonpapier
Bleistift
Schere
Klebstoff
Buntstifte

Damit wir dieses Gedicht auch spielerisch begleiten können, basteln wir dazu Fingerfiguren: eine Sonne für den Sommer und ein Blatt für den Herbst. Das geht so einfach, daß das selbst die Kleinsten schon können.
Vom Vorlagebogen übertragen wir die Sonne und das Herbstblatt jeweils zweimal auf das Tonpapier. Dann schneiden wir die Teile aus und kleben diejenigen, die zusammengehören, an den Rändern zusammen, wobei wir unten eine Öffnung lassen, in die ein Finger hineinpaßt.
Die Figuren können nun noch beklebt oder bemalt werden. Danach stecken wir sie an je einen Finger einer Hand und spielen mit ihnen zum Text dieses Reimes.

Reime

Viele Bäume

Viele Bäume stehn im Kreise,
und die Luft bewegt sich leise.
Da kam der Wind geflogen,
der hat die Bäume gebogen.
Der Sturmwind bricht sie beinah' um.
Die Blätter wirbeln im Kreise herum.
Doch ist der Sturmwind wieder fort,
steht jedes Bäumchen an seinem Ort.

Hedwig Stenzel

Diesen Text können wir mit einem Finger- oder einem Bewegungsspiel begleiten.

Viele Bäume
Alter:
ab 4 Jahre
Teilnehmer:
ab 5

Fingerspiel

Unsere Finger sind die Äste. Unsere Unterarme, die Stämme, strecken wir hoch. Bei den ersten beiden Zeilen ist die Bewegung der Finger gering. Sie wird während der nächsten beiden Zeilen verstärkt, und wir setzen auch die Arme ein. Bei »Sturmwind« neigen wir sie nach rechts und nach links. Die Hände drehen sich umeinander und stellen so die wirbelnden Blätter dar. Danach werden unsere Bewegungen langsamer, bis wir ganz still stehen.

Bewegungsspiel

Wollen wir ein Bewegungsspiel daraus machen, so stellen wir uns mit hochgestreckten Armen auf. Jeder achtet darauf, daß er nicht zu nahe an einem anderen Kind steht, damit wir einander beim Spielen nicht wehtun.

Unser Körper ist der Baumstamm, die Arme bilden die Äste, und die Finger stellen die Blätter dar.
Anfangs bewegen wir nur die Finger, dann die Arme, und schließlich schaukeln wir mit dem ganzen Körper so hin und her, daß die Finger den Boden berühren. Jetzt sind wir wirbelnde Blätter und laufen kreuz und quer durch den Raum. Doch allmählich werden wir langsamer und kehren an unseren Platz zurück. Dort stehen wir – genau wie am Anfang – mit hochgestreckten Armen.
Achtung! Ist ein Sturm gar zu heftig, so kann es vorkommen, daß ein Ast abbricht – dann hängt ein Arm nur noch schlaff am Körper herunter, manchmal fällt sogar der ganze Baum um!

Spielen

Murmel im Kreis

Murmel im Kreis
Alter: ab 5 Jahre
Teilnehmer: ab 2
Material: Garn
pro Kind: 5 Murmeln

Dieses Spiel braucht keine Vorbereitung und kann im Freien oder in der Wohnung veranstaltet werden.
Etwa 15 cm von einer Wand entfernt legen wir einen Kreis aus Garn und im Abstand von rund 2 m davon die Abwurflinie. Nacheinander werfen wir jeweils eine Murmel, und zwar so, daß sie zunächst die Wand berührt und dann in den Kreis rollt. Wem das gelingt, der bekommt von den anderen Spielern je eine Murmel, bevor wir die nächste Runde beginnen. Wer keine Murmeln mehr hat, scheidet aus. Derjenige der die meisten hat, ist Sieger.
Wir können das Spiel noch schwieriger gestalten, indem wir einen zweiten Garnkreis vor den ersten legen. Treffen wir in diesen, müssen wir an jeden eine Murmel abgeben, kullert sie in jenen, so erhalten wir von jedem Mitspieler eine.
Wollen jüngere Kinder mitmachen, so dürfen sie sich nahe an den Kreis stellen und mit ausgestreckter Hand die Murmel fallen lassen. Rollen diese und eine weitere aus dem Kreis heraus, so behält das Kind beide, bleiben sie aber drinnen liegen, dann ist die eigene verloren.

Rätsel

Der Mond ist rund

Der Mond ist rund
Alter: ab 5 Jahre
Teilnehmer: ab 5
Material: 1 Stock oder 1 Kochlöffel

Bei diesem Ratespiel müssen die Kinder gut aufpassen. Es genügt nicht, sich allein auf das »Malen« und auf den Spruch zu konzentrieren. Denn wichtig ist nur, mit welcher Hand »gezeichnet« und mit welcher der Stock weitergegeben wird.
Alle sitzen im Kreis. Ein Erwachsener übernimmt die Rolle des Spielleiters. Er »malt« mit dem Stock ein Mondgesicht auf den Boden und sagt dazu:
»Der Mond ist rund,
der Mond ist rund.
Er hat zwei Augen,
Nas' und Mund.«

»Gezeichnet« wird grundsätzlich mit der rechten Hand. Dann nimmt man den Stock in die linke und reicht ihn an seinen rechten Nachbarn weiter. Ob er schon gemerkt hat, worauf es ankommt? Übrigens: Wird der Spruch falsch aufgesagt, so macht das nichts. Nach jedem Weiterreichen des Stockes sagt der Spielleiter, ob es richtig oder falsch gemacht wurde, begründet das aber nicht. Das sollen die Kinder selbst herausfinden. Wer es zu wissen glaubt, der verrät es nicht, sondern er macht es richtig, wenn er wieder an der Reihe ist. Wenn die Kinder nach einiger Zeit zu ungeduldig werden, gibt der Spielleiter die Lösung »des Rätsels« bekannt.

Spielen

Räuberhauptmann

Dieses Geschicklichkeitsspiel können wir sowohl im Freien, als auch in der Wohnung veranstalten.
Wir legen alle Gegenstände im Kreis hin. Dann ziehen wir unsere Schuhe aus und setzen uns um den Kreis herum. Auf ein Startzeichen hin rutschen wir auf Händen und Füßen und auf dem Po zu den »Schätzen«, nehmen je einen mit den Füßen hoch und bewegen uns vorsichtig wieder zum Ausgangspunkt zurück. Dort lassen wir unsere Beute fallen und machen uns auf den Weg, um neue zu holen. Wenn nun alle Gegenstände forttransportiert sind, zählen wir, wer die meisten hat. Er ist der Räuberhauptmann!

Spielen

Schlüsselkönig

Dieses Spiel macht erst dann richtig Spaß, wenn wir es sehr schnell durchführen.
Alle Teilnehmer bis auf einen sitzen im Kreis. Dieses Kind hat den Schlüsselbund in der Hand und ist der Schlüsselkönig. Er geht nun auf einen Mitspieler zu, gibt ihm die Hand, und sagt: »guten Tag«. Das Kind steht auf, und dann gehen beide auf andere zu und begrüßen sie. Auch diese erheben sich und wünschen wiederum den anderen einen guten Tag.
Der Schlüsselkönig muß gut aufpassen, denn sobald die letzten Kinder aufgestanden sind, läßt er sein Schlüsselbund fallen. Das ist das Zeichen dafür, daß nun jeder ganz schnell einen Sitzplatz ergattern muß. Wer übrigbleibt, hebt den Schlüsselbund auf und beginnt mit der nächsten Runde.

Räuberhauptmann
Alter:
ab 4 Jahre
Teilnehmer:
ab 2
Material:
zum Beispiel 1 kleines Spielzeug
1 Ball
1 kleines Handtuch
Kleidungsstücke
Bausteine
andere kleine oder dünne Gegenstände

Schlüsselkönig
Alter:
ab 4 Jahre
Teilnehmer:
ab 6
Material:
Man benötigt 1 Sitzgelegenheit für jeden Mitspieler bis auf einen
1 großer Schlüsselbund

OKTOBER

Oktober kommt mit Wind daher.
Das freut ein jedes Kind gar sehr.
Wir lassen Drachen steigen
hinauf bis zu den Zweigen.
Vom Wind wird er jetzt hochgehoben
und sieht die ganze Welt von oben.

Singen

In meinem kleinen Apfel

Text: volkstümlich
Melodie:
nach Wolfgang Amadeus Mozart

In meinem kleinen Apfel
Alter:
ab 3 Jahre
Teilnehmer:
allein oder in einer Gruppe

2. In jedem Stübchen wohnen
zwei Kernchen schwarz und fein,
die liegen drin und träumen
vom lieben Sonnenschein.

3. Sie träumen auch noch weiter
gar einen schönen Traum,
wie sie einst werden hängen
am lieben Weihnachtsbaum.

Spielen

Reife Äpfel

Reife Äpfel
Alter:
ab 3 Jahre
Teilnehmer:
ab 6
Material:
keines

Reife Äpfel, reife Äpfel
liegen da im Gras.
Apfelernte, Apfelernte
macht uns großen Spaß.
Holt die Leiter, holt die Leiter,
steigt bis oben an.
Pflückt die Äpfel, pflückt die Äpfel,
legt sie sorgsam dann.
Volle Körbe, volle Körbe,
tragen wir ins Haus.
Bis zu Ostern, bis zu Ostern,
reicht die Ernte aus.

Zwei Kinder stellen sich als Baum und als Apfelpflücker in die Mitte eines Kreises, den die anderen bilden. Während diese den Text sprechen, breitet der »Baum« die Arme wie Äste aus. Das andere Kind erntet die Äpfel und stellt alles pantomimisch dar, was der Text vorgibt, zum Beispiel die Leiter an den Baum stellen oder den vollen Korb nach Hause tragen.

Fingerspiele

Kletterbüblein

Steigt ein Büblein (Mädchen) auf den Baum,
steigt so hoch, man sieht es kaum,
hüpft von Ast zu Ästchen,
guckt ins Vogelnestchen.
Ei, da lacht es! Ei, da kracht es!
Plumps, da liegt es unten!

Friedrich Güll

Der linke Unterarm ist der Baum, die Finger bilden die Zweige und das Vogelnest liegt zwischen Ringfinger und kleinem Finger. Die andere Hand stellt das Bübchen dar: Es klettert nun am Arm hinauf, springt von Finger zu Finger, schaut ins Nest und fällt herunter.

Rätsel

Das Büblein

Ich sah ein Büblein kerngesund
mit frischen, roten Wangen,
mit einem Köpflein kugelrund,
hoch, hoch im Baume hangen.

Kopfunter – denk dir – hing er da
so recht vergnügt und munter.
Und als ich es so baumeln sah,
da fiel es, patsch, herunter.

Es fiel mir auf die Nase gar,
das schien mir sehr vermessen.
Drum habe ich mit Haut und Haar
das Bürschlein aufgegessen.

(Der Apfel)

Gustav Falke

Kletterbüblein
Alter:
ab 2 Jahre
Teilnehmer:
allein oder in einer Gruppe
Material:
keines

Basteln

Wurm im Apfel

Wurm im Apfel
Alter:
ab 3 Jahre
Teilnehmer:
allein oder in einer Gruppe
Material:
rotes, braunes und grünes Tonpapier
Schere
Klebstoff

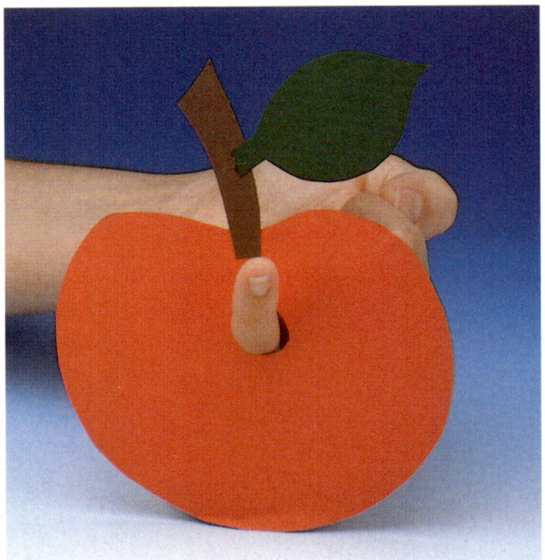

Wenn wir einen vom Baum heruntergefallenen Apfel aufheben, kann es vorkommen, daß wir in ihm ein kleines Loch entdecken. Wir wissen dann, daß ein Wurm in den Apfel hineingekrochen ist, daß er in ihm »wohnt«, sich hier wohl fühlt und dick und rund wird. Vielleicht kommt er auch einmal aus seinem »Haus« heraus.
Wir wollen nun einen »Apfelzappelwurm« basteln. Vom Vorlagebogen übertragen wir den Apfel auf rotes Tonpapier und schneiden ihn und den Kreis in der Mitte aus. Aus ihm schaut später der Wurm heraus.
Den Stiel fertigen wir aus braunem Tonpapier, das Blatt aus grünem. Wir kleben es an den Stiel und diesen an den Apfel.
Als Wurm nehmen wir unseren Zeigefinger. Wer möchte, kann ihm auch noch ein Gesicht aufmalen, bevor wir ihn durch das Loch stecken. Nun können wir unser »Apfelzappelwurmspiel« veranstalten.

Basteln

Wurfspiel für draußen

Wurfspiel für draußen
Alter:
ab 3 Jahre und 1 Erwachsener
Teilnehmer:
ab 3
Material:
1 großes Stück Wellpappe
Bleistift
Schere oder Teppichmesser
braune, grüne und rote Fingerfarbe
Pinsel
Zeitungspapier
weiße Papierbogen
Tapetenkleister
Blumendraht
Musterklammern
1 Stück Dachlatte
festes Klebeband
Säge

Zum Herstellen dieses Wurfspiels brauchen wir die Hilfe eines Erwachsenen, denn das Ausschneiden und das Aufstellen des Baumes ist wegen seiner Größe ziemlich schwierig. Die Krone ist etwa 1,20 m breit und rund 1 m hoch, und der Stamm hat eine Länge von fast 1,50 m.
Wir malen zuerst die Baumkrone auf die Wellpappe und schneiden sie aus. Dann zeichnen wir darauf die Wurflöcher, die einen Durchmesser von etwa 15 bis 20 cm haben sollen, und schneiden sie aus. Zudem stanzen wir kleine Löcher ein, in denen wir die Aufhänger für die Äpfel anbringen. Wir formen Haken aus Blumendraht, umwikkeln sie mit Papier und malen dieses braun an.
Aus einem zweiten Stück Wellpappe schneiden wir den Baumstamm zurecht. Anschließend malen wir beide Teil an.
Während der Baum trocknet, stellen wir die Äpfel her. Für jeden knüllen wir Zeitungspapier zu einem kleinen Ball von etwa 10 cm Durchmesser zusammen. Dann bestreichen wir ein weißes Blatt Papier auf einer Seite mit Tapetenkleister und kleben es um den Ball herum. Oben lassen wir es noch offenstehen: Wir fertigen einen Aufhänger aus Blumendraht an, den wir mit Papier umwickeln. Dann kleben wir ihn oben im Ball fest.
Die Äpfel müssen erst trocken sein, bevor wir sie anmalen.
Wenn der Ast und der Stamm getrocknet sind, fügen wir beide mit Klebstoff und Musterklammern zu einem Baum zusammen. Die Klammern geben der Krone zusätzlich Halt.
Auf der Rückseite des Baumes befestigen wir mit festem Klebeband eine Dachlatte, die unten ein wenig über-

steht. So kann der Baum auch stehen und erhält eine gewisse Stabilität. Der überstehende Teil der Latte wird nun etwas angespitzt und in den Boden gesteckt.
Jetzt beginnt das Wurfspiel. Reihum hat jeder drei Versuche. Wer einen Apfel durch ein Loch wirft, bekommt einen Punkt. Wer zum Schluß die meisten hat, ist Sieger.

Rezepte

Äpfel

Apfelgelee
Alter:
ab 5 Jahre und
1 Erwachsener
Teilnehmer:
allein oder in einer
Gruppe
Zutaten:
1,5 l Apfelsaft, ungesüßt
1,5 kg Zucker
Saft von 2 Zitronen
Gelierzucker
Zimt und Ingwer nach
Geschmack
Geräte: 1 großer Topf
Gläser mit Schraubverschluß

Der Oktober ist die Haupterntezeit für Äpfel. Am besten schmecken sie natürlich frisch vom Baum. Aber wir können ja nicht alle auf einmal essen. Es gibt viele einfache, aber tolle Rezepte, nach denen wir die Äpfel oder ihren Saft verarbeiten können.

Apfelgelee

Für die Freunde eines süßen Frühstücks ist dieses Gelee genau das richtige.

Wir verrühren zuerst in dem großen Topf, den Apfel- und den Zitronensaft mit dem Zucker und erhitzen dieses Gemisch. Dabei rühren wir es weiter. Bevor es kocht, wird der Gelierzucker hinzugefügt. Wer es gern etwas exotisch mag, kann noch geriebenen Ingwer und Zimt dazugeben.
Wenn der Saft dann sprudelnd kocht, füllen wir ihn sofort in die Gläser. Nachdem wir sie verschlossen haben, stellen wir sie mit den Deckeln nach unten auf den Tisch, damit die restliche Luft entweicht. So sind die Gläser wirklich fest verschlossen.
Je nach Apfelsorte ist das Gelee manchmal ziemlich farblos. Für eine appetitliche orangerote Farbe können wir sorgen, indem wir etwas roten Fruchtsaft oder Grenadine-Sirup zugeben.

Apfelschalentee

Selbst Apfelschalen, die beim Backen eines Apfelkuchens oder beim Entsaften anfallen, lassen sich weiterverarbeiten, indem wir daraus einen Tee kochen. Dafür sollten wir aber nur die Schalen ungespritzter und gut gewaschener Äpfel verwenden.
Zuerst müssen die Schalen im Backofen langsam getrocknet werden. Dafür breiten wir sie auf einem Backblech aus und stellen den Ofen auf 50 bis 80 Grad ein. Dann schieben wir das Blech hinein und lassen die Ofentür einen Spalt offen, damit die Feuchtigkeit entweichen kann. Zwischendurch sollten wir die Schalen wenden und aufpassen, daß sie nur trocknen, aber nicht rösten.
Für die Zubereitung des Tees nehmen wir eine Handvoll Schalen und übergießen sie mit 1 Liter kochendem Wasser. Das Ganze lassen wir 10 Minuten ziehen und gießen den Tee dann durch ein Sieb ab. Der Tee wird umso aromatischer, je trockener die Schalen sind. Sie lassen sich in einer gut verschlossenen Dose mehrere Wochen lang aufbewahren, ohne daß sie dabei ihren Geschmack verlieren.

Bratäpfel

Es gibt kaum etwas, was so köstlich schmeckt und doch so einfach zuzubereiten ist, wie ein Bratapfel.
Wir waschen den Apfel gründlich, trocknen ihn ab und entfernen mit dem Ausstecher das Gehäuse.
Den Apfel legen wir nun auf die Folie und füllen abwechselnd Haselnüsse, Marmelade, Zucker und Rosinen hinein. Danach heben wir die Ecken der Folie an, drehen sie zusammen und stellen sie auf das Backblech. Bei etwa 250 Grad muß der Apfel nun 35 bis 45 Minuten braten.
Wer will, kann in dieser Zeit Vanillesauce zubereiten und sie zu den fertigen Bratäpfeln reichen.

Apfelschalentee
Alter:
ab 4 Jahre
Teilnehmer:
allein oder in einer Gruppe
Zutaten:
Apfelschalen
Geräte:
Teekanne
Teesieb
Teedose

Bratäpfel
Alter:
ab 3 Jahre und 1 Erwachsener
Teilnehmer:
allein oder in einer Gruppe
Zutaten pro Bratapfel:
je 1 TL gemahlene Haselnüsse
rote Marmelade
Zucker
Rosinen
(eventuell Vanillesauce)
Geräte:
1 Apfelausstecher
Alufolie: etwa 15 x 15 cm
Backblech

Malen

Herbstbaum

Basteln

Herbstliche Fensterdekoration

Herbstbaum
Alter:
ab 3 Jahre
Teilnehmer:
allein oder in einer Gruppe
Material:
Kittel
Zeitungen zum Unterlegen
weißes Zeichenpapier: DIN A4
Wasserfarben
Pinsel
Wasser

Herbstliche Fensterdekoration
Alter:
ab 1 Jahr
Teilnehmer:
allein oder in einer Gruppe
Material:
Zeitungspapier
Löschpapier
1 dickes Buch
getrocknete und gepreßte Blätter
Tapetenkleister
Pinsel
1 großes Fenster

Für dieses Bild zeichnen wir einen Baum mit Ästen, aber ohne Blätter auf das Papier.

Dann überlegen wir uns, welche Farben das Laub im Herbst hat, und wählen die entsprechenden aus.

Wir feuchten die Finger etwas an und nehmen mit jeder Fingerspitze eine andere Farbe auf: Dann pressen wir sie auf das Papier und heben sie vorsichtig wieder ab, damit die Abdrücke sich nicht verwischen.

Auf diese Weise drucken wir viele bunte Blätter an die Äste unseres Baumes.

Wenn die bunten Herbstblätter herabfallen, möchten wir am liebsten alle aufsammeln und mit nach Hause nehmen, weil sie so attraktiv aussehen. Es gibt sie in den verschiedensten Farben und Formen, und gerade deshalb können wir sehr unterschiedlichen Blätterschmuck basteln, mit dem wir unser Zimmer verschönern.

Wenn wir die gesammelten Blätter zu Hause auf dem Zeitungspapier ausbreiten, merken wir, daß sie schon ein wenig trocken sind. Das reicht jedoch nicht aus, denn sie würden sich bald am Fenster wellen.

Wir müssen sie jetzt pressen: Dafür eignet sich eine Blumenpresse am besten. Wer aber keine hat, legt die Blätter – zwischen zwei Löschpapierbogen – in ein dickes Buch und klappt es zu. Nach ein paar Tagen sind die Blätter getrocknet. Dann bestreichen wir sie mit Tapetenkleister und kleben sie an unser Fenster. Keine Sorge: Der Kleister läßt sich ganz leicht mit Wasser wieder von der Scheibe abwaschen!

Wenn nun die Herbstsonne durch das Fenster scheint, leuchten die Blätter in den schönsten Farben.

Basteln

Blättergirlande

Für diese Girlande suchen wir möglichst große Blätter, die wir pressen müssen. Dann schneiden wir einen dünnen Wollfaden in der Länge ab, die die Girlande haben soll, und fädeln ihn in die Nadel ein. Nun können wir die Blätter aufziehen und lassen dabei jeweils rund 15 cm Zwischenraum. Wer sie nicht durchstechen will, knotet den Faden an den Stielen fest.
Wenn die Girlande fertig ist, spannen wir sie von einer Ecke des Zimmers zur anderen.

Basteln

Blätter-männchen

Figuren aus bunten Herbstblättern zu basteln macht allen Kindern sehr viel Spaß. Denn die Blättermännchen sehen immer wieder anders aus.
Wenn wir das Tonpapier und die Blätter vor uns liegen haben, suchen wir zunächst einmal die geeigneten aus und ordnen sie so an, wie wir sie später festkleben wollen. Dabei kann jeder seiner Phantasie und Kreativität freien Lauf lassen. Wird die Figur dick, dünn, klein oder groß? Bekommt sie noch einen Spazierstock oder einen Hut?
Wenn wir keine kleinen Blätter für Augen, Nase und Mund haben, können wir ein größeres Blatt entsprechend zurechtschneiden.
Haben wir nun alle Einzelteile zusammen, kleben wir die Blätter nacheinander auf das Papier.
An der Wand wirken die lustigen Gesellen sehr dekorativ. Wer möchte, kann auch Tiere oder andere Motive auf diese Art herstellen.

Blättergirlande
Alter:
ab 2 Jahre
Teilnehmer:
allein oder in einer Gruppe
Material:
gepreßte Herbstblätter
1 dünner Wollfaden
Nadel
Nägel oder Reißnägel

Blättermännchen
Alter:
ab 2 Jahre
Teilnehmer:
allein oder in einer Gruppe
Material:
1 Bogen Tonpapier
gepreßte Blätter
Klebstoff
Schere

Natur

Blätter und Früchte

Blätter und Früchte
Alter:
ab 4 Jahre und
1 Erwachsener
Teilnehmer:
ab 4
Material:
Blätter
Früchte
1 Korb
Pflanzenbestimmungsbuch

Wir machen einen Spaziergang in die Natur und bringen Blätter und Früchte von Bäumen und Sträuchern mit nach Hause. Hier schauen wir uns dann alles genau an und versuchen herauszufinden, wie die Blätter heißen und welche Früchte zu ihnen gehören. Manche, wie Kastanien oder Eicheln, kennen wir sicherlich. Andere haben wir vielleicht noch nie gesehen, und wir wissen nicht, auf welchem Baum oder Strauch sie wachsen. Deshalb benötigen wir ein Pflanzenbestimmungsbuch, in dem wir gemeinsam mit einem Erwachsenen die Namen nachschlagen können. Danach kann unser Spiel beginnen.

Wir teilen unser Sammelgut untereinander auf; am besten spielen immer zwei Kinder zusammen. Nun kehren wir gemeinsam an den Fundort zurück, um die entsprechenden Bäume und Sträucher wiederzufinden, zu denen unsere Blätter und Früchte gehören. Vielleicht erinnern sich einige von uns auch noch an die Namen.

Noch interessanter wird das Spiel für die Kinder, wenn der Erwachsene sich vorher schon etwas ausführlicher informiert hat und ihnen nun zum Beispiel erzählen kann, welche Tiere sich von den jeweiligen Früchten ernähren oder welche Vögel in diesem oder jenem Baum nisten.

Das ist eigentlich kein Spiel im üblichen Sinne. Es geht nicht um Sieger und Verlierer, sondern darum, bei den Kindern Freude an Naturbeobachtungen zu wecken, ihnen beim Erkennen von Zusammenhängen zu helfen und sie zu einem bewußten Umgang mit der Natur und der Umwelt zu bringen.

Drachenkuchen

Drachenkuchen
Alter:
ab 4 bis 5 Jahre
Teilnehmer:
allein oder in einer Gruppe
Zutaten:
200 g Butter oder Margarine
150 g Zucker
1 Päckchen Vanillezucker
1 Prise Salz
3 – 4 Eier
1/8 l Milch
500 g Weizenvollkornmehl
1 Päckchen Backpulver
Schokoladenguß
Zuckerschrift
Smarties
Liebesperlen
Geräte und Material:
Backblech und -papier
Messer
Mixer
Rührschüssel
1 großes Stück Pappe
Löffel
Alufolie
Küchenbrett

Elektroherd:
175 bis 200 Grad
Gasherd: Stufe 2
Backzeit:
30 – 40 Minuten

Wir rühren die Butter schaumig und geben Zucker, Eier, Salz und Vanillezucker unter ständigem Rühren dazu. Nun mischen wir das Mehl mit dem Backpulver und arbeiten es abwechselnd mit der Milch unter die Masse. Achtung: immer zuerst das Mehl gründlich darunterheben, bevor wir die Milch hinzufügen! – Der fertige Teig muß schwer reißend vom Löffel fallen.

Jetzt wird das Blech mit Backpapier ausgelegt, und der Teig gleichmäßig darauf verteilt. Dann schieben wir es auf der mittleren Schiene in den Backofen.

Während der Kuchen backt, bereiten wir die Platte vor: Dafür nehmen wir ein großes Stück Pappe und beziehen es mit Alufolie. Wenn der Kuchen fertig und abgekühlt ist, schneiden wir einen großen Drachen heraus und legen ihn auf das Küchenbrett.

Aus den restlichen Kuchenstücken schneiden wir die Schleifen für den Schweif.

Jetzt stellen wir den Schokoladenguß her, bestreichen den Drachen damit und verzieren ihn mit der Zuckerschrift und den anderen bunten Leckereien. Auf die vorbereitete Alufolie legen wir nun den Drachen zusammen mit seinem Schweif. Bei einem fröhlichen Drachenfest ist dieser Kuchen eine richtige Augenweide.

Basteln

Drachendekoration

Drachendekoration
Alter:
ab 3 Jahre
Teilnehmer:
allein oder in einer Gruppe
Material:
je 1 Rundholz:
70 cm lang,
40 cm lang
1 großer Bogen Transparentpapier:
etwa 70 x 50 cm
Klebstoff
Tonpapierstreifen
Schere
Transparentpapierreste
Wolle

Außer den Blätterdekorationen von Seite 274/275 sieht auch ein Drachen, den wir an die Decke hängen können, sehr schön aus.
Wir binden die zwei Hölzer so zu einem Kreuz, daß die Mitte des kürzeren Stokkes im oberen Drittel des langen liegt.

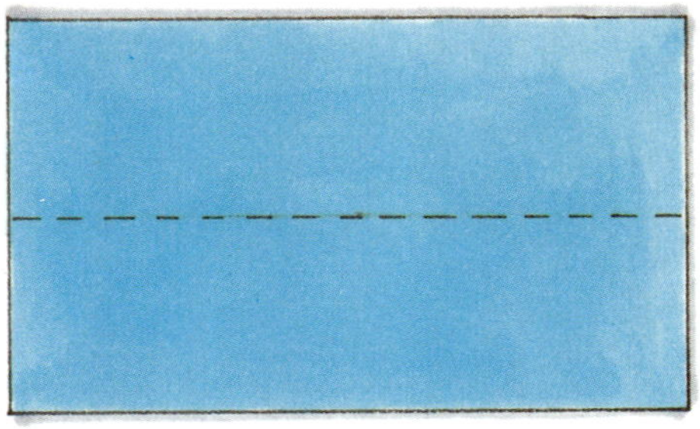

1. Wir falten das Transparentpapier einmal der Länge nach zusammen, streichen es glatt und öffnen es danach wieder.

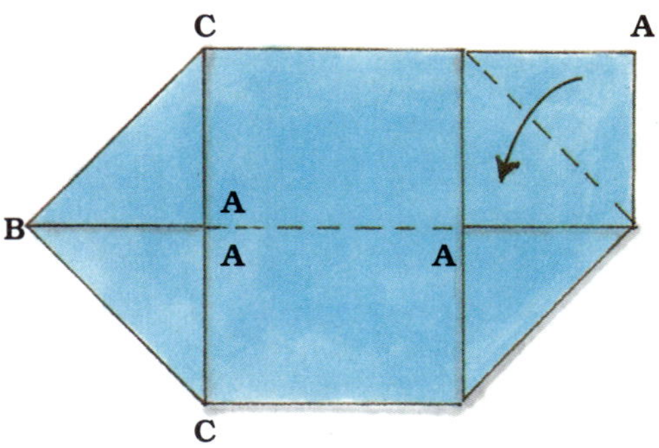

2. Dann legen wir die vier Ecken A an die Mittellinie und glätten die Knicke.

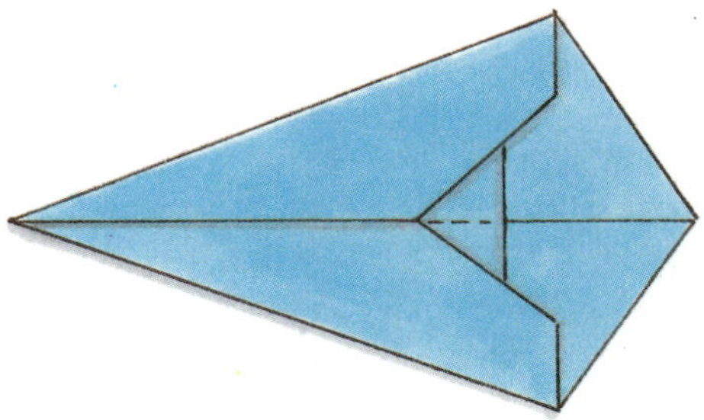

3. Die unten liegenden, neu entstandenen Ecken C falten wir zur Mittellinie nach oben, so daß die beiden Seiten B – C auf die Mittellinie treffen.
Damit der Drachen seine Form behält, kleben wir die Ecken innen fest. Die

Ränder können noch mit Tonpapier verstärkt werden. Nun bestreichen wir das Holzkreuz mit Klebstoff und fixieren den Drachen darauf.
Ein Gesicht und verschiedene Verzierungen gestalten wir aus den Transparentpapierresten.
Den Schweif des Drachens stellen wir aus bunten Papierstreifen her, jeweils 15 x 10 cm groß. Jedes Stück binden wir in der Mitte so zusammen, daß eine Schleife entsteht. Wir befestigen sie – in einigen Zentimetern Abstand voneinander – an einem langen Wollfaden. Dieser wird am unteren Ende des Drachens fixiert. Zwei größere Schleifen verwenden wir als Ohren.

Basteln

Gespenstermarionette

Wenn wir einmal richtig umhergespenstern wollen, dann eignet sich diese Marionette dazu sehr gut. Wir müssen den Holzstab, die Führung, verdecken, denn so sieht niemand, daß unser Gespenst von Hand bewegt wird.
Wir nehmen einen Papierbogen und formen ihn zu einer Kugel. Sie bildet den Kopf. Darüber legen wir nun den Gardinenstoff, binden ihn unterhalb der Kugel zusammen und lassen ihn als Gewand herunterhängen.
Nun braucht das Gespenst noch ein Gesicht. Oben in der Mitte des Kopfes befestigen wir einen Wollfaden, auf den wir das Spitzendeckchen als Hut auffädeln. Es kann noch mit etwas Klebstoff am Kopf befestigt werden. Das Fadenende knoten wir in der Mitte des Holzstabes fest.
Für die Arme verknoten wir rechts und links einen Zipfel des Gewandes mit je einem langen Wollfaden. Dann befestigen wir jeden an je einem Stabende.
Zum Schluß schneiden wir Augen, Mund und Nase aus schwarzem Klebeband zu und kleben sie vorn auf den Gespensterkopf. Nun kann der Spuk losgehen.
Vielleicht haben wir ja auch Lust dazu, die folgende Geschichte nachzuspielen. Dazu müssen wir uns jedoch viele Gespenster, zwei Burgen (ähnlich wie die auf Seite 290) und sechs kleine Betten sowie ein großes aus Schachteln oder aus Kartons anfertigen.

Gespenstermarionette
Alter:
ab 3 Jahre
Teilnehmer:
allein oder in einer Gruppe
Material:
weißes Papier
Gardinenrest: 50 x 50 cm
weiße Wolle
1 runde Tortendecke
Klebstoff
1 Holzstab: 30 cm lang
schwarzes Klebeband
Schere

Vorlesen

Das kleine bunte Nachtgespenst

Brigitte Nelich, Doris Velte

Vor vielen Jahren lebte auf Burg Malstein eine Gespensterfamilie. Der Vater, Herr von Malstein, war das Obergespenst. Die Mutter, Frau von Malstein, trug die Verantwortung für die Familie, denn sie übte nicht nur den Gespensterberuf aus, sondern sie mußte auch noch ihre sieben Kinder erziehen: Pinselstrich, Bunthansel, Zeichenfritz, Farbklecks, Malliese, Regenbogen sowie das jüngste namens Krickelmax. Und diese Aufgabe war sehr schwer! Denn woher soll man wissen, welches Kind etwas angestellt hat, wenn sie alle genau gleich aussehen, so daß nicht einmal die Eltern sie voneinander unterscheiden konnten.
Wie in vielen Familien, so verlief auch das Leben auf Burg Malstein ganz regelmäßig. Jede Nacht flogen die Eltern zur Arbeit, die eine ganze Stunde dauerte, nämlich von 24.00 bis 1.00 Uhr morgens. Und jede Nacht ermahnten Vater und Mutter Malstein ihre Kinder, artig zu sein, nicht miteinander zu streiten und nicht ständig zu klecksen.
Die Eltern hatten einen weiten Weg. Sie mußten über das Dorf hinwegfliegen, hinüber zum Wald. Dort, auf Burg Schwarzberg, lebten ihre Arbeitskollegen, Frau und Herr von Schwarzberg mit ihren drei Kindern. Diese Familie tat nichts anderes, als vor und nach der Geisterstunde zu spielen.
Die Arbeit der beiden Elternpaare bestand darin, die Dorfbevölkerung jede Nacht mit immer neuen Spukideen aus dem Schlaf zu reißen oder die zu stören, die noch vor ihren Fernsehgeräten saßen.
Während die Schwarzbergkinder munter weiterspielten, wurde auf Burg Malstein gemalt. Eines Nachts jedoch, es war gerade 0.20 Uhr, da passierte auf Burg Malstein folgendes:
Die Kinder tuschten herrliche Gespensterbilder. Plötzlich hielt Pinselstrich inne und fragte Krik-

kelmax völlig erschrocken: »Wie siehst du denn aus? Du hast dir ja wieder einmal nicht den Malkittel angezogen!« Natürlich hatte er es nicht getan, das war deutlich zu erkennen, denn Krickelmax, das jüngste und frechste Nachtgespenst, war über und über bekleckst.
Ach, du liebe Zeit! Das mußte ja passieren. Immer hatten die Geschwister aufgepaßt, doch heute hat Krickelmax sich heimlich mit seinen Farben unter den Tisch gesetzt, um endlich einmal ungestört und ohne den lästigen Kittel zu malen. Wie oft hat Krickelmax sich schon heftige Kämpfe mit seinen Eltern geliefert, wenn er sich weigerte, den Kittel anzuziehen.

So, nun war es geschehen, und wie jeder weiß, kann man ein Nachtgespenst nicht abwaschen. Krickelmax schaute begeistert an sich hinunter und sagte: »Na ja, das macht doch nichts. Ich sehe doch toll aus in meinem bunten Gewand, oder?« »Oh weh, wenn die Eltern nach Hause kommen, dann können wir was erleben! – Hat man so etwas schon gesehen? Ein buntes Nachtgespenst!«, ereiferte sich Malliese.

Der kleine Krickelmax aber fühlte sich ausgesprochen wohl dabei, anders auszusehen als seine Geschwister, die alle blütenweiß und bibbernd um ihn herumstanden und ängstlich auf die Rückkehr der Eltern warteten. Da hörten sie auch schon die Schlüssel klappern und huschten schnell in ihre Kisten.

Die Eltern wunderten sich, daß ihre Kinder freiwillig so früh schlafen gegangen waren, aber sie selbst fühlten sich viel zu erschöpft, um sich jetzt darum zu kümmern. Außer einem brummigen »Da stimmt doch was nicht!« von Vater Malstein und der Antwort: »Ach, ich bin heute so müde vom vielen Herumgeistern«, sprachen sie nichts mehr miteinander und krochen in ihre Doppelkiste.

Am nächsten Abend, pünktlich um 20.00 Uhr, wollte Frau Malstein ihre Kinder wecken, wie üblich zuerst den kleinen Krickelmax. Sie klappte den Deckel seiner Kiste auf und . . . fing fürchterlich an zu lachen. Und dann kam ihr plötzlich eine Idee.

Sie lief ins Malzimmer und tauchte sechs Pinsel in je eine andere Farbe ein. Mit ihnen kehrte sie ins Schlafzimmer zurück, öffnete die Kisten der anderen Kinder und kleckste jedem eine andere Farbe aufs Gespensterkleid. Jetzt endlich konnte sie ihre Kinder voneinander unterscheiden.

Von diesem Tag an wurde die Burg nur noch »Burg Kleckstein« genannt.

Rezepte

Popcorn

Ob süß oder salzig, Popcorn ist immer wieder eine beliebte Knabberei, besonders wenn wir es selbst machen. Vielleicht haben wir schon einmal gehört, wie es geheimnisvoll im Kochtopf knallt. Außerdem zieht ein wunderbarer Duft durch die Küche, der uns an einen Jahrmarkt und Karussellfahren erinnert.

Wieviel Popcornmais wir für eine Portion Popcorn nehmen, hängt immer von der Größe des Kochtopfes ab. Grundsätzlich sollte der Boden so lokker mit Körnern bedeckt sein, daß sie weder übereinander noch zu dicht nebeneinander liegen.

Wir geben 1 bis 2 Eßlöffel Pflanzenöl oder eine Rippe Kokosfett in den Kochtopf und schalten den Herd auf die höchste Stufe.

Dann füllen wir den Popcornmais in den Topf und schütteln ihn hin und her, bis die Körner seinen Boden gleichmäßig bedecken.

Nun setzen wir den Deckel auf den Topf und warten auf das »Springgeräusch« der Körner. Dann schalten wir den Herd auf die mittlere Stufe zurück. Hat das »Konzert unter dem Deckel« so richtig eingesetzt, dann rütteln wir den Topf kräftig hin und her. So fallen die Maiskörner, die noch nicht aufgeplatzt sind, auf den Topfboden zurück. Wenn es dann allmählich zu knallen aufhört, schalten wir den Herd aus, stellen den Topf beiseite und warten noch ein wenig. Dann erst heben wir den Deckel ab. Wir geben das fertige Popcorn in eine Schüssel und streuen je nach Geschmack Zucker oder Salz darüber.

Popcorn
Alter:
ab 6 Jahre
Teilnehmer:
ab 2
Material:
Popcornmais
Kokosfett oder
Pflanzenöl
Zucker oder Salz
Geräte:
1 Kochtopf mit Deckel
1 Paar Topflappen

Reime

Gespenster in der Küche

Heute ist Gespensterball
hier in unsrer Küche.
Schrecklich laut ist der Krawall,
und dann – die Gerüche!

Hört! Es prasselt, poltert, kracht!
Kegeln die mit Köpfen?
's ist doch gar nicht Mitternacht! –
Rumpeln tut's in Töpfen.

Langsam haben sie genug.
Niemand spielt mehr Haschen.
Euch verrate ich den Spuk:
Popcorn gibt's zum Naschen!

Ursula Barff

Theaterspielen

Das Schloßgespenst

Ursula Lietz (leicht gekürzte Fassung)

Das Schloßgespenst
Alter:
Spieler ab 6 Jahre
Zuschauer ab 3 Jahre
Teilnehmer:
1 Spieler
für eine große Zuschauerzahl geeignet
Spielfiguren:
Kasper
Prinzessin
Gespenst
Räuber
Requisiten:
Bettzeug
Tamburin oder 2 Topfdeckel
Stock
2 Tücher
Hintergrundbild:
Schloß

1. Akt
(Anfangs wird vor geschlossenem Vorhang gespielt, späterer Hintergrund: Schloß von außen)

Kasper: Ach, guten Tag Kinder. Wie geht es euch? Ich hatte gerade Ferien und habe jeden Tag gefaulenzt, gefaulenzt und nichts getan. Und jetzt bin ich so ausgeruht, daß ich gar nicht mehr weiß, was ich tun soll. Könnt ihr mir nichts vorschlagen? *(Die Kinder machen Vorschläge.)* Wißt ihr was? Ich werde mal meine Freundin, die Prinzessin, besuchen. Sie ist im Urlaub mit ihren Eltern ans Meer gefahren. Wart ihr schon einmal am Meer? *(Er läßt die Kinder erzählen, geht hin und her – dabei öffnet sich langsam der Vorhang, und man sieht das Schloß.)* Ach, da hinten ist ja das Schloß. Zuerst werde ich an die Türe klopfen. – Nanu, da rührt sich ja gar nichts. Ob niemand zu Hause ist? *(klopft wieder)*

Prinzessin: *(guckt vorsichtig um die Ecke)* Ach Kasper, du bist's! Komm doch herein. *(guckt sich um)*

Kasper: Ja, ich bin's! Wer soll ich denn sonst sein? Sag mal, was ist denn mit dir los? Wen suchst du denn? Ich dachte, du freust dich, wenn ich komme.

Prinzessin: Ja natürlich freue ich mich, aber – *(ängstlich)* hast du das Geräusch eben gehört?

Kasper: Da wird ein Tier vorbeigehuscht sein. Was ist bloß mit dir los?

Prinzessin: Ja weißt du, seitdem wir zurück sind, spukt es bei uns im Schloß.

Kasper: Hahaha, es spuckt? Wer spuckt denn?

Prinzessin: Ach was, nicht spucken – spuken! Kennst du keine Gespenster? Die gibt es jetzt hier.

Kasper: So ein Quatsch! Weißt du denn nicht, daß es gar keine Gespenster gibt?

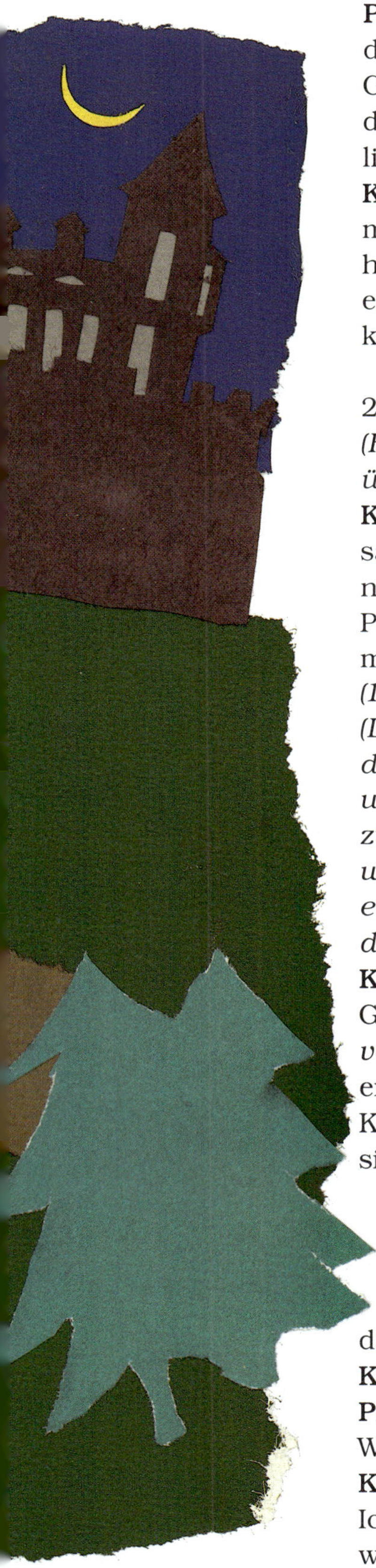

Prinzessin: Nachts geistern hier weiße Gestalten durchs Schloß. Gestern zum Beispiel hat das Gespenst mir die Bettdecke weggezogen und aus dem Fenster geworfen. Dann hat es ganz schauerlich gelacht und einen Geistertanz aufgeführt.
Kasper: Hm, hm, da kann aber etwas nicht stimmen. Das muß ich mir wohl mal anschauen. Ich hatte sowieso vor, hier zu übernachten. Bist du einverstanden? Dann schaue ich mir dieses komische Gespenst einmal näher an.

2. Akt
(Hintergrundbild: Schloß von innen, Bettzeug über den Bühnenrand als Kaspers Bett gelegt)
Kasper: So, jetzt ist es Abend. Ich glaube, so langsam kann ich ins Bett gehen. Bis jetzt habe ich noch kein Gespenst bemerkt. Vielleicht hat die Prinzessin alles nur geträumt. Uaaah, bin ich müde! *(Er schläft ein.)* Chrrr – chrrr
(12 Glockenschläge)
(Das Gespenst guckt um die Ecke und lacht laut, der Kasper schläft weiter – das Gespenst tanzt und lacht noch lauter, dann kommt es näher und zieht Kasper die Decke weg, der Kasper schläft weiter – das Gespenst verschwindet, kommt mit einem Stock wieder, haut dem Kasper damit auf den Kopf, lacht und tanzt.)
Kasper: Auah, o weh, o was ist denn? Das Gespenst! Weg mit dir, weg, weg! *(Das Gespenst verschwindet lachend.)* Jetzt habe ich mich aber erschrocken! Gott sei Dank, daß es weg ist! Mein Kopf, mein armer Kopf! Was ist denn bloß passiert? Ojeojeoje *(Er schläft weiter.)*

3. Akt
(Hintergrund: Schloß von innen)
Prinzessin: Kasper, aufstehen! Na, hast du das Gespenst gesehen? Los, erzähl' doch schon!
Kasper: Wie? Ach so, – nein ich ... oh, mein Kopf!
Prinzessin: Du hast ja eine dicke Beule am Kopf! Was ist passiert?
Kasper: Beule? Ach ja, jetzt fällt's mir wieder ein. Ich habe das Gespenst doch gesehen. Ich muß dir wohl glauben.

Prinzessin: Siehst du. Ich habe nicht geträumt. Das Gespenst gibt's wirklich. Was sollen wir tun?
Kasper: Laß mich mal überlegen. – Wenn ich's mir recht überlege, sah das Gespenst gar nicht so schrecklich aus. Ich habe mich bloß so erschrokken, weil ich geschlafen habe. Wenn ich mich richtig erinnere, ... hm, – jaja, das könnte sein. Moment, ich bin gleich wieder da.
(Er verschwindet und kommt mit einem weißen Tuch zurück.)
Prinzessin: Was er wohl vorhat? – Aber Kasper, was willst du denn mit deinem Bettuch? Jetzt verstehe ich gar nichts mehr.
Kasper: Das wirst du schon sehen. Geh' doch mal einen kleinen Augenblick vor die Türe.
(Die Prinzessin geht, und er zieht sich das Tuch über den Kopf.)
So, du kannst wieder hereinkommen. Huhuhuu!
Prinzessin: Hilfe, das Gespenst! Kasper, wo bist du denn? Hilfe!
Kasper: *(zieht das Tuch weg)* Kuckuck! Siehst du, so schnell verwandelt man sich in ein Gespenst!
Prinzessin: Ojeoje Kasper, hast du mich aber erschreckt! Ich wäre ja fast in Ohnmacht gefallen. Was soll das?
Kasper: Verstehst du denn nicht? Jeder kann ein Gespenst sein. Man braucht nur ein weißes Bettuch über den Kopf zu ziehen und schwupps – ist man ein Gespenst. Dann heult und zappelt man ein bißchen – so: Huhuhu – und schon hat jeder Angst.
Prinzessin: Tatsächlich. So einfach ist das also.
Kasper: Ja, und jetzt müssen wir bloß noch herausfinden, wer hier Gespenst spielt und warum.

4. Akt
(Hintergrund: Schloß von innen, mit gut sichtbarer Tür)
Kasper: So, da bin ich wieder. Puh, wir sind den ganzen Tag in der Stadt herumgelaufen. Ich habe drei Portionen Eis gegessen und einen großen Berg Schlagsahne! Mögt ihr auch so gerne Eis? Hmmm, ich mag am lieb-

sten Erdbeereis. Ihr auch? – So, ich lege mich am besten gleich ins Bett. Hoffentlich schlafe ich nicht wieder so fest ein. Ich bin nämlich sehr müde. Dann müßt ihr mich wecken, ja? Wenn ihr das Gespenst seht, ruft ihr ganz lauf: Kasper, Prinzessin! Dann werde ich wach, und die Prinzessin weiß, daß sie die Türe abschließen muß. Uah! *(seufzt)*

(12 Glockenschläge)

(Das Gespenst erscheint, die Kinder rufen.)

Kasper: Was? Oh, ah, das Gespenst! Gleich kommt es näher. Noch einen Moment und . . . So, da hab' ich dich! *(Er zieht ihm die Decke weg.)* Nanu, was haben wir denn da?

(Räuber kommt zum Vorschein)

Das ist ja der Räuber Langfinger! Das ist also unser Gespenst! Welche Überraschung!

(Der Räuber will weglaufen, aber die Türe ist zu.)

Räuber: Nanu, die Tür ist zu! Zum Donnerwetter, so ein Pech! Verflixt nochmal! Bald hätte ich's geschafft! So ein Mist!

Kasper: Schimpf' du nur. Es nützt dir alles nichts. Aber erzähl' doch mal. Was hättest du bald geschafft?

Räuber: Na, die Prinzessin und ihre Eltern aus dem Schloß, aus ihrem Schloß zu vertreiben.

Kasper: Soso, das ist ja interessant. *(ruft)* Prinzessin, hörst du uns? Der Räuber ist unser Gespenst. Er hat dir etwas zu erzählen.

Prinzessin: Ja, ich kann alles genau verstehen.

Räuber: Na, meine Räuberhöhle hat mir nicht mehr gefallen. Da habe ich mir gedacht, ich möchte ein Schloß haben. Genau wie die Prinzessin. Naja, und so ein Schloß kann man eben so schlecht stehlen.

Kasper: Jaja, das kann man wirklich schlecht. Und da wolltest du alle Leute aus dem Schloß jagen?

Räuber: Ja, ganz einfach. Ich habe gedacht, wenn ich ein bißchen Gespenst spiele, haben alle Angst vor mir. Dann ziehen sie bestimmt aus, und ich habe das Schloß für mich alleine. Also habe ich ein bißchen gespukt, und fast hätte es ja auch geklappt.

Kasper: Aber mit dem Kasper hast du nicht gerechnet, was?

Prinzessin: Was für ein Glück. Du bist zur rechten Zeit gekommen, Kasper. Sonst wären wir wirklich noch ausgezogen.

Kasper: Na, es ist ja alles nochmal gutgegangen. Bloß – was machen wir jetzt mit dem Räuber? Kinder, was meint ihr? Er hat doch eine Strafe verdient, oder?

Prinzessin: Ich weiß was! Er könnte doch unser Schloß saubermachen.

Räuber: Oh nein, bitte nicht! Das ist keine Arbeit für mich! Das kann ich nicht!

Kasper: Doch, das ist eine gute Idee. Ich werde schon aufpassen, daß alles sauber ist. Außerdem könntest du auch noch den Garten umgraben und das Unkraut rupfen. Ich hoffe, dann läßt du die Prinzessin in Zukunft in Ruhe.

Räuber: O weh, o weh, ich armer Räuber!

Kasper: Da bist du doch selber schuld, nicht wahr Kinder? So, jetzt bringe ich dich erst einmal in die Küche zum Spülen. Prinzessin, Prinzessin, du kannst die Tür wieder aufmachen!

(Er geht mit dem Räuber ab und kommt mit der Prinzessin wieder.)

Das hätten wir geschafft.

Prinzessin: Vielen, vielen Dank, Kasper. Weißt du was, ich habe meinem Vater alles erzählt. Der möchte für dich ein Fest geben. Du darfst einladen, wen du willst.

Kasper: O fein! Jetzt muß ich gleich überlegen, wen ich einlade. Den Seppel, die Gretel, die Großmutter und alle Kinder!!

Singen

Gespensterlied

Melodie und Text: Ingrid Klee

Gespensterlied
Alter:
ab 3 Jahre
Teilnehmer:
allein oder in einer Gruppe

2. Zieh ein weißes Bettuch an,
hu-hu-hu,
und erschrecke jedermann, hu-hu-hu.

3. Im Kinderzimmer spuke ich,
hu-hu-hu,
und ich heule fürchterlich, hu-hu-hu.

4. Und entdeckt mich einer dort,
hu-hu-hu,
husch – bin ich auf einmal fort,
hu-hu-hu.

Basteln

Fledermausburg

Fledermausburg
Alter: ab 4 Jahre
Teilnehmer: allein oder in einer Gruppe
Material:
trockene Ahornsamen
Klebstoff
Eicheln
1 schwarzer Filzstift
2 Bogen grauer Fotokarton: DIN A4
Schere
Wasserfarben
Pinsel
weißes Nähgarn
1 Zweig

Es gibt viele Geschichten über Gespenster, die in Burgen leben. Und meist wohnen dort noch andere Wesen, die fliegen können: die Fledermäuse. Da auch sie nachts umherflattern, muten sie uns genauso unheimlich an wie Gespenster. Vor unseren Fledermäusen braucht man sich aber, genau wie vor den echten, nicht zu fürchten.

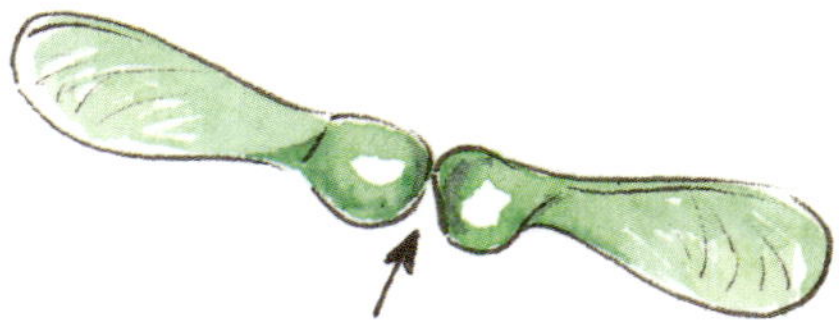

Für die Flügel einer Fledermaus brechen wir einen Ahornsamen vorsichtig in der Mitte auseinander.
Die Bruchstellen bestreichen wir mit Klebstoff und fixieren sie am vorderen Drittel einer Eichel. Da deren Oberfläche sehr glatt ist, müssen wir die Samenhälften gut andrücken, damit sie nicht mehr verrutschen können. Nun malen wir noch die Augen und ein Schnäuzchen auf.

Für die Burg zeichnen wir die Umrisse einer Mauer zweimal auf den Fotokarton auf und schneiden sie aus.
Mit Wasserfarben werden dann die Mauersteine, die Fenster und ein Tor aufgemalt. Nun schneiden wir eine Bogenhälfte von oben, die andere von unten bis zur Mitte ein und schieben die Teile mit ihren Schnittstellen ineinander. Danach befestigen wir das Garn in der Mitte und hängen die Burg an der Zimmerdecke auf.
Dann bringen wir den Zweig ebenfalls an der Decke an, so daß seine Äste über die Burgmauern herüberhängen. Jetzt kleben wir je ein Stück Garn oben auf den Fledermäusen fest und hängen sie in den Zweig. Nun sieht es so aus, als würden sie um die Burg herumfliegen.

Singen

Der Elefant auf dem Spinnennetz

*Text und Melodie:
Frederik Vahle*

Der Elefant auf dem Spinnennetz
Alter: ab 3 Jahre
Teilnehmer: ab 6
Material: Kreide oder Wolle, 1 Matratze oder 1 Turnmatte

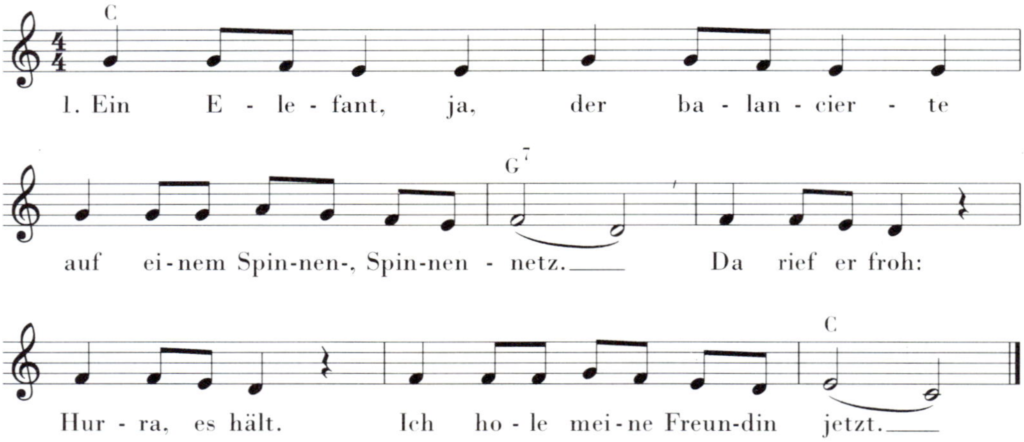

2. Zwei Elefanten,
die balancierten
auf einem Spinnen-, Spinnennetz.
Da riefen sie:
Hurra, es hält.
Da holen wir die ... jetzt.

3. Drei Elefanten,
die balancierten
auf einem Spinnen-, Spinnennetz.
Da riefen sie:
Hurra, es hält.
Da holen wir den ... jetzt.

4. Vier Elefanten,
die balancierten ...
Gesprochen:
Und dann hat die Spinne
am Netz gewackelt.
Rumpumpeldibummm,
war das ein Gekrabbel.

Wenn wir zum Liedtext spielen wollen, dann müssen wir ein Spinnennetz herstellen.
Dazu malen wir mit der Kreide ein großes Spinnennetz auf den Boden oder »weben« eines aus Wolle. In die Mitte des Netzes legen wir die Matte.
Das Lied hat so viele Strophen, wie es Spieler gibt. Zuerst balanciert nur ein Elefant auf dem Spinnennetz entlang, während die anderen Kinder singen. Dann werden es von Strophe zu Strophe immer mehr Elefanten, die sich allmählich der Mitte nähern und schließlich auf die Matte fallen.

Singen

Was müssen das für Bäume sein

Was müssen das für Bäume sein
Alter:
ab 4 Jahre
Teilnehmer:
ab 6

Bei den folgenden Wörtern bewegen wir die Arme und/oder die Hände:
- Bäume: beide Arme hochnehmen.
- großen: ein Arm hochheben.
- Elefanten: einen Rüssel mit dem anderen Arm machen.
- stoßen: mit der flachen Hand an die Stirn klopfen.
- Zwischenräume: beide Handflächen parallel zueinander halten.

November ist Laternenzeit.
Die Kinder ziehen straßenweit
und singen ihre Lieder.
Auch ich trag' immer wieder
voll Freude mein Laternenlicht
und sing' ganz laut:
„Verlösch mir nicht!"

NOVEMBER

Rätsel

November-gedicht

Von den  fallen nun die letzten 

Oft gibt es jetzt trübes 

Der  hüllt die Häuser ein,

und jedes  bleibt gern daheim.

Wir basteln  leuchtend und schön,

mit denen wir durch die 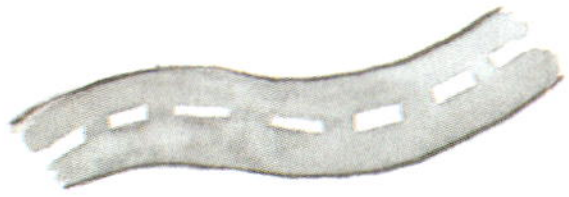 gehn.

Immer länger wird die 

die  hat sich rar gemacht.

Der 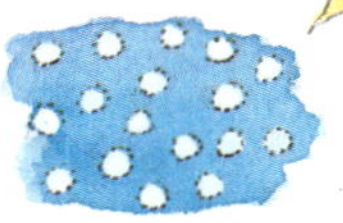 läßt nicht mehr lange auf sich warten,

das  vergräbt 

und Eicheln im Garten.

Der  schlüpft in seinen 

Am Morgen ist das  voll Tau.

Der  der will's uns nochmal zeigen

und läßt die bunten  steigen.

Wir holen warme  raus

und laufen in den November hinaus!

Reime

Der Wind

In allem Frieden
schlief abgeschieden
hinter einer Hecke
der Wind.
Da hat ihn die Spitzmaus,
wie Spitzmäuse sind,
ins Ohr gezwickt.

Der Wind erschrickt,
springt auf die Hecke,
fuchsteufelswild,
brüllt,
packt einen Raben
beim Kragen,
rast querfeldein
ins Dorf hinein,
schüttelt einen Birnbaum beim Schopf,
reißt den Leuten den Hut vom Kopf,
schlägt die Wetterfahne herum,
wirft eine Holzhütte um, wirbelt Staub
in die Höhe:
Wehe,
der Wind ist los!

Aber wo ist die Spitzmaus?
In ihrem Kellerhaus
dreht sie die Daumen im Schoß,
zufrieden und faul,
und grinst
mit ihrem frechen Maul.

Josef Guggenmos

Rätsel

November

Er hat keinen Kopf,
keinen Bauch,
keinen Schuh,
husch ist er um die Ecke
ums Haus und macht: Huh!

(Wind)

Es kommt vom Himmel
und ist ganz naß.
Nun sage mir schnell,
was ist denn das?

(Regen)

Ein Vorhang dünn wie ein Schleier
gewoben
und wie der Wind geschwind
zerstoben.
Was ist das?

(Nebel)

Geh' ich am Morgen aus dem Haus
sehn die Bäume ganz silbern aus.
Hat es geschneit?
Doch wie ich auf die Erde seh',
liegt dort kein Schnee.
Es glitzert und glänzt im Sonnenschein,
was mag das sein?

(Rauhreif)

Experimentieren

Wind und Luft

Post an den Drachen
Alter:
ab 3 Jahre
Teilnehmer:
allein oder in einer Gruppe
Material:
Schreibmaschinenpapier
Buntstifte
Schere

Post an den Drachen

Wenn wir einem Drachen Post schicken wollen, brauchen wir dazu Schreibmaschinenpapier in Postkartengröße. Darauf malen wir ein lustiges Bild.

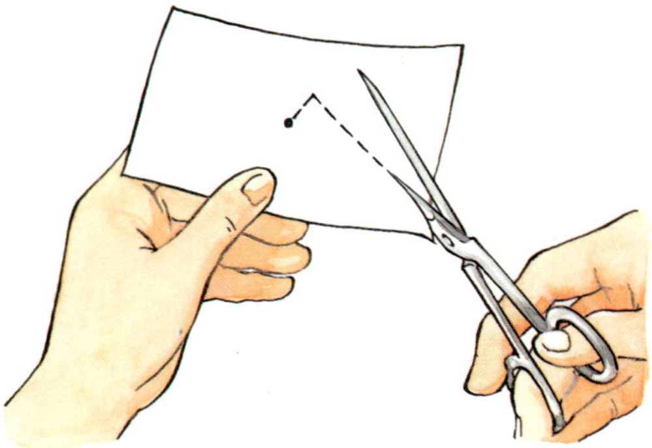

Dann schneiden wir das Papier so ein, wie es die Zeichnung zeigt. Den Mittelpunkt müssen wir etwas vergrößern, damit der Brief leichter zum Drachen hochwandern kann.
Wenn der Herbstwind so richtig bläst und der Drachen hoch am Himmel steht, stecken wir den Brief unten an die Schnur. Der Wind schickt ihn nach oben.

Aus welcher Richtung kommt der Wind?

Wir können die Windrichtung ganz einfach bestimmen, indem wir den Zeigefinger mit Spucke anfeuchten und ihn senkrecht in die Luft halten. Sehr schnell spüren wir dann, daß eine Seite unseres Fingers kühl wird. Aus dieser Richtung kommt der Wind.

Festgehaltener Ball

Wetten, daß es nicht zu schaffen ist, einen Ball aus einem Trichter herauszublasen! – Kaum zu glauben, aber wahr.

Wir legen einen Tischtennisball in die Öffnung eines Haushaltstrichters, halten sie schräg nach oben und blasen so stark hinein, wie wir nur können. Trotzdem bleibt der Ball drinnen. Warum? Der Luftstrom fließt innen an der Trichterwand entlang und erzeugt keinen Druck auf den Ball. Dieser bleibt deshalb im Trichter »gefangen«.

Seltsamer Windverlauf

Eine Flasche müßte eigentlich einen ausreichenden Windschutz für eine brennende Kerze darstellen. Doch das ist nicht der Fall – laßt es uns einmal ausprobieren.

Wir stellen eine brennende Kerze hinter eine leere Flasche. Gegen diese blasen wir nun heftig von vorn, und die Flamme erlischt sofort. Warum?

Die Luft teilt sich vor der Flasche, gleitet außen an ihr vorbei und strömt hinter der Flasche wieder zusammen. Durch den Luftstrom wird die Flamme ausgelöscht.

Das wandernde Ei

Wir stellen zwei Eierbecher hintereinander und legen in den vorderen ein Ei. Nun blasen wir kräftig auf den Rand des Eierbechers. Dabei ist es wichtig, daß der Luftstrom von oben kommt. Wenn wir kräftig genug pusten, wandert das Ei in den hinteren Becher.

Da sich zwischen der rauhen Eierschale und der Innenwand des Bechers ein Spalt bildet, strömt die Luft unter das Ei, so daß ein »Kissen« entsteht. Ist es kräftig genug, dann wandert das Ei in den hinteren Becher.

Aus welcher Richtung kommt der Wind?
Alter:
ab 6 Jahre
Teilnehmer:
allein oder in einer Gruppe

Festgehaltener Ball
Alter:
ab 6 Jahre
Teilnehmer:
allein oder in einer Gruppe
Material pro Kind:
Haushaltstrichter
Tischtennisball

Seltsamer Windverlauf
Alter:
ab 6 Jahre
Teilnehmer:
allein oder in einer Gruppe
Material pro Kind:
1 Flasche
brennende Kerze

Das wandernde Ei
Alter:
ab 6 Jahre
Teilnehmer:
allein oder in einer Gruppe
Material pro Kind:
1 rohes Ei
2 Eierbecher

Pustespiel

Pustespiel
Alter:
ab 6 Jahre
Teilnehmer:
allein oder in einer Gruppe
Material:
Umzugskarton, etwa 35 x 35 cm
Reste von:
Wellpappe, Papierreste, dünner Karton
Papprollen (Haushalts- oder Klopapier)
Bleistift
Lineal
Bastelmesser
Schere
Klebstoff
Farben (Plaka-, Cromar- oder Wasserfarben)
Tischtennisball

Kräftiger Atem und Geschick sind erforderlich, um den Ball durch den Irrgarten ins Ziel zu bringen.
Bastelt man sich zwei gleiche Spiele, kann man auf Kommando um die Wette pusten. Bei nur einem Spiel kommt einer nach dem anderen an die Reihe. Wir stoppen dann die Zeit, die die Teilnehmer benötigen, um den Ball durch das Labyrinth ins Ziel zu blasen.

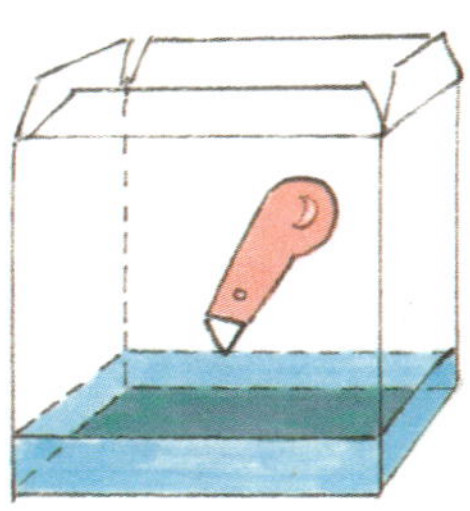

1. Wir schneiden mit dem Bastelmesser den Boden des Kartons ab und lassen dabei ringsherum die Seitenwände 5 cm hoch stehen.

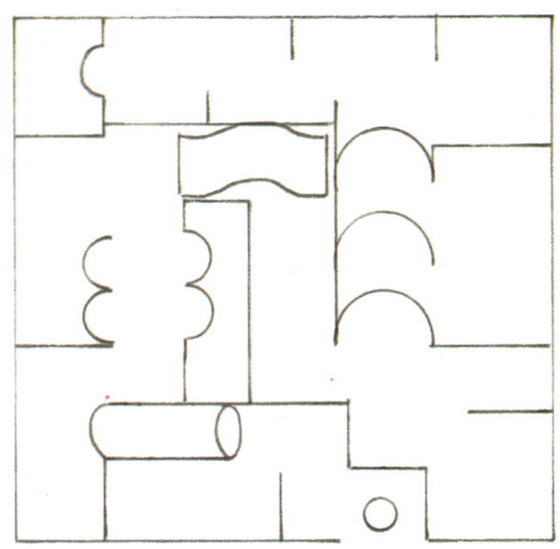

2. Dann skizzieren wir das Labyrinth auf den Karton. Wir können uns an der Zeichnung orientieren oder, wenn wir Lust dazu haben, eigene Ideen verwirklichen.

Wir achten darauf, daß wir die Gänge nicht zu eng anlegen, denn der Tischtennisball muß Platz zum Hindurchrollen haben. Die Hindernisse müssen einfach sein und dürfen nicht zu hoch oder zu steil gearbeitet werden. Wer möchte, kann auch einige Sackgassen einbauen.

Jetzt schneiden wir etwa 5 cm breite Wellpappestreifen für die Innenwände und für das Zielhäuschen zu, bemalen sie sowie den Spieluntergrund und die Klopapierrollen in verschiedenen Farben und lassen alles trocknen.

In der Zwischenzeit trennen wir den Eingang aus einer Seitenwand heraus und schneiden in den Spieluntergrund ein Startloch, das die Größe eines Zehn-Pfennig-Stückes haben soll. Der Ball bekommt dadurch Halt und kann vor Spielbeginn nicht wegrollen.

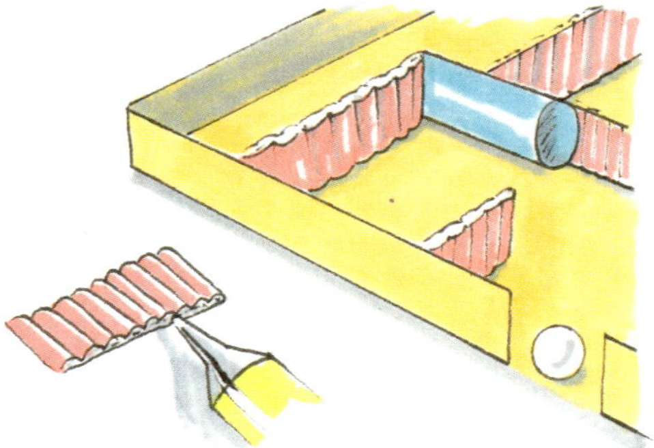

3. Wir bestreichen nun die Unterkanten der getrockneten Wellpappestreifen mit Klebstoff und drücken sie leicht auf den Kartonboden. Wir müssen sie so lange festhalten, bis der Klebstoff etwas angetrocknet ist.

4. Mit Schere und Bastelmesser schneiden wir die Papprollen als Hindernisse zu. Bevor wir die Teile mit den Bogen nach oben und nach unten festkleben, probieren wir aus, ob sich der Tischtennisball leicht darüber hinweg- oder darunter hindurchpusten läßt.

Nun können wir einen ersten Probelauf starten. Dabei stellen wir fest, ob vielleicht noch etwas korrigiert werden muß. Läßt sich der Ball gut durch das Labyrinth lenken, so ist unser Spiel perfekt, und dann heißt es: »Achtung, fertig, los«. – Wer bringt den Ball am schnellsten ins Ziel?

Wurfgeschoß

Dieses raschelnde Windspielzeug ist leicht anzufertigen. Zudem macht es viel Spaß, das bunte Wurfgeschoß durch die Luft wirbeln zu sehen.

Haben wir mehrere gebastelt, dann können wir sie uns gegenseitig zuwerfen oder einen Wettbewerb im Weitwerfen veranstalten.

Wir schneiden die bunte Fallschirmseide (das Kreppapier oder die Tüten) in sechs etwa 1 – 2 m lange und 5 cm breite Streifen. Diese legen wir aufeinander und verdrehen sie an einem Ende so eng miteinander, daß wir sie durch das Loch in der Perle (oder in der Kastanie) hindurchschieben können. Danach werden die Streifen direkt oberhalb und unterhalb der Perle (oder der Kastanie) verknotet.

Wurfgeschoß
Alter:
ab 4 Jahre
Teilnehmer:
allein oder in einer Gruppe
Material:
bunte Fallschirmseide
Kreppapier oder Plastiktüten
1 große Perle oder Kastanie
Schere
Handbohrer für die Kastanie

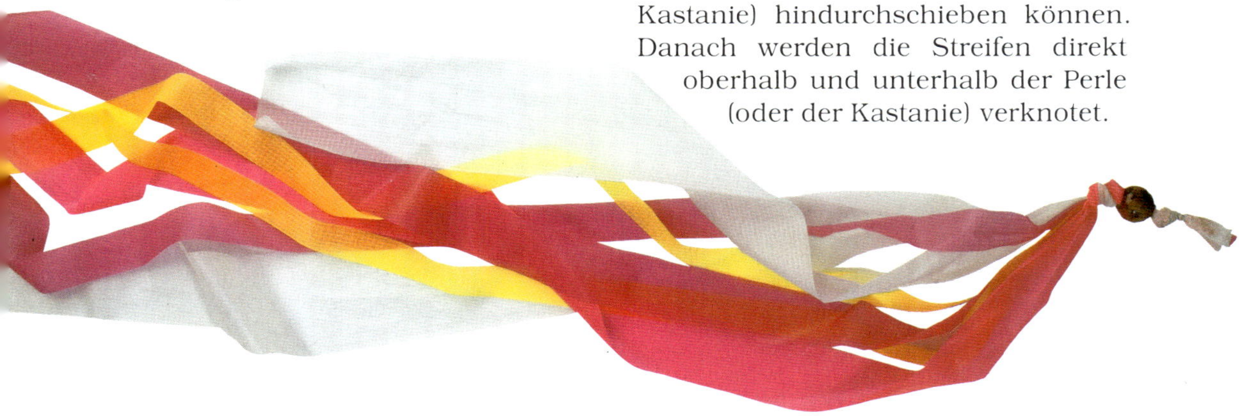

Natur

Wie wir den Vögeln helfen können

Das ganze Jahr über können wir im Garten oder im Wald Vögel beobachten. Sie erfreuen uns durch ihren Gesang und ihre Lebendigkeit.
Im Winter aber müssen sie eine schwere Zeit überstehen und dabei wollen wir ihnen helfen.
Im Kapitel »Januar« (Seite 31) haben wir bereits erfahren, daß nur einige Vögel, die sogenannten Standvögel, bei uns bleiben. Zu ihnen gehören die Spatzen, Amseln und Meisen. Diesen Tieren gilt unsere Fürsorge.

Was wir wissen sollten
Im November schickt der Winter oft schon seine Vorboten aus: Der Frost setzt ein, und manchmal fällt bereits der erste Schnee.
Nun ist der richtige Augenblick gekommen, um mit der Winterfütterung zu beginnen. Der Zeitpunkt ist wichtig, denn wenn wir die Vögel zu früh füttern, kann es passieren, daß die Zugvögel zu lange bei uns bleiben.
Wir können für die Standvögel ein Futterhäuschen aufstellen und Meisenglocken oder Futterringe aufhängen. Gefüttert wird so lange, bis der Winter vorbei ist und die Vögel wieder selbst in der Natur ihr Futter finden können.

Wie wir eine geeignete Futterstelle finden
Ob am Fensterbrett, auf dem Balkon oder im Garten – füttern können wir überall. Wichtig ist aber, daß den natürlichen Feinden der Vögel, zum Beispiel Katzen, der Zugang erschwert wird. Ein Futterhäuschen sollte deshalb hoch genug angebracht werden. An eine geschützte und gut einsehbare Stelle kommen die Vögel am liebsten zum Fressen.

Wann und wieviel wir füttern
Die Vögel kommen den ganzen Tag über an ihre gewohnte Futterstelle, doch morgens und abends sollte die Ration etwas reichlicher ausfallen. Grundsätzlich müssen wir die Menge je nach Witterung verändern: Ist es kalt und schneereich, besteht ein größerer Bedarf an Futter, als wenn die Temperaturen steigen und der Schnee schmilzt.

Was wir füttern
Wir brauchen Sonnenblumenkerne, Hanfsamen, Haferflocken, Sämereien, getrocknete Beeren, Rosinen und Nüsse. Achtung: Gefährlich und unbedingt zu vermeiden ist verschimmelte, gewürzte und gesalzene Nahrung!

Singen

Nebellied

Text: Rolf Krenzer
Melodie: Siegfried Fietz

Nebellied
Alter:
ab 4 Jahre
Teilnehmer:
ab 6

2. Um mich herum ist Nebel,
und ich bin so allein.
Wo mögen alle andern nur
im dicken Nebel sein?

3. Doch spür' ich deine Hände,
dann kann mir nichts geschehn.
So können wir zusammen durch
den dicken Nebel gehn.

4. Der dicke, dichte Nebel
wird bald verschwunden sein.
Schau her, schon liegt die ganze Welt
im hellen Sonnenschein!

Wir gehen behutsam mit geschlossenen (oder verbundenen) Augen in den Kreis hinein. Keiner darf blinzeln. Zuerst ist es für alle etwas ungewohnt, vielleicht auch ein bißchen unheimlich. Wenn wir aber dann einen anderen im Kreis berühren, ihm die Hand geben und seine Hand drücken, dann fühlen wir uns plötzlich viel sicherer. Wir können dann die zweite Hand einem anderen geben, eine Hand wieder loslassen, überlegen, wem die Hand wohl gehört, und so weiter.
Erst zum Schluß des Liedes öffnen wir die Augen und sehen uns an. Da gibt es manche Überraschung.

Basteln

Nebelbild

Nebelbild
Alter:
ab 5 Jahre
Teilnehmer:
allein oder in einer Gruppe
Material:
graues Tonpapier: DIN A3
Ton-, Schreibmaschinen- und Buntpapierreste in gedämpften Farbtönen
Klebstoff
Watte

Im November versinkt unsere Umgebung oft völlig im Nebel. Es ist faszinierend zu beobachten, wie alles hinter einem dichten Schleier verschwindet und irgendwann wieder auftaucht.

Wer hätte da nicht Lust, ein Bild phantasievoll zu gestalten und verschiedene Dinge vom Wattenebel verschlucken zu lassen?

Wir überlegen uns, was auf unserem Bild zu sehen sein soll: zum Beispiel unser Haus, die Stadt, in der wir wohnen und die Landschaft, die uns umgibt. Unserer Kreativität sind dabei keine Grenzen gesetzt.

Wir legen das graue Tonpapier auf die Arbeitsfläche und reißen alle Motive aus dem bunten Papier. Dann kleben wir den Bildhintergrund auf. Obenauf fixieren wir dann noch die Motive des Vordergrunds.

Zuletzt lassen wir manche Teile im Nebel verschwinden. Dazu kleben wir Nebelschwaden aus Watte auf.

Basteln

November-Gedächtnisspiel

November-Gedächtnisspiel
Alter:
ab 5 Jahre
Teilnehmer:
ab 2
Material:
Kartonkärtchen:
6 x 6 cm
Bleistift
Schere
Lineal
Radiergummi
1 dünner schwarzer Filzstift
Buntstifte
transparente Selbstklebefolie
eventuell Geschenkpapier

Wenn es draußen kalt und nebelig ist, wissen wir manchmal gar nicht, was wir tun sollen. Wenn wir uns aber dieses Gedächtnisspiel basteln und dann damit spielen, verfliegt nicht nur die Langeweile, sondern auch die Zeit wie im Nu.
Wir wählen uns etwa 20 verschiedene Motive aus, die gut zum Monat November passen, zum Beispiel: Kerze, Stern, Mond, Kind mit Laterne, Windlicht, Häuser im Nebel, Wind, Herbstlaub, Igel, Sankt Martin, Gänse, Straßenlaterne, Regenschirm, Wolken, Eule, Sonne hinter Wolken.
Wie wir die Kärtchen herstellen, lesen wir auf Seite 253 nach. Dann beginnen wir mit der Gestaltung: Mit Lineal und Bleistift ziehen wir 0,5 cm vom äußeren Kartenrand entfernt einen inneren Rahmen.
Anschließend skizzieren wir mit Bleistift jeweils auf zwei Kärtchen das gleiche Motiv. Sind wir mit allem zufrieden, dann ziehen wir die Konturen mit dem Filzstift nach.
Jetzt kommt der schönste Teil unserer Bastelarbeit, das Bemalen der Motive. Entweder kolorieren wir jedes Kartenpaar in denselben Farben, oder wir wählen unterschiedliche, zum Beispiel eine grüne und eine gelbe Kerze. In diesem Fall wird das Spielen etwas schwieriger.
Wer mag, der beklebt die Rückseiten mit einem kleingemusterten Geschenkpapier. Zum Schluß überziehen wir die Kärtchen mit einer transparenten Selbstklebefolie, so sind sie gut vor Schmutz geschützt.
Wir legen alle Kärtchen verdeckt auf den Tisch, mischen sie gut und verteilen sie auf vier oder fünf Reihen.
Der jüngste Mitspieler beginnt und deckt zwei beliebige Karten auf. Zeigen beide das gleiche Motiv, darf er sie nehmen und sein Glück ein zweites Mal versuchen. Stimmen sie aber nicht überein, werden sie wieder verdeckt an ihren Platz zurückgelegt, und der nächste Spieler kommt an die Reihe. Sieger ist, wer die meisten Paare gefunden hat.

Spielen

Licht und Dunkelheit

Unbekannter Weg
Alter:
ab 5 Jahre
Teilnehmer:
ab 2
Material:
Gegenstände zum Geräuschemachen, zum Beispiel 1 Instrument oder 2 Löffel
1 Tuch

Zahlen raten
Alter:
ab 6 Jahre
Teilnehmer:
ab 2
Material:
1 Taschenlampe

Wer rupft, wer zupft?
Alter:
ab 4 Jahre
Teilnehmer:
ab 6
Material:
1 Kissen

Kind ertasten
Alter:
ab 5 Jahre
Teilnehmer:
ab 6
Material:
1 Tuch

Die Tage im November werden immer kürzer, es ist oft so feuchtkalt und nebelig, daß wir gar nicht draußen spielen mögen.
Auf diesen beiden Seiten finden wir einige Vorschläge für drinnen.

Unbekannter Weg

Einem Kind werden die Augen verbunden. Es soll nun dem anderen hinterhergehen und sich dabei allein auf die Geräusche verlassen, die das andere Kind auf einem Instrument erzeugt. Nach einigen Minuten tauschen wir die Rollen.
Wir können den »blinden« Mitspieler aber auch an die Hand nehmen und ihn durch die Wohnung führen.

Zahlen raten

Wir verdunkeln das Zimmer, und ein Kind »schreibt« mit der Taschenlampe Ziffern an die Wand. Die Mitspieler sollen die Zahlen erraten.

Wer rupft, wer zupft?

Alle Mitspieler sitzen im Kreis. Ein Teilnehmer nimmt ein Kissen auf den Schoß, auf das ein Kind sein Gesicht legt. Nun zupft ein Spieler dieses Kind am Nacken und sagt mit verstellter Stimme: »Wer rupft, wer zupft, wer hat's getan, dem sieht man's an der Nase an!« Dreimal darf geraten werden.

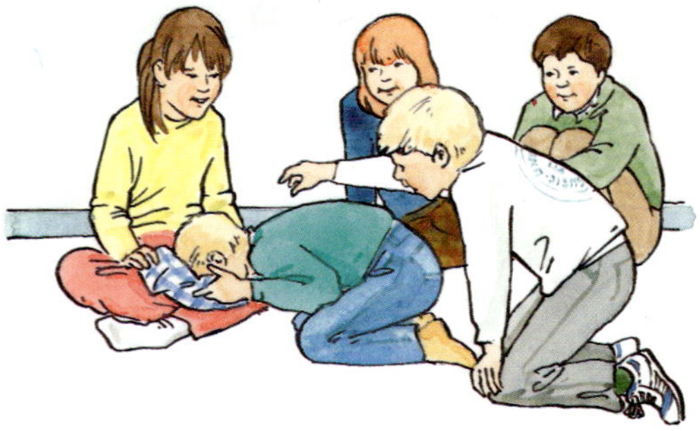

Kind ertasten

Wir sitzen im Kreis, schauen uns gegenseitig genau an und achten dabei besonders auf die Kleidung, die Frisuren und darauf, ob jemand eine Brille, Ohrringe oder eine Kette trägt. Danach werden einem Kind die Augen verbunden. Nun soll es allein durch Tasten einen Mitspieler erraten.

Blind laufen

Für dieses Spiel brauchen wir eine freie Fläche. An einem Ende des Zimmers stellen wir einen Stuhl auf. Wir zählen, wie viele Schritte es von ihm bis zur gegenüberliegenden Wand sind. Von hier aus muß nun ein Mitspieler nach dem anderen mit verbundenen Augen zu dem Stuhl gehen. Dabei darf er aber nur so viele Schritte machen, wie wir vorher benötigt haben. Dann muß er stehenbleiben. Wer dem Stuhl am nächsten kommt, ist Sieger.

Schlüsseldieb

Ein Kind, der Schlüsselwächter, sitzt mit verbundenen Augen auf einem Stuhl, unter den wir das Schlüsselbund legen. Dann versucht ein Mitspieler, sich ganz leise anzuschleichen, um die Schlüssel zu stehlen. Hört das Kind ein Geräusch, so ruft es »Halt!« und zeigt in die jeweilige Richtung. Hat es den Dieb ertappt, werden die Rollen getauscht. Gelingt es dem kleinen Räuber jedoch, die Schlüssel lautlos zu stibitzen, muß der Wächter versuchen, den nächsten Dieb zu erwischen.

Blind schreiben

Einem Kind werden die Augen verbunden. Dann geben wir ihm einen Stift in die Hand. Ein anderer Mitspieler führt sie und schreibt ein Wort auf das Papier. Kann das »blinde« Kind den Begriff erraten?

Tüten platzen lassen

Wir spannen die Schnur von Wand zu Wand und hängen daran drei prall aufgeblasene, zugeschnürte Papiertüten auf. Ein Kind verbindet sich die Augen und wird unter die gespannte Schnur geführt. Nun hat es drei Versuche, um die Tüten durch Zusammenschlagen der Hände zum Platzen zu bringen.

Schatten raten

Wir spannen das Bettuch von Wand zu Wand (oder zu einem Schrank) und stellen die Stehlampe etwa 1 m dahinter auf. Dahinter stellen die Kinder nacheinander pantomimisch eine Tätigkeit dar, zum Beispiel Zähneputzen, Blumengießen, Staubsaugen oder Sichkämmen. Die anderen Mitspieler, die vor der Leinwand sitzen, müssen raten, worum es sich gehandelt hat.

Blind laufen
Alter:
ab 5 Jahre
Teilnehmer:
ab 4
Material:
1 Tuch pro Kind
1 Stuhl

Schlüsseldieb
Alter:
ab 4 Jahre
Teilnehmer:
ab 3
Material:
1 Schlüsselbund
1 Tuch
1 Stuhl

Blind schreiben
Alter:
ab 7 Jahre
Teilnehmer:
ab 2
Material:
Papier
1 Tuch
1 Bleistift

Tüten platzen lassen
Alter:
ab 4 Jahre
Teilnehmer:
ab 2
Material:
1 Schnur
Papiertüten
1 Tuch

Schatten raten
Alter:
ab 4 Jahre
Teilnehmer:
ab 4
Material:
1 Bettuch
1 Stehlampe

Theaterspielen

Wie die Sonne ins Land Malon kam

Christine Mühlbauer

Sprecher: Malon – so heißt das Land, von dem ich euch erzähle. Es liegt hinter sehr hohen Bergen versteckt.

Die Sonne, sie stieg niemals über die Bergspitzen. So war es in diesem Land immer Nacht, stockdunkle Nacht.

Die Malonen aber – so hießen die Einwohner dieses Landes – trugen immer Windlichter mit sich herum. So hatten sie wenigstens ein bißchen Helligkeit in ihrer Finsternis.

Die Malonen waren schon sehr eigenartige Leute. Jeder von ihnen wohnte ganz allein in einem Haus. Und jedes Haus war von einer hohen Mauer umgeben.

Kein Malone mochte den anderen leiden; keiner war mit dem anderen befreundet. Jeder mißtraute dem nächsten und war ihm neidig.

Eines Tages kam ein Wanderer nach Malon, in das Land hinter den hohen Bergen.

Die Malonen waren darüber sehr verwundert. Keiner von ihnen konnte sich erinnern, daß jemals ein Fremder zu ihnen gekommen war.

Der Wanderer war auch sehr erstaunt über die eigenartigen Leute und über das Land, in dem keine Sonne schien und jeder Tag so stockfinster war wie die Nacht.

Wanderer: »Wo ist die Sonne?«

Ein Malone: »Was ist das, Sonne?«

Die anderen: »Haben wir nie gehört!«

Sprecher: Nur ein uralter Malone erinnerte sich, einmal etwas davon gehört zu haben und er sagte:

Malone: »Ja, ja, das ist das große Windlicht, die große Himmelslampe, die am Himmel schwebt. Erzähl uns etwas von dieser Himmelslampe, von der Sonne!«

Sprecher: Da fing der Wanderer an zu erzählen:
Wanderer: Die Sonne ist wie eine helle gelbe Scheibe. Jeden Morgen steigt sie leuchtend am Himmel auf. Ihre wärmenden Strahlen wecken die Vögel in den Nestern. Singend und jubilierend begrüßen sie den neuen Tag, sein helles Licht.
In der Sonne öffnen sich die Knospen und Blüten der Sträucher und Bäume, und die Blüten lassen ihren süßen Duft verströmen.
Die Sonne lockt das grüne Gras aus dem Boden. Die Blumen öffnen ihre Blütenkelche, die blauen Krokusse, die roten Tulpen. Die Königin unter allen Blumen, die Sonnenblume, dreht ihr Gesicht dem Licht, der Sonne zu.
Die Buben und Mädchen reiben sich in der Morgensonne den Schlaf aus den Augen. Sie sagen: »Gott sei Dank! Heute scheint wieder die Sonne.« Sie spüren die warmen Sonnenstrahlen auf ihrer Haut. Sie werden ganz braungebrannt im Sonnenlicht und springen voll Freude im Freien herum.

Sprecher: So wußte der Wanderer den Malonen wunderschöne Sonnengeschichten zu erzählen. Und die Malonen – stellt euch vor – kamen aus ihren Häusern mit den hohen Mauern heraus. Sie setzten sich rund um den Tisch, an dem der Wanderer saß, der von der Sonne sprach.
Ja, sie bauten ein großes Haus – ein Versammlungshaus. Da saßen sie bald Tag und Nacht und lauschten den Geschichten.
Sie bekamen ein Verlangen, eine Sehnsucht nach Helligkeit, nach Wärme, nach der Sonne.
Aber es blieb dunkel.
Eines Tages wollte der Wanderer wieder weiterziehen. Er war lang genug in Malon gewesen. Er sagte:
Wanderer: Wenn man von der Sonne erzählt, muß man sie immer wieder sehen, sonst wird ihr Bild in einem ganz schwach, es verblaßt.
Sprecher: So zog der Wanderer fort.
Die Malonen waren sehr traurig darüber. Wer sollte ihnen nun von der Sonne erzählen?
Was sollten sie überhaupt jetzt tun?
Sollten sie wieder in ihre Häuser zurückkehren, jeder hinter seiner hohen Mauer verschwinden?
Nein, das wollten sie nun nicht mehr. Das hätte sie wieder so einsam gemacht.
Beisammensein, miteinander reden und essen, einander helfen ist schöner.
Auch gaben die vielen Windlichter mehr Schein als nur eines. So blieben sie beisammen und arbeiteten miteinander.
Jeden Morgen riefen sie gemeinsam nach der Sonne: Sonne, liebe Sonne fein
Sprecher:

Sprecher: So sangen sie täglich.
Da, eines Tages passierte das Wunder.
Es wurde hell und heller in ihrem Haus. Sie dachten:
Was ist das nur?
Da sahen sie hinter den Bergen eine leuchtende Scheibe emporsteigen.
Die Scheibe leuchtete zunächst rot wie eine aufgeschnittene Blutorange, dann wurde sie gelb, und als sie ganz hoch am Himmel stand, glänzte sie wie pures Gold.
Malonen: Die Leute riefen alle durcheinander: »Schaut, da ist sie! Das muß sie sein. Das ist die Sonne!«

Basteln

Schattenspiel

Schattenspiel Figuren
Alter: ab 7 Jahre
Teilnehmer: ab 4
Material:
2 große Bogen schwarzes und 1 Bogen gelbes Tonpapier oder Fotokarton
Transparentpapierreste in Rot, Gelb, Braun oder Grau
Bastelmesser
Brett oder Karton als Schneideunterlage
Schere
weiße Buntstifte
Bleistifte
dünner Karton
Klettband
1 Kombizange
Klebstoff
Schweißdraht: 2 mm stark (im Eisenwarengeschäft in 1 m Länge erhältlich)
1 Rundholz pro Spielfigur: 12 mm ∅, 10 cm lang (so viele wie Spielfiguren)
Handbohrer oder Bohrmaschine

Ein Schattenspiel verzaubert kleine und große Zuschauer gleichermaßen. Die Geschichte »Wie die Sonne in das Land Malon kam« eignet sich besonders gut für ein solches Spiel, da auch sie von Licht und Dunkelheit erzählt. Wer kein Kasperletheater besitzt, das sich mit einigen Handgriffen in eine Schattenspielbühne verwandeln läßt, der kann sie sich mit wenig Aufwand mühelos selbst anfertigen.

Figuren

Wir übertragen die Figuren mit den Laternen und das Haus auf den dünnen Karton und schneiden alle als Schablonen aus. Die Sonne kopieren wir direkt auf das gelbe Tonpapier.
Mit einem weißen Buntstift zeichnen wir entlang der Schablone die Umrisse für drei oder vier Malonen und für deren Laternen, für den Wanderer und für zwei bis drei Häuser auf das schwarze Tonpapier.

1. Das Versammlungshaus malen wir in der gewünschten Größe ebenfalls auf schwarzes Tonpapier.

2. Danach schneiden wir alles mit Schere und Bastelmesser aus (Brett oder dicken Karton unterlegen).
Anschließend hinterkleben wir die Laternen der Malonen mit gelbem und die Mauern der Häuser mit braunem oder grauem Transparentpapier. Für die Sonnenstrahlen verwenden wir gelbes und rotes Papier.
Jetzt fehlen nur noch die Führungsstäbe für unsere Schattenspielfiguren: An jeder markierten Stelle kleben wir einen 2 cm langen Streifen Klettband auf.

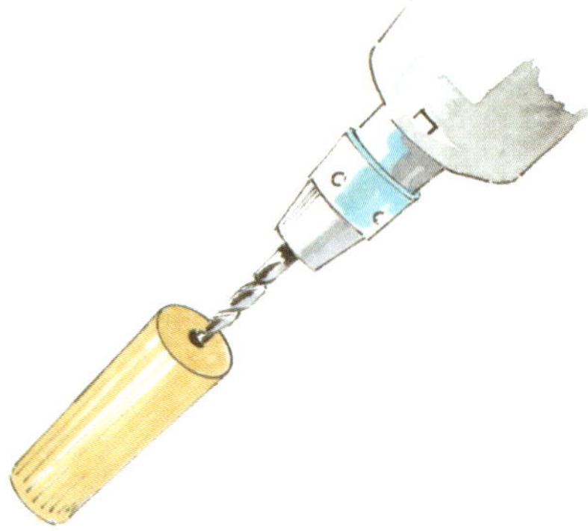

3. Mit der Zange halbieren wir den 1 m langen Schweißdraht, an dem wir nun einen Haltegriff befestigen. Dazu bohren wir in das Rundholz ein Loch und kleben darin ein Ende des Drahtes fest.

4. Das andere Ende biegen wir U-förmig, und zwar so, daß das U etwas breiter ist, als das Klettband. Dazu fixieren wir den Führungsstab zwischen den Klettbandstreifen. Nun ist unsere Spielfigur fertig. Die anderen Stäbe stellen wir genauso her.

Tischbühne

Eine einfache Schattenspielbühne läßt sich mühelos und ohne großen Materialaufwand herstellen.

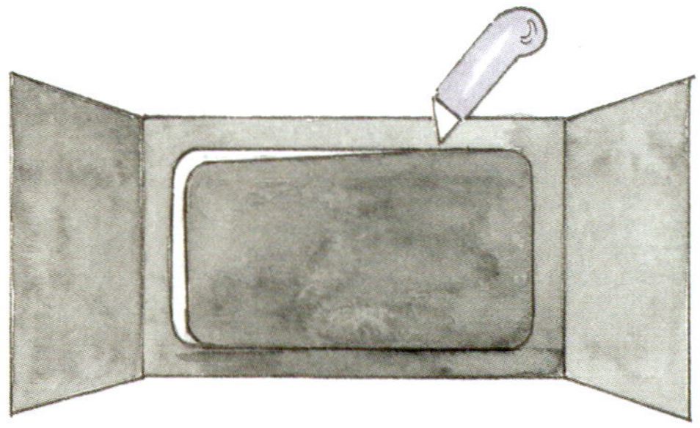

1. Wir benötigen den Boden und zwei Seitenteile des Kartons und schneiden in den Boden eine große Öffnung.

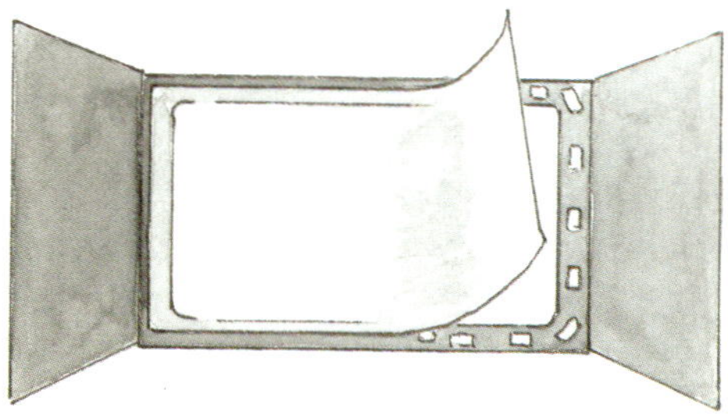

2. Dann befestigen wir rund um den Ausschnitt kleine Stücke doppelseitiges Klebeband. Daran fixieren wir das Architektenpapier als Leinwand. Nun ist unsere Tischbühne fertig. Wer möchte, kann sie mit Papier bekleben oder mit Plakafarben bemalen.

3. Bevor wir mit dem Spiel beginnen, befestigen wir die Malonenhäuser mit Klebeband an der Bühneninnenseite. Zudem fixieren wir jetzt schon zwei weitere Streifen am Versammlungshaus, da wir es in Szene 2 brauchen.

Tischbühne
Material:
1 großer Karton, von einem Fernsehgerät oder einer Waschmaschine
Architektenpapier
doppelseitiges Klebeband
Bastelmesser
Schere
buntes Papier oder Plakafarben

Bühnen- und Regieanweisungen

Wir benötigen je eine schwache und eine starke Lichtquelle (am besten eine Steh- oder eine Tischlampe). Sie müssen zwischen Spielfigur und Spieler stehen, denn sonst wird auch dessen Schatten sichtbar. Wir halten die Figuren ganz nah an das Papier, damit die Zuschauer die Umrisse deutlich und scharf sehen können.
Unsere Geschichte läßt sich in fünf Szenen untergliedern. Entweder spricht ein Erzähler den gesamten Text oder er übernimmt nur die in der Geschichte vorgegebenen Passagen, und die Spieler sprechen ihre Rollen selbst. Ein weiterer Teilnehmer ist für die musikalische Begleitung zuständig. Wir verdunkeln den Raum, und das Spiel beginnt.

Szene 1
Die Malonen gehen mit ihren Windlichtern umher, dann begibt sich jeder in sein Haus:
gedämpftes Licht,
das Gehen der Malonen mit dumpfer, trauriger Musik begleiten.

Szene 2
Der Wanderer kommt. Zu seinen Schritten ertönt das Geräusch einer Trommel oder das von Topfdeckel und Kochlöffel; zuerst ganz leise spielen, dann immer lauter.
Wenn der Wanderer vom Aufgehen der Sonne erzählt, erklingt dazu die Tonleiter auf einem Glockenspiel. Haben wir keines, dann füllen wir acht Gläser unterschiedlich hoch mit Wasser an. Durch vorsichtiges Anschlagen mit einem Löffel erzeugt man Töne.
Für den Kulissenwechsel löschen wir das Licht, entfernen die Malonenhäuser und kleben das Versammlungshaus an.

Szene 3
Alle Figuren sind im Versammlungshaus.

Szene 4
Der Wanderer zieht fort. Die Schritte werden akustisch wie in Szene 2 dargestellt. Doch jetzt beginnen wir laut und werden immer leiser.
Die Malonen bleiben zusammen und rufen gemeinsam nach der Sonne, indem sie das Lied »Sonne, liebe Sonne fein« singen.

Szene 5
Im Land Malon geht die Sonne auf: Wir schalten das starke Licht ein. Den Sonnenaufgang begleiten wir mit Geräuschen wie in Szene 2.
Überglücklich, daß sich ihr Wunsch endlich erfüllt hat und die Sonne zu ihnen gekommen ist, feiern die Malonen lautstark ein großes Fest.

Den Schluß der Geschichte bildet ein Tanz, in den auch die Zuschauer mit einbezogen werden können, wenn es nicht zu viele sind.
Fröhliche, leichte Musik und einfache Tanzbewegungen auswählen: Wir fassen einander an den Händen und gehen im Kreis, hüpfen und springen, lassen einander los, klatschen, heben die Arme, drehen uns im Kreis und umarmen einander.

Singen

Leuchte, leuchte mir Laterne

Melodie und Text:
Werner Kötteritz, Annet Rudolph

Leuchte, leuchte mir Laterne
Alter:
ab 4 Jahre
Teilnehmer:
allein oder in einer Gruppe

Teil A

Teil B

Teil C

Basteln

Laternenkind

Diese lustige Martinslaterne ist zwar etwas aufwendig zu basteln, und beim Zusammensetzen muß ein Erwachsener helfen, doch die Mühe lohnt sich. Denn am Martinstag können wir unser außergewöhnliches Laternenkind mit den zappelnden Armen und Beinen ganz stolz durch die dunklen Straßen tragen.

Zuerst rühren wir den Kleister gemäß der Packungsangabe an. Dann schneiden wir das weiße Seidenpapier in etwa postkartengroße Stücke und das bunte in kleine Streifen, etwa 2 x 3 cm groß. Nun blasen wir den Luftballon auf und legen ihn mit dem Knoten nach unten in eine Schüssel.

Wir bestreichen den Ballon dünn mit Kleister und bekleben ihn rundherum mit den weißen Seidenpapierstücken. Sie müssen glatt anliegen und einander überlappen. Wir befestigen so viele Schichten, bis das weiße Papier verbraucht ist, und kleben darauf die bunten Streifen fest.

Dann lassen wir den Ballon an einem warmen Ort zwei bis drei Tage lang trocknen.

In den getrockneten Ball schneiden wir unten (am Knoten) eine Öffnung mit rund 14 cm Durchmesser. Der Luftballon läßt sich jetzt leicht herausziehen.

1. Nun befestigen wir den Kerzenhalter im Bauch des Laternenkörpers.

Aus dem gelben Tonpapier schneiden wir jeweils vier Streifen zu: 3,5 x 70 cm für die Beine und 3,5 x 65 cm für die Arme. Zwei Streifen von 3,5 x 22 cm lang werden für den Hals benötigt.

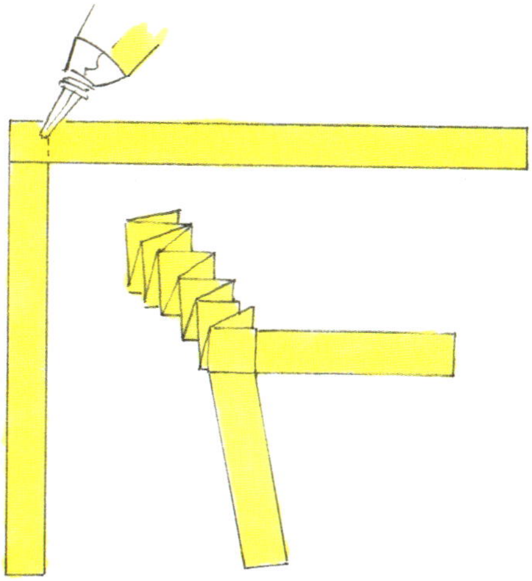

2. Wie auf der Zeichnung zu sehen, kleben wir je ein Ende zweier gleich langer Streifen aufeinander. Jetzt falten wir diese abwechselnd übereinander, und zwar immer den unteren über den oberen, so daß eine sogenannte Hexentreppe entsteht. Die Enden werden ebenfalls verklebt.

3. Auf diese Weise arbeiten wir eine Hexentreppe als Hals und jeweils zwei als Arme und als Beine, die wir nun am Laternenkörper festkleben.
Dann übertragen wir den Kopf auf den hautfarbenen Fotokarton und die Mütze auf den roten. Die Hand kopieren wir zweimal auf braunes Tonpapier und den Schuh zweimal auf rotes. Danach schneiden wir alle Teile aus.

Wir malen auf den Kopf ein lustiges Gesicht auf und kleben dann die Mütze an.
Die Hände und die Schuhe werden in die jeweilige Hexentreppe eingeklebt. Am Hals befestigen wir einen kleinen Papierstreifen (2 x 6 cm), an dem wir den Kopf fixieren. Ihn lassen wir noch nach unten hängen.
In den oberen Rand des Körpers bohren wir rechts und links zwei einander gegenüberliegende Löcher für die Aufhängung der Laterne.

4. Durch diese Löcher ziehen wir jetzt den Draht und verdrillen seine Enden, so daß ein Bügel entsteht. In seine Mitte drehen wir eine kleine Schlinge, in die der Laternenstab eingehängt wird.

5. Nun müssen wir nur noch den Kopf mit Klebeband am Draht des Laternenstabes befestigen und die Kerze in die Halterung stecken, und fertig ist unser lustiges Laternenkind.

Laternenkind
Alter:
ab 6 Jahre
Teilnehmer:
allein oder in einer Gruppe
Material:
1 Luftballon
Kleister
Schüssel
4 Bogen weißes,
1 Bogen gelbes
Seidenpapier und
bunte Reste
Bastelmesser
Kerzenhalter aus
Metall
gelbes Tonpapier
sowie rote und
braune Reste
hautfarbener und
roter Fotokarton
Wachsmalkreiden
Schere
Klebstoff
Bleistift
Draht: 36 cm lang
Laternenstab
Kerze
Klebeband

Malen

Laternenbild

Laternenbild
Alter:
ab 3 Jahre
Teilnehmer:
allein oder in einer Gruppe
Material:
festes weißes Zeichenpapier: 30 x 20 cm pro Kind (Papiergröße für ein Gemeinschaftsbild: je nach Anzahl der Kinder)
gelbes Tonpapier: 31 x 21 cm
gut deckende Wachsmalkreide
blaue Holzbeize
1 leeres Marmeladenglas
breite Pinsel
Klebstoff
Zeitungspapier
Kittel

Ein Laternenumzug ist immer ein besonderes Erlebnis. Die schöne Erinnerung kann noch vertieft werden, wenn wir dazu am nächsten Tag ein Bild gestalten.
Es ist interessant zu beobachten, was geschieht, wenn wir unser »Werk« mit Holzbeize bestreichen: Wir zerstören es nicht etwa, sondern wir erhalten dadurch einen schönen Nachthimmel als Hintergrund. Das Papier nimmt nämlich nur dort die Beize an, wo nicht gemalt wurde.
Zuerst malen wir uns selbst, mit unserer Laterne, dann einen Sternenhimmel und den Mond.
Für Dreijährige ist es meist noch zu schwierig, eine richtige Szene zu zeichnen, aber Sterne und Mond schaffen sie allein.
Bei dieser Technik ist es wichtig, daß wir mit den Wachsmalkreiden fest aufdrücken und all die Flächen gut ausmalen, die nachher nicht den Himmel bilden sollen.
Nun decken wir unseren Arbeitsplatz mit Zeitungspapier ab. Am besten ziehen wir jetzt einen Kittel an, denn Flekken von Holzbeize lassen sich nur schwer oder gar nicht mehr aus der Kleidung entfernen.
Dann rühren wir die Beize gemäß der Packungsangabe in einem leeren Marmeladenglas an und streichen sie mit einem breiten Pinsel auf unser Bild.
Wenn die Beize getrocknet ist, kleben wir das Bild auf das gelbe Tonpapier, und schon hat es einen richtigen Rahmen erhalten.
Gestalten wir ein Gemeinschaftsbild, dann malen die Kinder sich so neben- und hintereinander auf das Papier, daß ein lustiger und bunter Laternenumzug entsteht, der alle noch lange an dieses schöne Erlebnis erinnert. Das Bild hängen wir auf.

Basteln

Gänse-Fensterschmuck

Diese Gänse, die mit echten Federn beklebt werden, sind ein sehr lustiger Fensterschmuck.
Er wirkt besonders reizvoll, wenn wir mehrere Tiere basteln, die dann im Gänsemarsch über das Fenster »laufen«. Vom Vorlagebogen übertragen wir die Gans auf den dünnen Karton und schneiden diese Schablone aus.

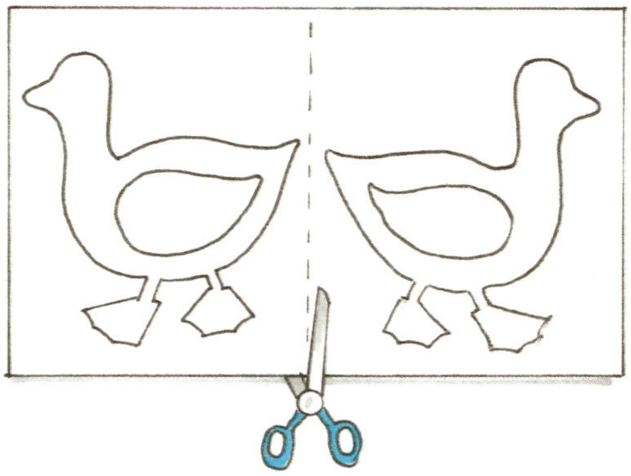

1. Mit Hilfe der Schablone zeichnen wir die Gans je einmal nach links und einmal nach rechts auf das Zeichenpapier und schneiden beide Teile aus. Achtung: die Flügel nicht vergessen!

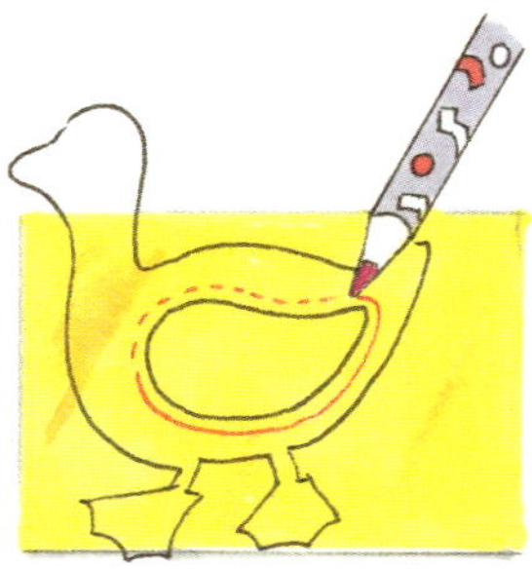

2. Nun gestalten wir den Flügel der Gans: Dazu legen wir das gelbe Transparentpapier auf eine Tierhälfte. Mit einem Bleistift ziehen wir etwa 1 cm von der Schnittkante entfernt den Flügel nach und schneiden ihn entlang der Linie aus.

3. Dann bestreichen wir die Tierhälfte vorsichtig mit Klebstoff und legen den Flügel aus Transparentpapier darauf. Die zweite Gänsehälfte kleben wir nun deckungsgleich auf die erste. Passen sie nicht exakt aufeinander, dann schneiden wir überstehende Kanten ab.
Mit Buntstiften malen wir auf beiden Seiten Schnabel, Augen und Füße.
Nun bekommt unsere Gans noch ihr flauschiges Federkleid. Dafür tupfen wir vorsichtig etwas Klebstoff auf den Körper und drücken die Federn gut an. Sind alle Vorder- und Rückseiten geschmückt, dann befestigen wir die Gänse mit Klebeband am Fenster.

Gänse-Fensterschmuck
Alter:
ab 5 Jahre
Teilnehmer:
allein oder in einer Gruppe
Material:
dünner Karton
gelbes Transparentpapier
Zeichenpapier
orangefarbene, blaue und schwarze Buntstifte
Federn (im Bettengeschäft erhältlich)
Klebstoff
Schere
Bleistift
Klebeband

Gebackene Martinsgänse

Gebackene Martinsgänse
Alter:
ab 2 Jahre und
1 Erwachsener
Teilnehmer:
ab 2
Zutaten für 15 Gänse:
200 g Magerquark
100 g Zucker
8 EL Öl
6 EL Milch
1 Ei
1 Päckchen Vanillezucker
1 Prise Salz
400 g Mehl
1 ganzes Päckchen und 2 gestrichene TL Backpulver
Rosinen
3 – 4 EL Zitronensaft
150 g Puderzucker
Material und Geräte:
1 mittelstarker Karton
Schere
Bleistift
Nudelholz
Küchenmesser
Backpapier
eventuell Alufolie
Pinsel
Waage
Teigschüssel
Handmixer

Elektroherd: 200 Grad
Gasherd: Stufe 3
Backzeit: im vorgeheizten Backofen 15 bis 20 Minuten

Nicht nur Kinder freuen sich über die selbstgebackenen Gänschen, sondern auch die Erwachsenen mögen ein kleines, süßes Geschenk zum Martinsfest. Selbst die Zweijährigen können schon bei der Zubereitung helfen und gemeinsam mit einem Erwachsenen die Tiere formen.
Vor dem Backen fertigen wir die Gänseschablone an, die wir vom Vorlagebogen auf den Karton übertragen und ausschneiden.
Zunächst verrühren wir den Quark nach und nach mit Milch, Öl, Ei, Zucker, Vanillezucker und Salz. Danach geben wir das Backpulver und zwei Drittel des Mehls dazu und rühren den Teig glatt. Mit dem letzten Drittel Mehl kneten wir den Teig gut durch: Wir nehmen dazu die Knethaken unseres Handmixers oder unsere Hände. Klebt der Teig noch, dann arbeiten wir zusätzlich etwas Mehl ein.

1. Anschließend streuen wir Mehl auf unsere Arbeitsfläche und rollen den Teig etwa 1 cm dick aus. Wir legen unsere Gänseschablone darauf und

schneiden die Figuren mit einem kleinen Küchenmesser heraus. Wenn wir es zwischendurch immer wieder in Mehl tauchen, bleibt der Teig nicht daran kleben.

2. Wir legen ein Blech mit Backpapier aus und geben darauf die Gänse, aber nicht zu dicht nebeneinander, denn sie gehen beim Backen auf. In jede drükken wir jetzt eine Rosine als Auge hinein.
Dann schieben wir die Gänse in den vorgeheizten Ofen. Werden sie gegen Ende der Backzeit zu dunkel, decken wir sie mit Alufolie ab.
Nach dem Backen lassen wir die Martinsgänse etwas auskühlen. In der Zwischenzeit verrühren wir den Puderzucker mit dem Zitronensaft. Damit bestreichen wir dann die Gänschen.
Nun brauchen wir nur noch etwas Geduld, bis die Glasur fest geworden ist, und dann können wir unsere selbstgebackenen Martinsgänse probieren.

Basteln

Kleine Adventslaternen

Wir schneiden ein 11 x 6 cm großes Stück Transparentpapier zu und kleben es so zu einer Röhre zusammen, daß die Kleberänder etwa 1 cm breit übereinanderliegen.
Den äußeren Teil der Laterne gestalten wir aus einem 11 x 7 cm großen Stück Folie. Wir falten es der Länge nach in der Mitte zusammen.
Dann schneiden wir die Folie von der Faltkante aus 2,5 cm tief ein, und zwar jeweils im Abstand von 0,5 cm. Das geht am einfachsten, wenn wir ein gleich großes, kariertes Papier auf die Folie legen und uns beim Einschneiden nach den Karos richten.

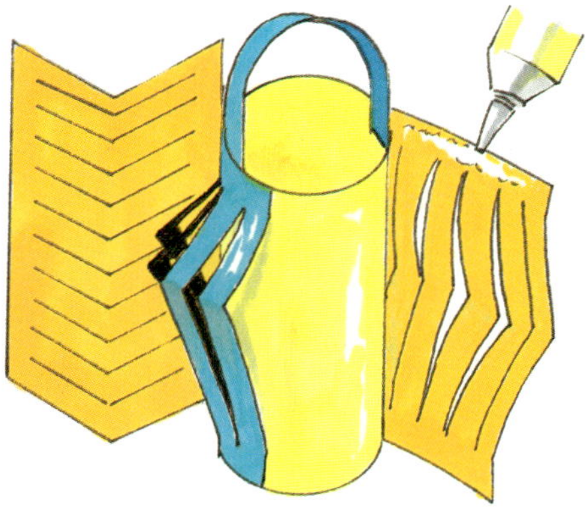

Jetzt falten wir die Folie wieder auseinander. Ihren oberen und den unteren Innenrand bestreichen wir dünn mit Klebstoff. Dann fixieren wir beide an der Transparentröhre. Zum Schluß schneiden wir noch einen 0,5 x 9 cm langen Streifen Folie zu, den wir als Henkel innen in der Röhre befestigen.
Wir können unsere Adventslaternen an einen Zweig hängen oder als Dekoration auf unseren Adventstisch stellen.

Kleine Adventslaternen
Alter:
ab 6 Jahre
Teilnehmer:
allein oder in einer Gruppe
Material:
Bastelfolie (Aluminium) in verschiedenen Farben
gelbes Transparentpapier
Klebstoff
Schere
Lineal
Kugelschreiber
kariertes Papier

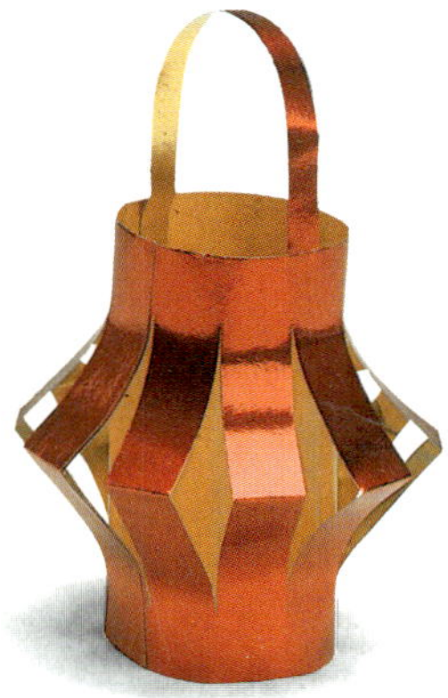

Basteln

Lichterstadt

Mit dieser schönen Lichterstadt holen wir uns einen dekorativen Blickfang in unser Zimmer. Am Abend verbreitet das Licht eine heimelige Atmosphäre, in der wir gern zusammensitzen und Geschichten erzählen.

Besonders schön ist es, wenn ab dem 1. Dezember abwechselnd auf jedes Familienmitglied ein kleiner Brief als Adventspost wartet.

Vom Vorlagebogen übertragen wir die Türme, die Häuser und die Hausnummern als Schablonen auf die Kartonstücke. Die Markierungen für die Klebebänder sowie die Faltlinien der Häuser kopieren wir ebenfalls.

Fenster und Türen werden jetzt mit dem Bastelmesser herausgeschnitten (dicken Karton unterlegen).

Auf das Tonpapier malen wir nun mit Hilfe der Schablonen 18 Häuser und sechs Türme. Für jedes Teil markieren wir die Faltlinien und/oder die Klebeflächen.

Dann schneiden wir die Häuser und die Türme mit dem Bastelmesser aus. Dabei legen wir von jeder Fenster- und von jeder Türgröße ein Muster beiseite, die wir bei Schritt 2 benötigen.

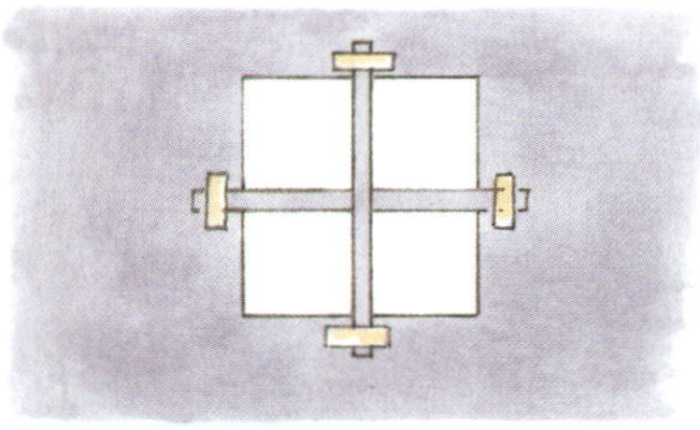

1. Wer möchte, kann die Türme noch verzieren, indem er Sprossen hinter die Fenster und die Türen klebt. Dazu werden Tonpapierstreifen, etwa 0,5 cm breit, in der passenden Länge zugeschnitten.

2. Wir legen mehrere Blätter Transparentpapier aufeinander und obenauf die zurückbehaltenen Tür- und Fenstermuster. Deren Umrisse malen wir – mit einem Kleberand von rund 0,5 cm – nach und schneiden an ihnen entlang.

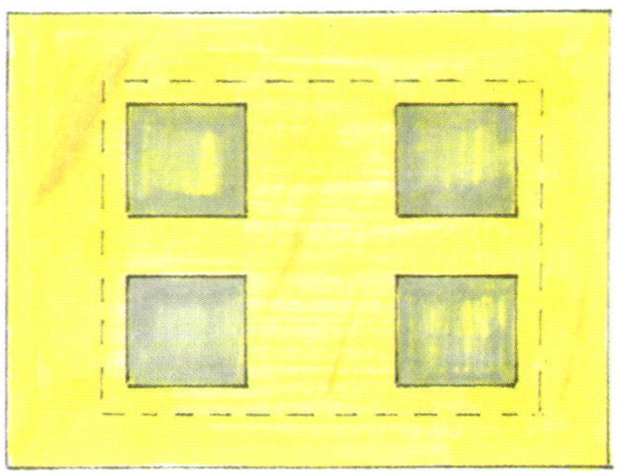

3. Um uns die Arbeit noch mehr zu erleichtern, können wir das Papier auch für mehrere Fenster oder Türen auf einmal ausschneiden.

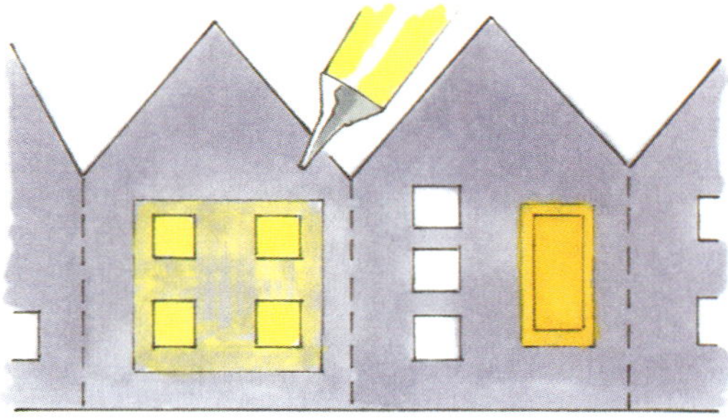

4. An der Häuserrückseite befestigen wir die Fenster und die Türen.
Entlang der gestrichelten Linien knikken wir die Häuser nach hinten und kleben jedes zusammen.
Bei jedem Turm fixieren wir die Klebeflächen aneinander.
Mit Hilfe der Schablone für die Hausnummern übertragen wir 24 Sterne auf das gelbe Tonpapier und schneiden alle Teile aus. Dann numerieren wir sie von 1 – 24 und kleben sie auf Häuser und Türme.
Damit ist unsere Bastelarbeit fertig.
Nun können wir unserer Phantasie freien Lauf lassen und unsere Lichterstadt noch mit Tüchern und mit den verschiedenen Naturmaterialien wunderschön gestalten. Zum Schluß stellen wir in jedes Haus und in jeden Turm ein Teelicht.

Anregungen für die Adventspost:
Du darfst dir heute eine Geschichte wünschen, die ich dir erzähle oder vorlese.
Unter deinem Bett findest du eine Überraschung.
Ich spüle heute für dich ab.
Du darfst morgen die Lichter unserer Adventsstadt anzünden.
Am Sonntag mache ich das Frühstück.
Zu Weihnachten darfst du helfen, die Krippe aufzubauen (den Christbaum zu schmücken).

Zwischendurch können wir auch einmal ein kleines Päckchen vor ein Haus legen. Sicherlich gibt es noch viele Dinge, die das Warten auf das Weihnachtsfest verschönern.

Lichterstadt
Alter:
ab 6 Jahre
Teilnehmer:
allein oder in einer Gruppe
Material:
Karton: 50 x 15 cm, 40 x 19 cm und 3 x 3 cm
Bleistift
6 Bogen Tonpapier und gelbe Reste
buntes Transparentpapier
Bastelmesser
1 dicker Karton als Unterlage
Lineal
Schere
Klebstoff
Filzstift
24 Teelichter
Dekoration:
Tücher
verschiedene Naturmaterialien: Steine, Stecken, Zapfen, Sägemehl, Kieselsteine, Heu, Stroh

Dezember ist's. Das Jahr klingt aus
mit Kerzenlicht und Nikolaus.
Und kommt dann noch der Weihnachtsmann
und klopft bei uns ganz leise an –
und hat er auch was mitgebracht,
so wird ihm gerne aufgemacht.

DEZEMBER

Geschenke

Der Advents-wichtel

Geheimnisvolle Dinge geschehen im Haus: Tanja findet ein Päckchen mit den Haarspangen, die sie sich schon so lange gewünscht hat, und Tobias' kaputte Lokomotive ist plötzlich repariert. Die Mutter freut sich sicherlich über ein schön gemaltes Bild und der Vater über eine Tüte mit seinen Lieblingsplätzchen.
»Das war sicher der Adventswichtel«, meint Tobias, und alle anderen stimmen ihm zu.
Der Adventswichtel schleicht im Haus umher. Er kommt bei Tag oder bei Nacht, immer dann, wenn ihn niemand sieht. Er hilft bei der Arbeit, oder er versteckt kleine Überraschungen.
Wenn wir so einen lieben Kerl gern in unserer Familie haben wollen – nichts einfacher als das, denn jeder kann einer sein.

Und so funktioniert es: Der Name jedes Familienmitglieds wird auf ein Stück Papier geschrieben. Dann falten wir alle zusammen, geben sie in eine Schüssel und mischen gut durch. Reihum nimmt nun jeder einen Zettel und liest den Namen, der darauf steht. Aber aufgepaßt, kein anderer darf ihn sehen, außer Mami oder Papi, wenn wir selbst noch nicht lesen können. Für die gezogene Person spielt man nun den Adventswichtel.
Bekommt jemand den Zettel mit seinem eigenen Namen, dann wird nochmals gut durchgemischt und erneut gezogen.
Haben wir ein Baby in der Familie, dann übernimmt Mami oder Papi noch zusätzlich dessen Wichtelrolle.
Der Wichtel kommt nicht jeden Tag, sondern nur etwa acht- bis zehnmal während der Adventszeit. Er überlegt sich genau, wie oder womit er »seiner Person« eine kleine Freude bereiten kann. Es sollen nur Kleinigkeiten sein, zum Beispiel: eine Tüte mit Plätzchen, Pralinen, Gummibärchen, Lebkuchen, eine Kerze, eine Eintrittskarte fürs Kino oder für ein Eishockeyspiel, Gutscheine für dreimal Schuheputzen, fürs Geschirrspülen oder für das Decken des Frühstückstisches, etwas Selbstgebasteltes oder -gemaltes. Wenn wir ein wenig nachdenken, dann fällt uns bestimmt noch eine ganze Menge ein.
Damit jeder weiß, für wen das kleine Geschenk ist, schreiben wir den Namen darauf, oder wir verstecken es in persönlichen Sachen, wie zum Beispiel im Schuh oder in der Jackentasche oder im Bett.
Das Schöne an dem Wichtelspiel ist nicht nur das Ausdenken, Vorbereiten und Verstecken einer kleinen Gabe für den anderen, sondern natürlich auch das kleine Geschenk, mit dem man selbst immer wieder überrascht wird. Sicher ist jeder neugierig, wer »sein Wichtel« ist. Wir verabreden, ob wir das Geheimnis zu Weihnachten lüften wollen, oder ob wir es für uns behalten.

Spielen

Nußspiele

Auf dieser Seite und auf den beiden nächsten finden wir Ideen für Spiele mit Nüssen. Einige von diesen dürfen wir sicherlich anschließend knacken und aufessen.

Nußkegeln
Wir legen zehn Nüsse in einem Abstand von etwa 2 cm nebeneinander auf den Boden. Der Reihe nach versucht nun jeder Mitspieler aus 1 bis 2 m Entfernung die Reihe mit einer Nuß zu treffen. Diese dürfen aber nur gerollt und nicht geworfen werden. Alle Nüsse, die man trifft, behält man. Diejenige, die ihr Ziel verfehlt, bleibt liegen und darf vom nächsten Spieler genauso wie die anderen weggekegelt werden. Das Spiel ist zu Ende, wenn alle Nüsse getroffen sind. Sieger ist, wer die meisten hat.

Gerade – ungerade
Jeder Mitspieler bekommt einen Vorrat von 20 Nüssen. Zusätzlich legen wir zehn in das Körbchen, das wir mit dem Tuch zudecken.
Ein Mitspieler nimmt eine Handvoll Nüsse aus dem Körbchen. Das Kind zu seiner Linken muß nun erraten, ob es eine gerade oder ungerade Anzahl von Nüssen in der Hand hält. Hat es richtig geraten, bekommt es die Nüsse, war die Antwort falsch, so muß es so viele aus seinem Vorrat an den Mitspieler abgeben, wie dieser gezogen hat.
Nun ist das Kind an der Reihe, seinen linken Nachbarn raten zu lassen.

Springende Nüsse
Auf den Karton malen wir einen Kreis von etwa 20 cm Durchmesser. In seine Mitte legen wir einige Walnüsse dicht an dicht.
Wir stellen uns an den Kartonrand. Jeder Mitspieler erhält fünf Nüsse. Reihum lassen wir nun jeweils eine aus etwa 1 m Höhe auf diejenigen im Kreis fallen. Alle, die dabei über die Kreislinie hinausspringen, darf der behalten, der gerade an der Reihe war. Sieger ist, wer am Schluß die meisten Nüsse besitzt.

Nußkegeln
Alter:
ab 4 Jahre
Teilnehmer:
ab 2
Material:
Walnüsse

Gerade – ungerade
Alter:
ab 7 Jahre
Teilnehmer:
ab 3
Material:
Hasel- oder Erdnüsse
1 Körbchen
1 Tuch

Springende Nüsse
Alter:
ab 3 Jahre
Teilnehmer:
ab 2
Material:
Walnüsse
1 Kartonbogen, etwa 30 x 30 cm
Wachsmalkreide

Nußspiele

Mäuschen, Krone, Kessel
Alter:
ab 5 Jahre
Teilnehmer:
ab 2
Material:
Walnüsse
2 halbe Walnußschalen
1 Maus, 1 Krone und
1 Kessel aus Karton

Mäuschen, Krone, Kessel

Für dieses alte Bauernspiel mit Nüssen zeichnen wir die Spielfiguren auf Karton, schneiden sie aus und plazieren sie in der Tischmitte.
Auf die Maus legen wir eine Walnuß, auf die Krone zwei und auf den Kessel fünf. Dann bekommt jeder Mitspieler zehn Nüsse als Startkapital. Nun wird reihum mit den beiden halben Nußschalen gewürfelt.
Je nachdem, wie sie fallen, bedeuten sie:

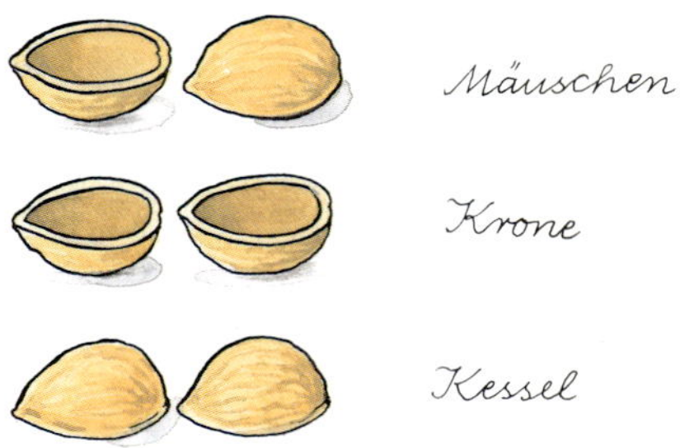

Würfelt ein Spieler zum Beispiel die Krone, dann darf er sich die Nüsse nehmen, die auf der Figur liegen. Ist sie bereits leer, so muß man sie aus seinem eigenen Vorrat auffüllen.
Dauert das Spiel zu lange, dann legen wir fest, wie viele Runden noch folgen sollen. Wer danach die meisten Nüsse hat, ist Sieger.

Eselsschwanz
Alter:
ab 5 Jahre
Teilnehmer:
ab 3
Material:
Erdnüsse
1 Zahlenwürfel

Eselsschwanz

Jedes Kind legt aus 21 Nüssen einen »Eselsschwanz«. Wie es die Zeichnung zeigt, entstehen sechs Querreihen, und zwar für jede Augenzahl des Würfels eine.
Reihum wird nun gewürfelt. Hat man zum Beispiel eine 3, dann nimmt man die Reihe mit den Nüssen aus dem eigenen Eselsschwanz. Fehlt sie bereits, so darf man sie sich von einem Mitspieler stibitzen. Man kann also auch weiterspielen, wenn man selbst keinen Eselsschwanz mehr besitzt. Gibt es gar keinen mehr, dann ist das Spiel zu Ende. Wer die meisten Nüsse erwürfelt hat, ist Sieger.

Verzauberte Nuß

Wir legen – je nach Alter der Mitspieler – etwa fünf bis zehn Walnüsse auf einen Teller. Ein Kind muß sich so lange umdrehen, bis ein anderes eine berührt und sie dadurch verzaubert hat. Nun darf das Kind sich wieder umdrehen und eine Nuß nach der anderen vom Teller nehmen. Nimmt es die verzauberte, so rufen alle »Stopp«.
Wenn wir aus dem Nußvorrat die fehlenden ergänzt haben, kommt der nächste Teilnehmer an die Reihe.
Nach einer vorab festgelegten Spieldauer zählt jeder seine Nüsse. Wer die meisten hat, ist Sieger.

Verzauberte Nuß
Alter:
ab 3 Jahre
Teilnehmer:
ab 3
Material:
Walnüsse
1 Teller

Rezepte

Walnußtaler

Wir weichen die Aprikosen in etwas Wasser ein. Die Butter rühren wir zusammen mit dem Honig cremig; die Aprikosen pürieren wir. Dann geben wir alles zusammen mit dem Zitronensaft, dem Vanillemark und dem Salz zur Butter.

Jetzt mischen wir das Mehl mit den Nüssen, fügen es zur Buttermasse hinzu und verkneten dann alles zu einem geschmeidigen Teig. Daraus formen wir Rollen von etwa 3 cm Durchmesser und stellen sie rund 30 Minuten kühl. Dann schneiden wir etwa 1 cm dicke Scheiben ab und legen sie auf das gefettete Backblech. Wir verquirlen noch etwas Milch mit dem Eigelb und bestreichen die Plätzchen damit. Dann schieben wir sie auf der mittleren Schiene in den Ofen.

Walnußtaler
Alter:
ab 4 Jahre
Teilnehmer:
allein oder in einer Gruppe
Zutaten:
125 g Butter
80 g Honig
6 ungeschwefelte, getrocknete Aprikosen
1 TL Zitronensaft
Mark von 1/4 Vanilleschote
1 Prise Salz
250 g feines Weizenvollkornmehl
150 g fein gemahlene Walnüsse
Butter für das Blech
1 Eigelb
etwas Milch
Geräte:
2 Schüsseln
Mixer
Nudelholz
Messer
Pinsel
Elektroherd: 175 Grad
Gasherd: Stufe 2
Einweichzeit: etwa 3 Stunden
Backzeit: 15 bis 20 Minuten im vorgeheizten Ofen

Basteln

Nikolaus-serviette

Nikolausserviette
Alter:
ab 4 Jahre
Teilnehmer:
allein oder in einer Gruppe
Material pro Nikolaus:
1 Bleistift
1 weißer, dünner Karton
orangefarbenes Tonpapier
Goldpapier oder Karton
Schere
Klebstoff
Filzstifte
Watte
1 rote Serviette

Wir übertragen die Grundform auf den weißen Karton und den inneren Teil des Gesichtes auf das orangefarbene Tonpapier. Den Bischofsstab zeichnen wir auf das Goldpapier. Danach schneiden wir alle Teile aus.

1. Auf die weiße Grundform kleben wir ein Stück orangefarbenes Tonpapier und malen darauf das Gesicht.
Aus Watte formen wir einen Bart und kleben ihn fest. Es kann ein kleiner sein – wie auf unserem Foto – oder ein wallender Backenbart.

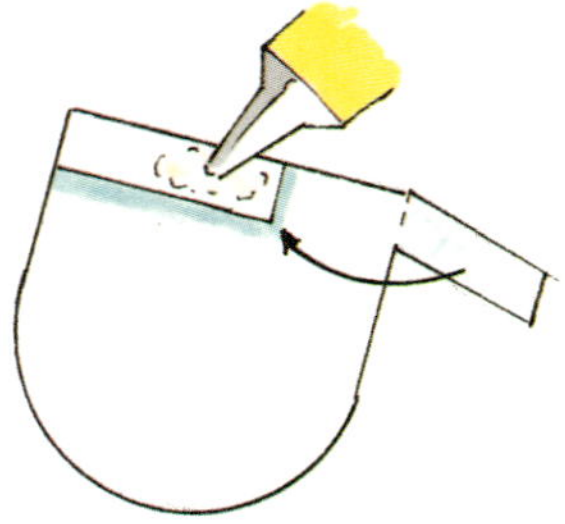

2. Nun falten wir die beiden Seitenstreifen nach hinten und kleben die Enden zusammen.

3. Jetzt fehlt unserem Nikolaus noch der Mantel. Wir legen die Serviette so auf den Tisch, daß die geschlossene Spitze oben ist. Dann falten wir die linke und die rechte Seite gleichmäßig zur Mitte hin ab. Die Serviettenspitze bildet die Bischofsmütze.
Wir schieben die Nikolausmanschette von oben über die gefaltete Serviette und kleben den Stab fest.
Zum Schluß schneiden wir aus dem Goldkarton ein Kreuz aus und befestigen es mit Klebstoff an der Bischofsmütze.

Singen

Sei gegrüßt, lieber Nikolaus

Text: Rolf Krenzer
Melodie: Detlev Jöcker
gekürzte Fassung

Sei gegrüßt, lieber Nikolaus
Alter:
ab 4 Jahre
Teilnehmer:
ab 6

Der Nikolaus ist hier.
Hat jemand Angst vor mir?
Wir rufen ganz laut: »Nein!«
Dann komm ich gern herein!
Sei gegrüßt lieber Nikolaus …

Der Bischof Nikolaus
teilt' einst die Gaben aus.
Du machst es ebenso.
Drum sind wir Kinder froh.
Sei gegrüßt lieber Nikolaus …

Ein Kind spielt den Nikolaus und bekommt einen Bischofsstab und einen mit Plätzchen gefüllten Sack. Die Leckereien haben wir vorher gemeinsam gebacken, der Stab und der Sack sind selbstgebastelt.

Basteln

Selbstgemachte Instrumente

Mit dem zarten Klingen der Glöckchen und mit dem rhythmischen Klappern der Nüsse lassen sich unser Nikolauslied und andere Advents- und Weihnachtslieder gut begleiten.

Nußrassel
Alter:
ab 4 Jahre
Teilnehmer:
allein oder in einer Gruppe
Material:
6 Walnüsse
Messer
Klebstoff
Geschenkband
Schere
1 Polsternagel (im Eisenwarengeschäft erhältlich)
1 Rundholz: 10 bis 12 mm ∅, 35 cm lang
Hammer

Nußrassel

Wir öffnen die Schalen vorsichtig mit einem Messer, entfernen die Nuß und legen jeweils die beiden zusammengehörenden Hälften nebeneinander.

Jetzt bestreichen wir den Rand einer Nußhälfte mit Klebstoff und legen wie gezeigt ein Stück Geschenkband darauf. Wir drücken nun die zweite Hälfte auf die erste. Mit den anderen fünf Nüssen verfahren wir genauso.

Dann legen wir die Geschenkbänder übereinander und nageln sie oben auf das Rundholz.

Schellenband

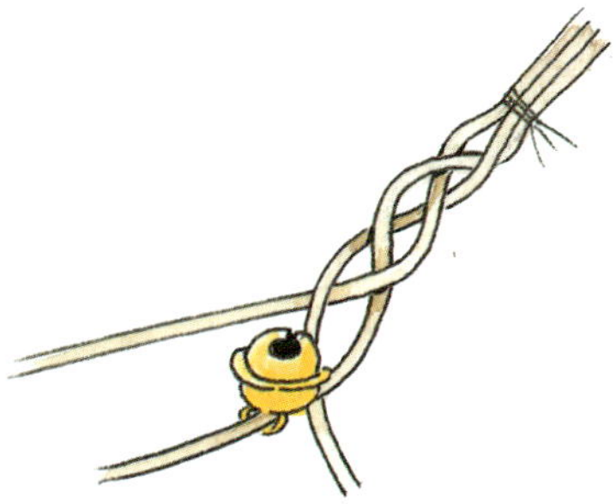

Wir legen drei Lederstreifen nebeneinander, binden sie 5 cm vom oberen Ende entfernt mit Garn zusammen und flechten sie wie einen Zopf.
In regelmäßigen Abständen schieben wir eine Schelle auf den jeweils in der Mitte liegenden Lederstreifen. So flechten wir alle Glöckchen in den Zopf ein. Ist das Schellenband ungefähr 22 cm lang, dann binden wir auch das andere Ende des Lederstreifens mit Garn zusammen. Etwa 5 cm unterhalb des Knotens schneiden wir die Streifen ab.

Den vierten Lederstreifen feuchten wir an, damit er weich wird und sich gut wickeln läßt. Dann legen wir die ungeflochtenen Enden der Streifen übereinander und umwickeln sie mit dem feuchten. Dazu binden wir ein Ende mit ein, wie es auf der Zeichnung zu sehen ist.
Zum Schluß flechten wir das andere Ende in das Schellenband ein und schneiden den Rest ab. Jetzt ist unser Instrument fertig.

Nußklapper

Wir nehmen den Kartonstreifen und malen ihn bunt an.

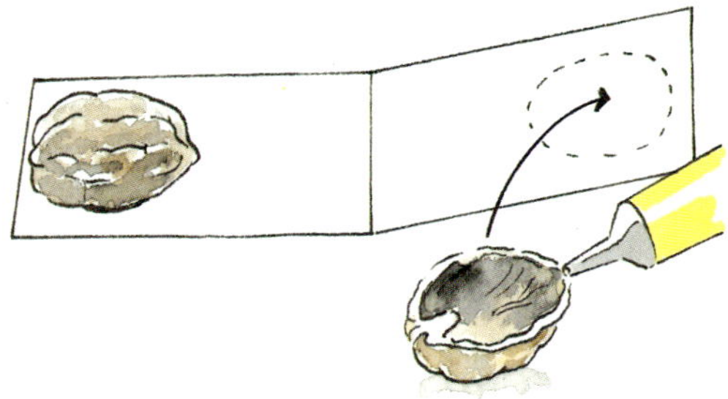

Nun falten wir den Streifen auf halbe Länge, klappen ihn wieder auf und kleben an jeder Innenseite jeweils eine Walnußschale fest.

Danach befestigen wir – wie zu sehen – noch zwei etwa 1 x 7 cm lange Kartonstreifen als Haltegriffe. Unsere Nußklapper ist fertig.
Zum Spielen schieben wir unten den Daumen und oben die anderen Finger zwischen Haltegriff und Karton. Das Öffnen und Schließen der Hand läßt die Nußschalen klappern.

Schellenband
Alter:
ab 6 Jahre
Teilnehmer:
allein oder in einer Gruppe
Material:
4 Lederstreifen: à 50 cm Länge
5 Schellen
Garn

Nußklapper
Alter:
ab 3 Jahre
Teilnehmer:
allein oder in einer Gruppe
Material:
Karton: 5 x 16 cm
Buntstifte
Klebstoff
Lineal
Bleistift
Schere
2 halbe Walnußschalen

Vorlesen

Wie Sankt Nikolaus einen Gehilfen fand

Kathrin Siegenthaler und Marcus Pfister

Es war Anfang Dezember, und der Winter hatte bereits eine dicke Schneedecke über das Land gelegt. Das kleine Haus am Waldrand wirkte jetzt noch verlorener und abgeschiedener als sonst. Seit Jahren wohnte in dieser Hütte ein einsamer Holzfäller.

Er war lange nicht mehr im Dorf gewesen und ging auch nicht gerne hin. Die Leute tuschelten jeweils hinter seinem Rücken über ihn, den komischen Waldkauz. Und die Kinder machten sich über seinen geflickten Mantel lustig.

Doch nun war sein Schlitten wieder voll mit Holz bepackt. So machte sich der Holzfäller auf den Weg ins Dorf.

Diesmal fanden die Leute aber gar keine Zeit, sich um ihn zu kümmern. Sie trafen die letzten Vorbereitungen für den Besuch des Sankt Nikolaus. Die Häuser waren festlich herausgeputzt, und die Kinder konnten den Abend kaum erwarten.

Das hatte der Holzfäller ganz vergessen: Heute war ja Sankt-Nikolaus-Tag! Er verkaufte sein Holz und machte sich ein wenig traurig auf den Heimweg. Bei ihm war Sankt Nikolaus schon lange nicht mehr vorbeigekommen!

So saß der Holzfäller am Nachmittag wieder in seiner Hütte. Da hörte er plötzlich vom Waldweg her feines Glockengebimmel. Er lief zum Fenster und – tatsächlich: Es war Sankt Nikolaus, der mit seinem Eselchen und dem schwer bepackten Schlitten ins Dorf fuhr.

Der Holzfäller öffnete die Tür und rief: »Sei gegrüßt, Sankt Nikolaus, möchtest du nicht einen heißen Tee bei mir trinken?«

Gerne nahm Sankt Nikolaus das freundliche Angebot an. Gemeinsam tranken sie eine Tasse Tee, und Sankt Nikolaus konnte sich am gemütlichen Ofen aufwärmen. Als es dunkel zu werden begann, sagte er: »Sei herzlich bedankt, guter Mann. Jetzt muß ich weiter, damit ich rechtzeitig zu den Kindern komme.«

Bald war Sankt Nikolaus im Schneetreiben verschwunden. Auch der Holzfäller trat hinaus in den Schnee; er brauchte noch etwas Holz für seinen Ofen. So stapfte er hinauf zum Waldweg, und was sah er da? Der ganze Weg war über und über mit Nüssen, Apfelsinen, Lebkuchen und kleinen Geschenken bedeckt. Hatte Sankt Nikolaus dies alles etwa für ihn dagelassen?

Unterdessen war Sankt Nikolaus auf seinem Weg ins Dorf. Bergab saß er gemütlich auf seinem Schlitten, bergauf half er seinem Eselchen die schwere Last ziehen. Es war ein weiter, beschwerlicher Weg, aber er freute sich schon auf die strahlenden Kindergesichter.

Als er jedoch beim Dorfeingang vom Schlitten stieg, um den Sack abzuladen, wollte er seinen Augen nicht trauen. Der große Sack war leer, ganz leer. Bald hatte Sankt Nikolaus das Loch im Sack entdeckt. Während der holprigen Fahrt war es immer größer geworden, und so waren schließlich alle Nüsse, Äpfel und Päckchen in den Schnee gekugelt.

Was sollte er jetzt tun? Es war zu spät, um den langen Weg zurückzufahren. Der Schnee, der inzwischen gefallen war, hatte bestimmt alles zugedeckt. Mußte er nun mit leeren Händen zu den Kindern kommen? Verzweifelt setzte sich Sankt Nikolaus auf seinen Schlitten.

Da sah er am Horizont eine Gestalt auftauchen, erst winzig klein, dann immer größer und deutlicher. Wer mochte um diese Zeit im tiefen Schnee noch unterwegs sein? Es war ein Mann, der auf seinem Rücken einen riesigen Sack mitschleppte. Er wirkte ganz aufgeregt. Von weither hörte Sankt Nikolaus seine Rufe: »Sankt Nikolaus! Warte, warte!«

Als der Mann näher kam, erkannte Sankt Nikolaus in ihm den freundlichen Holzfäller, der ihn eingeladen hatte. Er war Sankt Nikolaus gefolgt und hatte alles zusammengesucht und in einen Sack gepackt.

Sankt Nikolaus umarmte ihn und fragte: »Wie kann ich dir bloß danken? Wie heißt du denn eigentlich?«

»Ich heiße Ruprecht, im Dorf nennt man mich Knecht Ruprecht.«

»Auf einen Gehilfen wie dich habe ich schon lange gewartet. Ruprecht, möchtest du mich nicht zu den Kindern begleiten?«

Und ob Ruprecht wollte! Seine Augen leuchteten vor Freude.

So klopften die beiden gemeinsam bei der ersten Haustüre an. Wie staunten da die Erwachsenen und auch die Kinder, daß ausgerechnet Knecht Ruprecht den Sankt Nikolaus begleitete. Als Sankt Nikolaus aber die Geschichte mit den verlorenen Geschenken erzählt hatte, da schämten sich alle, daß sie Ruprecht immer so schlecht behandelt hatten. Und eine Frau schenkte ihm einen neuen, warmen Wintermantel.

Von diesem Tag an war Knecht Ruprecht der treue Gehilfe des Sankt Nikolaus. Jedes Jahr sieht man die beiden Anfang Dezember durch den verschneiten Wald ins Dorf fahren, wo sie von den Kindern immer freudig erwartet werden.

Basteln

Weihnachtsvögel

Gerade in der Adventszeit möchte jeder seine Wohnung schön geschmückt haben, um eine vorweihnachtliche Atmosphäre zu schaffen.
Wenn wir unsere Weihnachtsvögel mit den goldenen Flügeln an einen Tannenzweig hängen, so geben sie eine gelungene Dekoration ab.
Vom Vorlagebogen übertragen wir den Weihnachtsvogel als Schablone auf den weißen Karton und schneiden sie aus.
Danach legen wir sie auf den braunen Fotokarton, zeichnen den Umriß nach und schneiden den Vogel aus.
Nun malen wir mit dem Goldstift auf beide Seiten je ein Auge und den Schnabel. Den Schwanz können wir mit verschiedenen Mustern verzieren.
Jetzt stellen wir kleine Sternenketten her: Zwischen je zwei gleich großen, selbstklebenden Sternen fixieren wir ein Stückchen Goldkordel.

Wir befestigen die Sternenkette am Bauch des Vogels. Jetzt halbieren wir eine Walnuß mit dem Messer und entfernen die Nuß. Wir lackieren nun die Schalen mit dem Goldspray oder bemalen sie mit goldener Wasserfarbe und lassen sie trocknen.

Dann bestreichen wir den Rand der Schalen mit Klebstoff und kleben je eine als Flügel auf jede Seite des Vogels.

Oberhalb der Flügel ziehen wir für die Aufhängung ein Stückchen Goldkordel ein und verknoten die Enden miteinander.

Weihnachtsvögel
Alter:
ab 4 Jahre
Teilnehmer:
allein oder in einer Gruppe
Material:
Bleistift
weißer Karton
Schere
brauner Fotokarton
Goldstift
Klebesterne
Goldkordel
Nadel
Walnüsse
Messer
Goldspray oder goldene Wasserfarbe
Pinsel
Klebstoff

Spielen

Adventsrallye

Adventsrallye
Alter:
ab 7 Jahre oder
ab 4 Jahre und
1 Erwachsener
Teilnehmer:
ab 4
Material:
Schreibpapier
Bleistift
Briefumschläge
eventuell: Mal- und
Bastelutensilien

»Wie heißen die Heiligen Drei Könige?«, fragt Manuel. »Kaspar, Melchior, Balthasar«, flüstert Katrin, und Sebastian kritzelt die Namen eilig auf das Papier. »Jetzt müßt ihr fünf Schritte geradeaus in Richtung Schlafzimmertür gehen, dort ist eure nächste Aufgabe versteckt«, liest Manuel vom Aufgabenzettel vor, und alle drei zählen eifrig fünf Schritte ab.

Spannend und aufregend ist unsere Adventsrallye für zu Hause, bei der zwei Kindergruppen oder zwei Familien um den Sieg kämpfen.

Die Vorbereitung und die Organisation sind zwar etwas aufwendig, und sie müssen von einem oder von zwei Erwachsenen übernommen werden, doch die Mühe lohnt sich bestimmt.

Bei unserem Ratespiel geht es darum, daß zwei Mannschaften auf einem vorgegebenen Weg mehrere Aufgaben lösen sollen.

Zuerst überlegen wir uns deshalb zwei etwa gleich lange, aber getrennt voneinander verlaufende Wege durch die Wohnung. Haben wir einen Keller oder einen Dachboden, so kann er ebenfalls eingeplant werden. Das gilt ebenfalls für den Briefkasten im Flur des Wohnblocks oder für die Garage.

Die erste Mannschaft startet zum Beispiel in der Küche, geht dann ins Wohnzimmer, danach in den Keller und so weiter.

Die zweite Gruppe beginnt im Wohnzimmer, dann führt der Weg ins Bad, danach in die Küche und so weiter.

Das Ziel ist für beide Teams dasselbe. Auf jeder Strecke planen wir mehrere Stationen ein und hinterlegen dort die Rätsel. Soll etwas gebastelt oder gemalt werden, so muß auch das notwendige Material bereitliegen.

Wichtig ist, daß für beide Mannschaften die Anzahl der »Fundorte« mit den zu lösenden Aufgaben dieselbe ist und deren Schwierigkeitsgrade gleich sind.

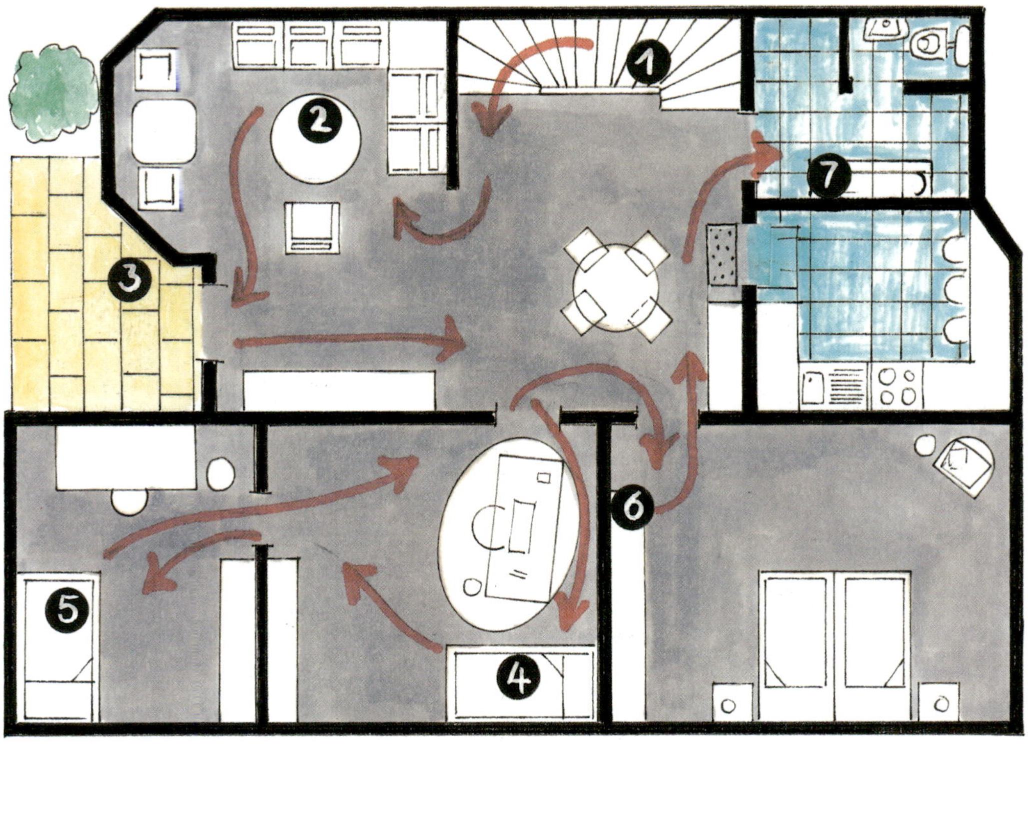

Bei der Auswahl der Fragen müssen Alter und Wissensstand der Mitspieler berücksichtigt werden. Sind auch sehr kleine Kinder mit dabei, dann plant man speziell für sie ein oder zwei Aufgaben ein.
Wir schreiben jede Frage beziehungsweise die Aufgabe sowie den Hinweis, wo das nächste Rätsel zu finden ist, auf je ein Stück Papier und stecken es in einen Umschlag. Auf jedem vermerken wir, für welche Mannschaft er gedacht ist.
Die Fragen und Aufgaben sollen sich auf die Advents- und Weihnachtszeit beziehen, zum Beispiel:
Der Nikolaus hat einen Gehilfen, wie heißt er?
An welchem Tag (Datum) hat der Nikolaus Namenstag?
Aus welcher Stadt kam der Nikolaus?
Hier seht ihr zwei »gleiche« Nikolausbilder, doch in einem sind zehn Fehler versteckt. Ihr sollt sie finden.
Bei diesem Kreuzworträtsel ergeben die Anfangsbuchstaben die Lösung.
Rätsel: Der Nikolaus geht in die Stadt. Da kommen ihm drei Frauen und fünf Kinder entgegen. Wie viele Beine befinden sich auf dem Weg zur Stadt?
Diese zehn Teile ergeben eine Weihnachtskarte. Setzt sie zusammen und klebt sie auf das Blatt Papier.
In welcher Stadt wohnten Maria und Josef?
Wo kam Jesus zur Welt?
Welche Männer besuchten das Jesuskind als erste?
Schreibt den Titel von drei Weihnachtsliedern auf, eines davon singt ihr im Ziel vor.
Schreibt fünf Zutaten auf, die man zum Plätzchenbacken benötigt.
Schreibt zu den folgenden Begriffen je ein Reimwort auf:
Nuß
Baum
Stall
Kerzen
Engel
Wer brachte den Hirten die frohe Botschaft?
Wie viele Könige kamen zum Jesuskind? Schreibt auch ihre Namen auf.

Beide Mannschaften starten gleichzeitig. Hilfsmittel wie Lexika oder das Telefon, um Freunde anzurufen, sind nicht erlaubt.
Am Ziel wartet der Spielorganisator. Er notiert, welche Gruppe als erste eingetroffen ist – dafür gibt es Zusatzpunkte – und ob die Aufgaben und die Fragen richtig und vollständig gelöst und beantwortet wurden. Auch dafür werden – je nach Schwierigkeitsgrad – Punkte verteilt.
Wer die meisten erhält, ist Sieger. Zur Abschlußfeier mit Plätzchen und Tee sind natürlich alle herzlich eingeladen.

Basteln

Tannenbaum-Fensterbild

Tannenbaum-Fensterbild
Alter:
ab 6 Jahre
Teilnehmer:
allein oder in einer Gruppe
Material:
Bleistift
weißer Karton
Schere
grünes Tonpapier sowie braune, rote und gelbe Reste
Faden
Klebstoff
Goldkordel
Nadel

Ob als Blickfang für drinnen und für draußen oder ob als Geschenk für gute Freunde, die Selbstgebasteltes schätzen – unser Tannenbaum aus Papier ist eine ausgefallene Fensterdekoration. Kerzen und Sterne, die sich bei jedem Windhauch bewegen, schmücken ihn. Wer Lust hat, kann sich auch andere Dinge ausdenken, die den Baum dekorieren sollen.
Vom Vorlagebogen übertragen wir die Umrisse des Tannenbaums, des Sterns und der Kerze als Schablonen auf den weißen Karton und schneiden alle Teile aus. Achtung: Wir müssen auch die Kreise aus den Baumhälften herausschneiden!

Mit Hilfe der Schablone zeichnen wir den Umriß des Tannenbaums sowie die Kreise zweimal auf grünes Tonpapier. Anschließend schneiden wir diese und die Bäume aus. Den Stamm bildet ein braunes Tonpapierrechteck, etwa 5 x 4 cm.
Jetzt malen wir sechs Sterne auf gelbes und acht Kerzen auf rotes Tonpapier und schneiden die Teile aus.

Zwischen je zwei gleiche Motive kleben wir einen Faden. So erhalten wir drei Sternen- und vier Kerzenanhänger. Auf einer Baumhälfte verteilen wir die Sterne und Kerzen auf die Kreise. Dann kleben wir die Fäden so an, daß sich die Motive frei bewegen können. Nun befestigen wir den Stamm.
Jetzt kleben wir die zweite Baumhälfte genau auf die bereits dekorierte. An der Spitze bringen wir noch ein Stück Goldkordel als Aufhänger an, und fertig ist unser schöner Fensterschmuck.

Basteln

Sternenleuchter

Der Advent ist die Zeit der langen, dunklen Abende. Gern zündet man dann eine Kerze an und macht es sich zu Hause gemütlich.
Die Sternenleuchter sind sehr leicht anzufertigen. Selbst kleine Kinder werden beim Basteln viel Freude haben.
Wir übertragen den Stern als Schablone auf den dünnen Karton und schneiden sie aus.
Nun legen wir sie auf den Goldkarton und ziehen die Kontur mit einem Bleistift nach.

Jetzt schneiden wir unseren Stern aus. Besonders schön werden die Spitzen, wenn wir immer von außen nach innen arbeiten.
Dann legen wir den Stern auf seine Vorderseite. In die Mitte setzen wir ein Teelicht mit der Oberkante nach unten und umfahren es mit einem Bleistift.

Wir schneiden den Kreis mit einer spitzen Schere aus: Dafür stechen wir in seine Mitte ein Loch, schneiden bis zur Linie und dann an ihr entlang.
Jetzt müssen wir nur noch den Stern von unten über das Teelicht schieben, damit unser Sternenleuchter fertig ist.

Sternenleuchter
Alter:
ab 3 Jahre
Teilnehmer:
allein oder in einer Gruppe
Material:
Bleistift
1 dünner Karton
Bastelschere
pro Stern 1 Stück Goldkarton:
12 x 12 cm
spitze Schere
Teelicht

Spielen

Weihnachtsmann-Würfelspiel

Weihnachtsmann-Würfelspiel
Alter:
ab 5 Jahre
Teilnehmer:
ab 2
Material:
1 Stück cremefarbener Fotokarton: 30 x 37 cm
Bleistift
Lineal
1 dünner, schwarzer Filzstift
Buntstifte
Watte
Schere
Klebstoff
je 1 Stück roter, brauner und schwarzer Fotokarton
grünes Geschenkpapier mit weihnachtlichen Motiven oder grüner Fotokarton
weißer Karton
Klebesterne
Zahlenwürfel

Wer hat seinen Weihnachtsmann zuerst angezogen? Bei diesem lustigen Würfelspiel bereitet nicht nur das Mitmachen, sondern schon das Basteln Freude.
Auf den cremefarbenen Fotokarton zeichnen wir 2 cm vom äußeren Rand entfernt einen inneren Rahmen.
Vom Vorlagebogen übertragen wir den Weihnachtsmann, und wir ziehen alle Linien mit dem Filzstift nach.

1. Jetzt bemalen wir den Weihnachtsmann und den Rand des Fotokartons. Wer möchte, richtet sich dabei nach der Abbildung.
Aus Watte formen wir nun die Haare und den Bart, dessen Rand wir ein wenig nachschneiden. Dann kleben wir beide Teile vorsichtig an.
Den langen Bart befestigen wir nur am oberen Rand. So können wir später den Mantel darunterschieben.
Nun übertragen wir Handschuh und Stiefel zweimal auf Fotokarton, Mantel, Mütze, Sack und Tannenbaum je einmal und schneiden alle Teil aus.
Wenn wir für unseren Tannenbaum Geschenkpapier nehmen, dann müssen wir es noch mit Karton verstärken.

2. Ärmel und Saum schmücken wir mit weißem Karton oder mit Pelzstreifen. Die Handschuhe befestigen wir an der Rückseite des Mantels.
Als Knöpfe kleben wir kleine goldene Sterne auf.
Aus weißem Karton schneiden wir nun einen kleinen Kreis aus und kleben ihn als Bommel an die Mütze.

Und so wird unser Weihnachtsmann-Würfelspiel gespielt:
Wir legen jetzt alle losen Teile neben unseren Weihnachtsmann. Nun wird abwechselnd gewürfelt.
Um die Kleidungsstücke beziehungsweise die Gegenstände muß in folgender Reihenfolge gewürfelt werden:
1: beide Stiefel
2: Mantel
3: Mütze
4: Sack
5: Weihnachtsbaum
6: nochmals werfen.
Wer zuerst seinen Weihnachtsmann vollständig angezogen hat, ist Sieger.

Basteln

Schmusekissen

Schmusekissen
Alter:
ab 6 Jahre
Teilnehmer:
allein oder in einer Gruppe
Material:
Stoff: etwa 80 x 70 cm
Schere
Bleistift
weißer Karton
Steck- und Nähnadeln
1 Korken
Pinsel
weiße, braune, grüne und rote Stoffmalfarbe
Nähmaschine
Nähseide
Zauberwatte

Jedes Kind hat einen Gegenstand, den es besonders liebt, ohne den das Einschlafen schwerfällt oder der auf Reisen unentbehrlich ist. Unser Kissen mit dem Schäfchenmotiv könnte so ein Lieblingsstück werden.
Beim Nähen brauchen die Kinder zwar die Hilfe eines Erwachsenen, doch das Bedrucken mit Korken ist einfach und macht viel Spaß. Wir schneiden den vorgewaschenen Stoff nun zweimal in der gewünschten Größe zu.
Danach übertragen wir die Schäfchen auf den weißen Karton und schneiden sie als Schablonen aus.

Nun legen wir die Schablonen auf ein Stoffteil und befestigen sie so mit Stecknadeln, daß die Motive nicht zu nah am Rand liegen. Wir müssen nämlich eine Nahtzugabe einkalkulieren. Mit einem weichen Bleistift ziehen wir die Konturen nach. Danach entfernen wir die Schablonen.

Jetzt bestreichen wir den Korken mit weißer Stoffmalfarbe und bedrucken die Schäfchen. Da für diese Technik die unterschiedliche Intensität der Farbe charakteristisch ist, stempeln wir immer mehrmals nacheinander, bevor wir sie neu auftragen.
Dann malen wir mit dem Pinsel Augen, Nase, Ohren und Beine der Schäfchen.
Das Kissen läßt sich noch beliebig ausgestalten, indem wir es zum Beispiel noch mit Gras, mit Steinen oder mit Wolken schmücken.
Wir lassen die Farbe trocknen und fixieren sie gemäß der Packungsangabe.
Jetzt werden die beiden Kissenhälften rechts auf rechts aufeinandergelegt und bis auf eine Naht von etwa 10 cm zusammengenäht.
Wir drehen das Kissen um, stopfen es mit Zauberwatte aus und schließen die noch offene Naht.

Basteln

Weihnachts-kugeln

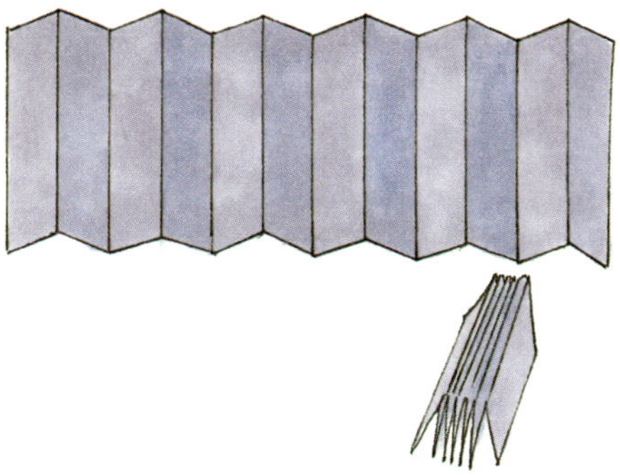

1. Wir schneiden einen 38 x 8 cm langen Streifen vom Geschenkpapier ab. Auf der Rückseite des Papiers messen wir 3 cm ab und falten diesen Streifen nach oben. Dann wenden wir es und knicken wiederum 3 cm nach oben. Diesen Faltvorgang wiederholen wir bis zum Ende des Papiers. Den überstehenden Rand schneiden wir ab.
Jetzt legen wir das gefaltete Papier mit der unbedruckten Seite nach oben auf unsere Arbeitsfläche. Mit dem Klebestift bestreichen wir jede zweite Faltung – bis auf die äußere – und kleben den Streifen zusammen.
Auf ein Stück Karton zeichnen wir einen Kreis von 5,5 cm Durchmesser, schneiden ihn aus und halbieren ihn.

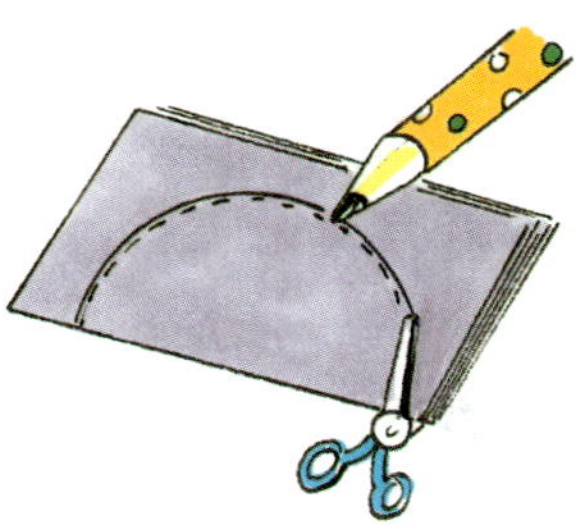

2. Wir legen den Halbkreis mit der geraden Kante genau an die geschlossene Seite des gefalteten Streifens. Dann zeichnen wir die Rundung nach und schneiden an ihr entlang das überstehende Papier ab. Wenn wir dabei den Streifen fest zusammendrücken, können die Papierschichten nicht so leicht verrutschen.

3. Nun zeichnen wir ein Muster auf und schneiden es aus. Es soll einfach sein und darf die Rundung der Kugel nicht durchtrennen. Links und rechts muß ein kleiner Rand stehenbleiben.

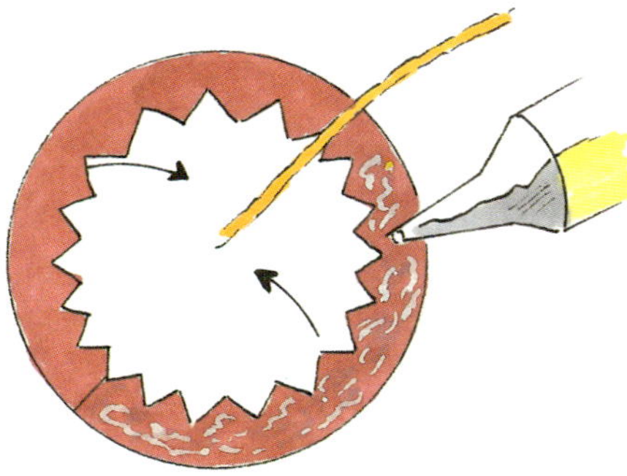

4. Jetzt klappen wir das Papier auf. Wir bestreichen eine Hälfte der noch offenen Weihnachtskugel mit Klebstoff. In die Mitte legen wir – wie auf der Zeichnung zu sehen – die Goldkordel und drücken dann die andere Kugelhälfte fest. Einen eventuell überstehenden Rand schneiden wir ab.
In der Mitte unserer Kugel fixieren wir zwei Klebesterne an der Goldkordel.

Weihnachtskugeln
Alter:
ab 6 Jahre
Teilnehmer:
allein oder in einer Gruppe
Material:
dünnes Geschenkpapier mit weihnachtlichen Motiven
Lineal
Schere
Klebestift
Zirkel
Karton
Bleistift
Goldkordel
goldene Klebesterne

Vorlesen

In dunkler Nacht

Brigitte Höfler
Petra Kleinheinz

Im Heiligen Land gibt es einen Ort mit Namen Nazareth, wo vor etwa 2000 Jahren Maria und Josef lebten.
Eines Tages erschien ein Reiter des Kaisers Augustus, um dessen Befehl zu verkünden: Alle Menschen, die in seinem riesigen Reich wohnten, sollten gezählt werden. Dazu mußte jeder in die Stadt gehen, aus der seine Familie stammte. Die Vorfahren von Maria und Josef kamen aus Bethlehem, und so machten sich die beiden auf den Weg dorthin. Sie hatten eine lange Wanderung vor sich. Maria und Josef besaßen keinen Wagen und kein Pferd, nur einen kleinen Esel, auf dem Maria ritt. Für sie war der Weg besonders beschwerlich, denn sie erwartete bald ein Kind.

Viele Tage waren sie unterwegs. Endlich erreichten sie müde und erschöpft Bethlehem. Die Stadt war voller Menschen, die sich ebenfalls zählen lassen mußten. Dichtes Gedränge herrschte überall, und in allen Herbergen, in denen Josef nach einem Zimmer fragte, bekam er die gleiche Antwort: »Wir haben keinen Platz mehr, es ist alles voll!« – Wo sollten sie bleiben?

Ratlos und bekümmert zogen sie aus Bethlehem hinaus. Josef machte sich große Sorgen um Maria, und er war traurig, daß sie keinen Platz zum Schlafen hatten finden können.
Bedrückt gingen sie langsam weiter. Nach einiger Zeit kamen sie zu einem Stall. Er war warm und trocken, es duftete nach frischem Heu. Hier konnten Maria und Josef bleiben, und sie waren zufrieden mit ihrer einfachen Herberge. Und hier kam das Jesuskind in der Nacht zur Welt. Maria nahm es in ihre Arme, wickelte es in warme Tücher und legte es in die Krippe. Glücklich betrachteten Maria und Josef das Kind.

Ganz in der Nähe wachten Hirten über ihre Herden. Die Schafe schliefen. Die Nacht war kalt, und die Männer saßen am wärmenden Feuer.
Plötzlich erleuchtete der dunkle Nachthimmel strahlend hell, und wundersamer Gesang ertönte. Die Hirten starrten zum Himmel. In dem funkelnden Lichterschein sahen sie einen Engel. Die Hirten erschraken und fielen auf die Knie. Doch der Engel sprach zu ihnen: »Fürchtet euch nicht, ich bringe euch eine frohe Botschaft. In dieser Nacht wurde Jesus, der Sohn Gottes, geboren. Gott hat seinen Sohn gesandt, um allen Menschen seine Liebe zu zeigen. Das Kind liegt in einer Krippe in einem Stall, nicht weit von hier.«
Nachdem die Hirten diese Botschaft gehört hatten, fielen sie einander vor Freude in die Arme. Sie wollten das Jesuskind sehen, vor ihm niederknien und zu ihm beten. Eilig machten sie sich auf den Weg zum Stall. Dabei folgten sie dem leuchtenden Stern.

Spielen

Weihnachtsgeschichte mit Knotenpuppen

Weihnachtsgeschichte mit Knotenpuppen
Alter: ab 4 Jahre
Teilnehmer: ab 2
Zuschauer
Material: je 1 weinrotes, dunkelblaues Tuch und mehrere braune: etwa 50 x 50 cm
1 weißes Tuch: etwa 25 x 25 cm

Knotenpuppen sind zwar ganz einfache Spielfiguren, aber sie faszinieren Kinder. Vielleicht schon deshalb, weil gerade diese Einfachheit der Phantasie viel Spielraum läßt.
Das Erzählen der Weihnachtsgeschichte kann man mit diesen Puppen unterstützen und so noch stärker die Aufmerksamkeit der Kinder erregen.

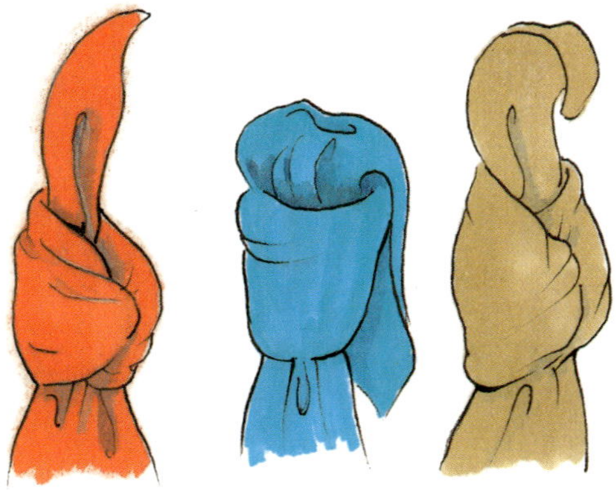

Eine Ecke des Tuches knoten wir zum Puppenkopf, ziehen es aber nicht zu fest zusammen, denn ein Finger muß noch genügend Platz darin haben.
Das Aussehen der Puppen können wir schon allein durch die Gestaltung des Knotens beeinflussen. Ob wir ihn etwas straffer oder eher lockerer knüpfen, die Spitze des Tuches stehen lassen oder sie in den Knoten hineinstekken: Die Puppe wirkt jedesmal anders.
Wir wählen für jede Figur eine andere Farbe: für Maria und Josef das weinrote und das dunkelblaue Tuch. Das Jesuskind bekommt das weiße und jeder Hirte ein braunes.

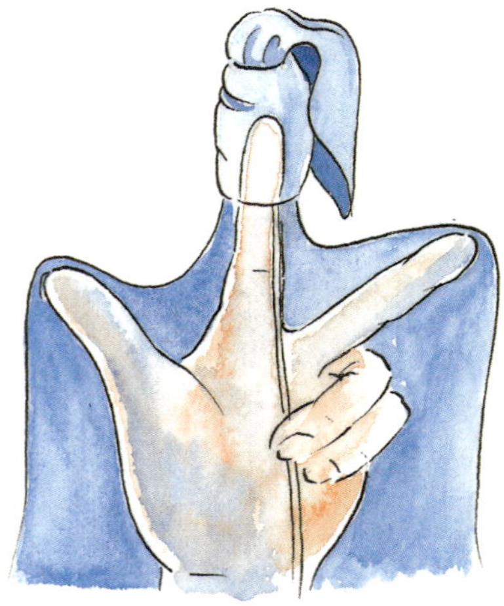

Nicht nur das Anfertigen dieser Puppen, sondern auch das Spielen mit ihnen ist denkbar einfach: Wir setzen eine auf die Hand und stecken den Zeigefinger in den Knoten. Daumen und Mittelfinger bilden die Arme der Puppe, und mit den beiden anderen Fingern halten wir die Öffnung des Tuches zusammen.
Bewegen wir nun Hand, Arm oder Finger, dann wird die Puppe lebendig.
Als Bühne dient ein Tisch, der Fußboden oder unser Schoß.
Wird eine Figur nicht benötigt, dann legen wir sie zur Seite oder setzen sie vorsichtig hin.
Vor Spielbeginn stellen wir einige Kerzen auf, die wir symbolhaft anzünden, wenn von der Geburt Jesu erzählt wird.
Wer möchte, kann zusätzlich eine kleine Krippe anfertigen und sie mit Moos oder Stroh füllen.
Mehr ist nicht erforderlich, alles andere überlassen wir nun der Phantasie der Kinder.
Vielleicht wollen wir anschließend das Lied »Hirtentanz« singen.

Singen

Hirtentanz

Text: Franz Kett
Melodie: Sr. Carmen

Hirtentanz
Alter:
ab 4 Jahre
Teilnehmer:
ab 2

Geht und sagt es allen Leut',
was geschehen ist doch heut.
Freude hier und Freude da,
Jesus Christ, er ist jetzt da.
Gloria, Gloria, Jesus ist geboren.

Sachregister

Fotos: Fotostudio Ralbovszky, Wien, Seite 24–63
Michael Zorn, Wiesbaden, Seite 70–345
TLC-Foto-Studio GmbH, Velen-Ramsdorf, Seite: 120, 137, 167, 223, 243, 254, 255 rechts, 273, 277, 329
Fotostudio Wissing & Partner, Elzach, Seite: 255, links
Sachillustrationen: Gerhard Scholz, Dornburg, Seite: 14–241, 250, 260, 298, 299, 306, 307, 314
Hartmut Dietrich, Wiesbaden, Seite: 242, 245, 248, 252, 259–261, 278, 290, 291, 300–302, 304, 312, 313, 316–321, 330–333, 337–349
Ausreißillustrationen: Ilse Stockmann-Sauer, Offenbach/Main
Illustrationen des Inhaltsverzeichnisses und der Vignetten: Kurt Dittrich, Wiesbaden
Reinzeichnung des Vorlagebogens: Evelyn Gelhard, Niedernhausen/Ts.
Grafische Gestaltung: Christa Johanna Gramm, Horst Bachmann
Redaktion für diese Ausgabe: Herta Winkler
Herstellung für diese Ausgabe: Harald Kraft

817 2635 4453 6271
1097400X03 02 01 00

Wir danken für die Abdruckgenehmigung folgender Texte:

Seite 46: Josef Guggenmos, »Die Nadel sagt zum Luftballon«, aus: Gelberg, »Die Stadt der Kinder«, © by Georg Bitter Verlag, Recklinghausen, 1969
Seite 79: Raimund Pousset, »Gewitter«, aus: Raimund Pousset, »Fingerspiele und andere Kinkerlitzchen«, Sachbuch 7774, © 1983 by Rowohlt Taschenbuch Verlag, Reinbeck
Seite 79: »Was blitzt da unterm Schnee?«, Text: Barbara Cratzius, Melodie: Paul G. Walter, © Musikbär-Verlag Schriesheim aus: MC »Was blitzt da unterm Schnee?« – PGW 011
Seite 163: »Buntstift« und »Zwei Rätsel« (Was ist das?), aus: »Mein Lese- und Arbeitsbuch« © 1955 by Ferdinand Dümmler's Verlag, Bonn
Seite 178: Dušan Radović, »Warum die Kinder in der Nase bohren«, © 1972 Gertraud Middelhauve Verlag GmbH & Co. KG, Köln
Seite 185: »Die Kuh macht muh«, Seite 188: »Das spuckende Lama« und Seite 190: »Schnecke im Schneckenhaus«, aus: Annette Breucker, »Umweltspielekartei«, © by Ökotopia Verlag, Münster, 8. Aufl., 1995
Seite 202: »Eisenbahn, Eisenbahn«, Text und Melodie: W. Hering/Meyerholz, von der Fidula-Cassette 19 »Kunterbunt«, © Fidula Verlag · Holzmeister GmbH, Boppard
Seite 206: Frederik Vahle, »Fischbrötchen im Kuhstall«, © 1990 Gertraud Middelhauve Verlag GmbH & Co. KG, Köln
Seite 222: »Drei kleine Quallen«, Text: Gerhard Schöne, Melodie: trad. Australien, © Gerhard Schöne, Berlin-Ost
Seite 227: »Schiff im Sturm«, aus: Annette Breucker, »Schmusekissen Kissenschlacht«, © by Ökotopia Verlag, Münster, 3. Aufl. 1995
Seite 247: »Auf der grünen Wiese«, Text und Melodie: Otfried Pörsel, aus: »Das Liedernest«, © Fidula Verlag · Holzmeister GmbH, Boppard
Seite 256: Wilhelm Matthießen, »Das Märchen von dem guten Kartoffelkönig«, aus: »Das alte Haus«, © Herder Verlag, Freiburg
Seite 292: »Der Elefant auf dem Spinnennetz«, Text und Melodie: Frederik Vahle, © AKTIVE MUSIK Verlagsgesellschaft mbH, Dortmund, BRD
Seite 297: Josef Guggenmos, »Der Wind«, aus: Guggenmos »7 kleine Bären«, © by Georg Bitter Verlag, Recklinghausen, 1971
Seite 303: »Nebellied«, Text: Rolf Krenzer, Melodie: Siegfried Fietz, © ABAKUS Schallplatten & Ulmtal Musikverlag, Greifenstein
Seite 308: Christine Mühlbauer, »Wie die Sonne ins Land Malon kam«, © RPA Verlag, Landshut
Seite 315: »Leuchte, leuchte mir Laterne« Text und Melodie: Werner Kötteritz/Annet Rudolph, aus: »Ich bin der starke Löwe« © Patmos Verlag, Düsseldorf, 1991 (Buch und MC)
Seite 331: »Sei gegrüßt, lieber Nikolaus«, Text: Rolf Krenzer, Melodie: Detlev Jöcker, aus: Liedheft und MC »Weihnachten ist nicht mehr weit«, © alle Rechte im Menschenkinder Verlag, Münster
Seite 334: Kathrin Siegenthaler, »Wie Sankt Nikolaus einen Gehilfen fand«, (Originalausgabe: mit Bildern von Marcus Pfister), © 1989 Nord-Süd Verlag AG, Grossau Zürich und Hamburg